中国电视网络影响力报告(2009)
Report on the Internet Influence of Chinese Television(2009)

李岭涛　李德刚　程文　主编

中国最具网络影响力的十大电视人物

Top10 TV Personages of the Internet Influence in China

TOP 10

TOP

李德刚　李岭涛　等　编著

中国广播电视出版社
CHINA RADIO & TELEVISION PUBLISHING HOUSE

#《中国电视网络影响力报告（2009）》
出　品　方

中国广播电视协会

中国传媒大学

中央民族大学

得网络者得天下

——《中国电视网络影响力报告（2009）》总序

伴随着网络在当今舆论导向中所发挥的独特作用，伴随着网络对广播电视等传统媒体显而易见的强劲冲击，网络“新”媒体与传统“旧”媒体之间的关系一再成为人们争论的焦点。虽然正像电视无法取代广播和报纸一样，网络也无法取代电视而独霸天下，但是网络这种新媒体与电视这种旧媒体之间的融合趋势却是显而易见的。正是在这种背景下，中国广播电视协会、中国传媒大学和中央民族大学三家在传媒领域具有较高影响力的学术机构于2007年联合推出了大型研究课题《中国电视网络影响力报告》，以清华大学、北京师范大学、中国传媒大学、中央民族大学的青年学者以及网络业界专家为主体组成了强大的研究团队，中国广播影视大奖评委、全国十佳广播电视理论人才李岭涛担任课题组长，北京师范大学李德刚博士担任执行组长。

在研究过程中，课题组首次提出了“电视网络影响力”这一概念，并创造性地将“网络影响力”这一概念作为全新的标准运用到了中国电视的评估当中，建构起中国电视网络影响力评估体系。所谓“电视网络影响力”，不是指“电视网络的影响力”，而是指“电视在网络这个虚拟世界中的影响力”，具体而言是指“电视组织、电视内容、电视人物和电视事件等在网络世界中所具有的知名度、被关注度、收视度以及美誉度等”。网络影响力指数包含四个指标：一是知名度指标，指的是由正式机构发布的关于某一电视媒体的信息量的总和。这一指标表明了某一电视媒体的信息在网络中传播的广度，主要以样本网站搜索引擎的搜索结果为依据。二是被关注度指标，指的是某一电视媒体在网络各大论坛以及博客中被讨论的量，被讨论次数越多表明媒体越受关注。这一指标表明电视媒体在网络中的信息传播深度，主要以样本网站搜索引擎的论坛搜索结果为依据。三是网络收视度指标，指的是电视媒体生产的内容在网络中被收看/被下载的次数，表明观众的主动收看行为，主要以样本网站中电视节目的被下载次数为依据。四是网络美誉度指标，指的是网友对电视品牌评价所持的满意及赞美程度。网络知名度和被关注度是网络美誉度的基础；而美誉度才能真正反映电视品牌在消费者心目中的价值水平。美誉度是以知名度和被关注度为前提的，知名度和被关注度可以通过宣传手段快速提升，而美誉度则需要通过长期的品牌经营方能树立起来。四大指标的加权平均之和即为最终电视网络影响力指数。

网络影响力这一新的评价指标的建立，可以在电视领域建立一种带有一定强制性的导向机制，鼓励或压迫电视媒体积极向网络扩张自己的阵地，大幅拓展电视媒体的发展空间，增强我国在全球的话语权和主导国际舆论的能力和文化渗透力。同样重要的是，网络影响力指标体系的建立有助于提高我国网络信息和电视信息的安全度。以收视率为例，它属于舶来品，相关的基础性技术和信息很大程度上被外资掌握，这对我国的信息安全是一个很大的威胁。而网络影响力则不然。据不完全统计，它的提出是中国乃至世界首次从网络角度对电视进行研究，网络影响力具有填补我国乃至世界理论空白的重要意义，它的研发是具有强烈自主知识产权的创新性活动。在国家网络安全日显迫切的国际大形势下，它的研发成果必然会大大提高我国在网络和电视媒体方面的国际软实力。

同时，网络影响力指标的提出，还将从一定程度上解决电视“唯收视率论”所带来的表面性和片面性等各种问题。一方面，收视率所表现的是观众在强制状态下做出的一种被动性反应，既无法反映观众的主动性要求，又无法代表观众的真实满意程度，更无法测量电视媒体的社会影响力。而在网络世界中网民拥有更高程度的自由，无论是在时间选择的自由上，还是在内容选择的自由上，网络都突破了传统媒体的无形界限，观众可以按照自己的内容喜好，按照自己的阅读、观看喜好去主动选择、主动消费，因此这是一种发自内心的主动性的媒体行为。而在自由环境中的喜欢，才是真正的喜欢；在自由环境中的影响力才是真正持久的社会影响力。另一方面，收视率指标评价的是在看电视的观众总数中有多少人看某个电视媒体的节目，而对于没有看电视的人是否了解某个电视媒体以及所持的看法等却无法评价。当前电视观众与网民呈现一定的分化趋势，即网民看电视越来越少。不容忽视的是，网民在现实及虚拟社会中经常担当舆论领袖的角色，因此尽管他们可能不直接看电视，但他们却可以通过网络来影响人们对某个电视媒体节目的看法和行为。

由于网络影响力是一个新生事物，社会对它的认知度还不高，为了在较短时间提高人们对它的知晓度和接受度，《中国电视网络影响力报告》把排行榜作为研发的立足点，通过排名发现那些真正受观众欢迎的、在网民中真正形成影响力的频道、栏目、事件和人物，并对其进行全方位的外科手术式的解剖，揭示其笑傲网络江湖的武功秘籍，为我国其他电视栏目、电视频道的创新与发展提供直接的实战指导，从而直接影响我国电视行业的发展进程。

《中国电视网络影响力报告》作为一项年度性品牌，从2008年开始每年发布一次。首次推出的《中国电视网络影响力报告（2008）》包括以下内容：《TOP 10：中国最具网络影响力的省级卫视栏目》、《TOP 10：中国最具网络影响力的省级卫视频道》、《TOP 10：中国最具网络影响力的CCTV栏目》、《TOP 10：中国最具网络影响力的电视事件》。以上四册共120多万字的研究成果已经正式出版。随着每年研究的深入，将不断增加新的内容。《中国电视网络影响力报告（2009）》在上一年度报告内容的基础上增加了以下内容：《TOP 10：中国最具网络影响力的地面频道》、《TOP 10：中国最具网络影响力的电视剧》、《TOP 10：中国最具网络影响力的电视人物》、《TOP 10：中国最具网络影响力的社会制片电视栏目》、《TOP 10：中国最具网络影响力的城市电视台》。

《中国电视网络影响力报告（2008）》一经推出，就引起了学术界以及业界的强烈关注。中国广播电视协会副会长张振华认为，考察中国电视的网络影响力，其实也是在考察中国电视的社会影响力。这对于把脉电视、塑造品牌、改进经营具有重要的现实意义和长远意义。电视的网络影响力是一个全新的概念，利用网络影响力对电视的表现进行评估，这在中国还是首次。电视的“网络影响力”标准的提出不仅是对以往已经进行的收视率调查指标的进一步完善和补充，而且是电视理论和研究实践的一个重要突破。[①] 中央民族大学副校长马文喜教授认为，“网络影响力”这一概念的提出是中国乃至世界首次从网络角度对电视进行研究，是具有自主知识产权的创新性活动，填补了理论研究的空白。[②] 国家广电总局发展研究中心产业研究所副所长、李岚博士认为，“网络影响力”这一指标的提出为我国电视产业评价体系的内涵的丰富提供了可贵的力量。网络影响力可以说既是电视媒介的影响力的延伸，同时也是电视媒体影响力极大的佐证。[③] 中国传媒大学胡智锋教授认为，电视网络影响力新概念的确立，具有里程碑意义，获得了一种新方式，就是用一个电视网络影响力的评价方式，来重新审视电视。在收视率至上的情况下，能够用这样一个概念重新面对电视，面对电视整体行业、事业与产业，在业界和学界，在传统电视和新兴网络之间，搭建一个新的平台，让更多的人去关注，更多的人来参与。[④] 中国传媒大学周鸿铎教授认为，《中国电视网络影响力报告（2008)》的出版有巨大的价值，网络影响力的提出非常及时、新颖和有力度，这是一个连接电视与网络、体现传统媒体与新媒体融合趋势的全新的评价指标。[⑤] 北京大学陆地教授指出，由于在网络中没有时间的强制性限制，没有频道的强制性选择，观众对某一电视节目的喜爱与憎恶可以最大程度地得到释放，这是一种发自内心的主动性的自我选择，而非被动性的强制观看。因此，一档电视节目在网络

① 《电视评价风向标——网络影响力——〈中国电视网络影响力报告（2008)〉解读》,《中华新闻报》2008年6月26日。

② 同上。

③ 同上。

④ 同上。

⑤ 《〈中国电视网络影响力报告（2008)〉打造新型电视评价体系》，新华网，http：//news. xinhuanet. com/newscenter/2008－06/22/content_ 8417891. htm

中受欢迎才是真正的被喜爱，电视节目的网络影响力才是真正持久的社会影响力。①

同时，新闻媒体也对《中国电视网络影响力报告（2008）》的推出进行了较大规模的报道。新华网、人民网、新浪网、《经济日报》等一百多家主流大众媒体对报告进行了报道，百度和谷歌的搜索量最高时有720多万条。《中国广播电视学刊》、《现代传播》、《中国广播影视》等业内主要专业刊物均开设专版对报告进行了介绍。《中国电视网络影响力报告》还被传媒学术界评选为“2008年度中国广播电视十大创新报告”。

2009年，国家专利局正式接受“中国电视网络影响力的评价标准与体系”的专利申请，成为国内广播电视领域第一个具有自主知识产权的软科学成果。

报告虽然推出时间不长，但已经成为在业内外有一定影响的品牌。

《中国电视网络影响力报告》课题组

2009年5月18日

① 《电视评价风向标——网络影响力——〈中国电视网络影响力报告（2008）〉解读》，《中华新闻报》2008年6月26日。

《中国最具网络影响力的十大电视人物》
课　题　组

组　长　李德刚

成　员　董　洁　王丹丹　王　昕

任　杰　谭　烨

2008年度中国最具网络影响力的十大电视人物排行榜

（按接受采访先后次序排名）

1. 杨　澜
2. 郭振玺
3. 李晓枫
4. 王长田
5. 马国力
6. 汪文斌
7. 闫爱华
8. 刘长乐
9. 黎瑞刚
10. 欧阳常林

目录

前　言

时势造英雄　英雄造时势

——2008年度中国最具网络影响力的电视人物评述

用网络影响力的标准对电视人物进行评选在中国尚属首次。

经过专家推荐大名单、网络数据调查分析、被评选人物访谈等一系列严格的评选过程，终于诞生了中国历史上第一个最具网络影响力的十大电视人物的榜单。本次评选不同于以往人物评奖的最大特点就在于这是一个严格按照客观数据评选出来的结果："只认数据，不认人"。

网络影响力，业界影响力

电视人物是一个非常宽泛的概念，一切与电视有关的人物都可以称之为电视人物，其中既有电视台的管理人员，也有在电视上活跃着的媒介名人。将如此庞大的一个人物集团全部囊括在内不仅是不现实的，也是没有意义的。为了符合《中国电视网络影响力报告》的课题宗旨，即要为中国电视产业的发展提供思路，着力影响中国电视产业的发展进程，本次人物的评选瞄准了那些真正对中国电视产业的发展起推动作用的人。这些人不仅懂得电视的内容制作，而且也懂得电视的经营管理。按照这个标准，那些具有更大社会知名度的主持人、媒介中活跃的电视明星等人物都被排除在外，除非他们同时也是电视运营的管理者，比如杨澜。因此，本次评选并不以人物的"社会认知"为标准，而是以业界的"专业认知"作为评选的依据。换言之，评选出的人物不一定具有多高的社会影响力，但一定具有较高的业界影响力。当然，社会影响力与业界影响力并不是一对相互矛盾的力量，而是存在着相辅相成的关系。那些真正以社会需求作为管理准则的电视人物在具备相当业内影响力的同时，也一定会拥有较高的社会影响力，比如凤凰卫视的总裁刘长乐先生。

杨澜、郭振玺、李晓枫、王长田、马国力、汪文斌、闫爱华、刘长乐、黎瑞刚、欧阳常林，个个都是电视业界掷地有声的名字，他们虽然不能呼风唤雨，但是他们的一举一动，他们的每一次创新，他们每一个重大决定的做出都会对整个中国电视产业，甚至亚洲电视产业、世界电视产业的变迁产生举足轻重的影响，他们就是中国电视产业发展转折点上的枢纽人物。将这些枢纽人物呈现出来，走近他们，了解他们，了解每一个重大决策背后的决断过程，探视他们的内心世界，展示他们不为人知的痛苦与挣扎，而这些痛苦与挣扎就是当下中国电视产业最为真实、最为残酷的现状写照！他们是中国电视点滴发展的见证者、记录者和推动者。他们的思想变迁，也就是中国电视发展的理念变革。对他们的记录，也就是对中国电视发展史的记录。

以排行榜的形式对这些人物进行总结，既可以让身处媒介迷局之中的他们自我反思、自我成长，也可以让身处迷局之外的电视人进行他者反思、共同成长，从而带动中国电视产业的整体进步。

大事件造就大人物，大人物成就大事件

在对评选出的人物进行采访的时候，不止一个被采访对象告诉笔者，他们从来不上网，既没有在网上开博客，也没有主动到网上传播自己的信息，那么是什么原因让这些人在众多备选者中脱颖而出呢？细细思考便可发现，是他们所任职的机构，是这个机构所提供给他们的机会，更重要的是他们抓住机会所创造出来的成就，让他们迅速通过传统媒体以及网友的反馈走向互联网。纵观十大电视人物在2008年的表现，其网络影响力既有来自“大事件”的造就，也有来自长期努力的积累在2008年的爆发。换言之，既有“时势造就的英雄”，也有“细水长流”

累积出来的“惊雷”。

所谓的“时势”，在2008年主要表现为北京奥运会、美国金融危机带来的全球性的经济危机、四川汶川大地震等。尤其是北京奥运会——中国有史以来搭建的最大的一个向全球展示自己的平台，这个平台在成就众多奥运冠军的同时，也成就了诸多的媒介人物。杨澜、马国力、汪文斌等都是“因奥运之名”而走向了网络。虽然杨澜成名已久，但其在2008年的网络影响力则主要来自奥运会。东方卫视播出的《杨澜访谈录》，在奥运期间推出了特别节目《杨澜访谈录·东方看奥运》，连续推出50期奥运特别节目，通过对萨马兰奇、霍尔金娜、陈诗欣、阿赫瓦里、李宁等奥运人物以及刚刚出炉的奥运冠军的深度访谈，展现他们鲜为人知的奥运情缘，创造了较高的收视表现和社会影响力。而马国力网络影响力的来源则主要因其北京奥林匹克转播有限公司（BOB）首席运营官的身份，凭借对奥运会连续3000个小时的直播，全球共有40亿观众（往届观众最多的是雅典奥运会，为39亿）通过BOB享受到了北京奥运的视觉盛宴。马国力说：“我们要最大限度地亲自参与，最大限度地发挥中国电视的潜能、实力，借此机会培养世界一流的电视体育人才。这就是北京奥运会为中国电视事业留下的财富。”虽然央视国际总经理汪文斌在接受我们采访时，不停地说“奥运是件苦差事”，但作为CCTV. COM的负责人，他却凭借这件苦差事将央视国际网站提升到了前所未有的地位，其意义除了开创中国新媒体全程直播奥运会的历史先河外，更重要的是为中国网站，尤其是为电视台附属的网站找到了一种可持续发展的模式。而央视经济频道总监郭振玺的网络影响力则主要来自于他所领导的经济频道在对由美国金融危机引发的全球性的经济危机的报道中的出色表现。央视经济频道于2008年9月20日推出的《直击华尔街风暴》，在芮成钢的主持下，中国的普通老百姓开始知道什么叫CPI，什么叫次贷危机。这一节目成为经济频道历史上对单一主题规模最大、周期最长的一次报道，连续100多天、几个窗口同时播出。根据数据统计，与2008年10月份相比，11月份观众收看经济频道节目的净时长增加40%，流入中央电视台看财经类节目的观众增加了40%。作为一家省级地面频道的齐鲁电视台，其台长闫爱华能够在中国竞争者中胜出则主要是因为齐鲁电视台在四川汶川大地震中的优异表现以及他所倡导的国内“Break 新闻”的全新理念。为了给那些在四川汶川大地震中失去肢体的孩子重新行动的自由，齐鲁电视台联合济南市中心医院和山东假肢矫形康复中心开展了“天使之翼”汶川地震肢残儿童救助行动，让众多孩子重新获得了行动的自由。闫爱华还在全国率先提出了“Break 新闻”的概念，并开始把“Break 新闻”系统化、常态化。这标志着我国新的电视传播模式革命的开始，标志着我国电视传播活动进入了新的历史时期。

“大事件”给“大人物”提供了表演的空间和舞台，同时“大事件”的成功也需要有“大人物”的努力与智慧，两者配合完美，方能无敌于天下。

细水需长流，于无声处听惊雷

与上述5人不同，李晓枫、王长田、刘长乐、黎瑞刚、欧阳常林等人的网络影响力则主要来自于他们在其所领导的媒介帝国里所创造的奇迹。这种奇迹的发生不是通过“大事件”的轰动效应在一夜之间发生的，而是他们长久以来对自己所倡导理念持续不断地坚守，这种坚守终于在今天迎来了意料中的收获。因为是坚守，所以更值得尊重。

在李晓枫的带领下，重庆广电集团在九年里取得了长足的发展，重庆卫视的收视排名也长时期盘踞全国前五名。2008 年，重庆卫视在延续“公益民生”的定位之上，推出了“爱的使者选拔活动”、“大爱中华行”等融合公益、奥运元素的大型电视活动，承担了主流媒体的社会责任，传递了“爱”的温暖和力量。作为上海文广集团总裁的黎瑞刚，其思想与其年龄一样年轻而充满活力，在其“颠覆电视”理念的引领下，上海文广集团开始了一场定位转型与资源整合的激情之舞，涌现出了诸如第一财经、东方卫视、哈哈少儿等鼎鼎有名的媒体品牌。与黎瑞刚相比，欧阳常林则是湖南卫视的一员老将了，从领导华夏影视制作公司开始，欧阳常林便声名鹊起，而风靡大江南北的《还珠格格》播出之后，欧阳常林的知名度迅速上升，整个业内无人不晓。2008 年，湖南卫视紧跟奥运这个热点话题，动员全民族参与奥运中来，开创了《奥运向前冲》这档节目，稳坐同时间段的收视率宝座；参与制作《十全九美》，同时对以前隶属于湖南卫视的金鹰网进行大规模的改版，对内容进行重组，在网上的影响力越来越强。在华人世界，能够做到“大事发生时我在场”的电视媒体可以说非凤凰卫视莫属了。凤凰卫视的出现，引领了电视媒体的潮流，改写了中国乃至亚洲媒体的竞争格局。有人说，凤凰卫视的故事是一个“疯子”和500个“疯子”的故事。而这一个疯子就是凤凰卫视的总裁刘长乐先生。

相比于李晓枫、刘长乐、黎瑞刚、欧阳常林等所领导的庞大的媒体帝国，王长田所领导的光线传媒要艰难得多。这也让光线的成功更多地烙上了王长田个人奋斗的色彩。十年之前，这个不起眼的小公司仅靠接一些小的策划和专题片生存，自己掏钱做样片；十年之后的今天，光线传媒的节目在全国620家电视频道播出，覆盖全国所有地区，年收入数亿元，成为中国最大的民营传媒娱乐集团。王长田说，“我对自己的定位就是传媒人加生意人这样一个混合的角色”，就是这么一个传媒人和生意人，怀抱着他的理想，坚定着他的信念，以自己倔强、不服输、不求人的性格，打造了一座梦幻式的娱乐帝国。

《中国最具网络影响力的十大电视人物》课题组

2009年5月19日

TOP 1 杨　澜

——自搭阶梯的幸运儿

一、阳光女人的成长史：杨澜综述

1．人物简介

杨澜，系资深传媒人士。1968年出生于北京，1990年毕业于北京外语学院，同年进入中央电视台《正大综艺》担任主持人。1994年获得中国首届主持人“金话筒”奖，曾先后在中央电视台、凤凰卫视、东方卫视等担任主持人，后创办了阳光卫视，力图建立一个以历史及人物传记为主题节目的资料库。作为国内知名的传媒人士，杨澜曾经在2001年担任2008年北京申奥委员会申奥形象大使，其精彩的表现给国内外人民留下了深刻的印象。杨澜现任香港阳光文化网络电视有限公司集团主席。目前在东方卫视、湖南卫视等播出的《杨澜访谈录》、《天下女人》等节目好评如潮。由于杨澜在传媒方面的贡献，她获得了多项荣誉，其中包括2001年度海内外十位最有影响力的“《中国妇女》时代人物”以及2002年的“中国企业女性风云人物”称号。在从事传媒行业的同时，杨澜还积极从事慈善事业，由杨澜发起的关爱汶川地震孤儿的行动受到了各方的支持和关注。杨澜现任中华慈善总会慈善大使和义务献血形象大使，并在宋庆龄基金会、中国环境文化理事会等多家公益机构中担任理事。

2. 主要事迹

1990 年，杨澜以优异的成绩从北京外国语大学毕业，恰逢刚刚成立的《正大综艺》栏目组要招聘一位年轻甜美的女主持人，杨澜参加了招聘考试，最终从一千多名应试者中脱颖而出，成为中国中央电视台《正大综艺》节目女主持人。

1996 年 5 月，杨澜以全优的成绩获得硕士学位，从哥伦比亚大学国际传媒专业毕业。1996 年夏，杨澜与哥伦比亚广播公司曾数次获得普利策奖的制片人莫利斯·莫米德共同制作导演了《2000 年那一班》两小时纪录片，在哥伦比亚电视网晚 7 点黄金时间面向全美播出，创下了亚洲主持人进入美国主流媒体的先河，杨澜也以亚洲著名女主持人的身份，获得了广泛的国际知名度。

同年，杨澜与上海东方电视台合作，推出了《杨澜视线》，该节目成功发行至全国 52 个地方省市电视台，获得了比较高的收视率。1996 年，杨澜入选英国《大英百科全书世界名人录》。

1997 年 4 月，杨澜应联合国副秘书长之邀，作为东亚唯一代表，出席了联合国世界媒体圆桌会议，当年 11 月又应邀出席联合国“1997 世界电视论坛”。

1997 年 1 月，杨澜散文集《凭海临风》出版，销量超过 50 万册。

1997 年 7 月，杨澜加盟凤凰卫视中文台，并于 1998 年 1 月推出访谈节目《杨澜工作室》，在该节目中，杨澜和她的同事们连续制作出一系列高水平、高质量、高品位的人物专访纪录片，深受广大观众的喜爱。在这档节目中，杨澜挣脱主持人的窠臼，也充当该节目的制片人，其工作能力得到了多方面的训练，为以后《杨澜访谈录》的成功打下了坚实的基础。

1999 年 10 月离开凤凰卫视中文台，担任阳光文化影视公司（香港上市公司，代码 0307，现改名为泰德阳光）董事局主席。

2000 年，杨澜女士创办了大中华区第一个以历史文化为主题的卫星频道——阳光卫视。阳光卫视在弘扬中国文化，加强传媒国际交流与合作方面获得显著成绩。2000 年和 2001 年，阳光文化两次入选由世界权威财经杂志《福布斯》评选的全球最佳小型企业。阳光卫视的定位是成为经营历史人文类节目的内容提供商，并与美国历史频道结盟，买进一系列高质量、获得艾美奖的节目，如《人物志》、《科技与文明》、《未解之谜》、《战争攻略》、《岁月留痕》等节目，同时也从国内购买或者自筹拍摄一系列高质量的文化节目，如表现中国历史文化以及当代中国人生活现状的《中国历史文化名城》、《国宝背后的故事》、《阳光处处》，以及参访中外名人的《世界名人访谈》、《人生在线》等等。但是由于收视群体的定位比较狭窄，以及其他不能顾及的人为原因，杨澜最后转让阳光卫视经营权。

2001 年，杨澜女士应邀出任北京申办 2008 年奥运会的形象大使；同年 7 月，在莫斯科国际奥委会会议上代表北京做申奥的文化主题陈述。

2003 年，阳光卫视 70% 股权转让，现和东方卫视、凤凰卫视、湖南卫视合作，主持《杨澜视线》、《杨澜访谈录》等节目。

从 2003 年 3 月起，杨澜成为中国人民政治协商会议第十届全国委员会委员。

2005 年，杨澜女士开始主持针对中国都市女性观众的大型谈话节目《天下女人》。

2005 年，杨澜创办了自己的电子杂志《澜》，以“生活大致平静，内心总有波澜”作为电子期刊的导语，关注都市白领的需求，网上下载量越来越高。此后，杨澜也推出了《天下女人》。

2008 年汶川大地震期间，杨澜率先捐款给灾区儿童，同时倡议开展“关注孤儿行动”，在全国妇联的支持下，杨澜决定在全国妇联中国儿童基金会设立“汶川大地震孤儿救助专项基金”，以协助相关部门安排孤儿现阶段的基本生活，对孤儿进行心理干预和抚养教育工作。

为了迎接北京奥运会，《杨澜访谈录》也进行了相关的改版，与新浪网合作，号召网友推举嘉宾，广泛征集网友的意见，注重与网友的互动和反馈。并且改变节目的播出模式，《杨澜访谈录》由过去的一周一集，变成了在三月、六月和八月期间以日播的方式播出，一共 50 集人物专访，引起了网友的强烈反响。

2008年，杨澜发起了“2008年天女计划”系列女性关爱行动，以及“2008中国职场女性生存状态调查”和“2008中国职场女性榜样评选”，在业内引起了强烈的反响。

2009年，旨在为中国职场女性打造网上交流社区的天女网上线。

3. 业内影响

作为一个从事电视行业25年的资深电视人来说，杨澜在业内的影响从杨澜在中央电视台《正大综艺》担任女主持人以来，她就以亲和的形象获得了观众的一致认同，随后，杨澜又参加主持了春节联欢晚会，获得了广泛的知名度。虽然她后来选择了去哥伦比亚大学进修，但是杨澜的影响力依然存在，所以从美国回来之后，杨澜所做的节目依然能够引起强烈的反响。

从杨澜所获的奖项，杨澜的业内影响力可见一斑。

1999年2月，杨澜被《亚洲周刊》评选为“亚洲二十位社会与文化领袖”之一。彼时，杨澜已经走出了中国的国门，而成为亚洲女性的代表。

2000年，杨澜被评选为“能推动中国前进、重塑中国形象的十二位代表人物”之一。

2001年，杨澜被评选为海内外十位有影响力的“《中国妇女》时代人物”之一。

2002年，杨澜被评选为“中国企业女性风云人物”之一。

自2003年3月起，杨澜一直担任中国人民政治协商会议全国委员会委员，参与国家大政方针的探讨，代表传媒界反应民生问题。

2006年，杨澜入围“中国电视主持人25年25人”，其自信大气、淡定优雅的主持风格受到了评委的一致认可。

2008年，杨澜所在的阳关文化基金会获得了“最具爱心慈善行为楷模”，这是由民政部主办的“中华慈善奖”，该奖项旨在表扬一批热心于慈善工作的个人和机构。杨澜所在的阳光文化基金能够获得这个奖项是和杨澜坚持不懈地在慈善领域的努力是分不开的，同样也是对杨澜慈善公益行为的表彰。

2008 年，杨澜入选“最具网络影响力的十大电视人物”。该奖项是根据杨澜在网上的被关注度、知名度、收视度、美誉度等一系列指标客观统计出来的结果。杨澜获得这一奖项充分说明杨澜的影响力已经超越电视媒体，而向网络媒体延伸。

二、生活大致平静，内心总有波澜：杨澜报告

1. 进入《正大综艺》，初露头角

1968 年，杨澜出生于北京普通的知识分子家庭。虽然是家中的独生子女，但是父母没有对她娇生惯养，杨澜依然和多子女家庭中的孩子一样，帮助父母亲分担家务，努力学习。也许是受到父母的耳目熏染，杨澜做任何事情都特别认真。杨澜一直认为自己不是极端聪明和才华横溢的人，因此她认为自己做任何事情只能凭借自己的努力缩小与别人的差距。1986 年，杨澜以优异的成绩考上了北京外国语大学，但是刚刚进入大学的时候，杨澜也曾经因为自己跟不上听力课而沮丧，但是为了能够好好学习听力课，她在课下不停地努力练习，终于在学期结束的时候，达到她自己认为满意的水平。

大学毕业那年，杨澜本可以直接进到外企当白领，或者到政府机关做翻译人员，但时逢中央电视台《正大综艺》栏目招聘女主持人，当时报名的已有一千多人，杨澜不是最温婉漂亮的，但是她保持了直率真诚的提问方式，以及独特的看问题的视角。但是，由于她长的不是很漂亮，一直到第六次试镜，她还处在“被考虑的范围之列”，杨澜知道原因之后，也有点丧气，回家盯着镜子不断地看，对自己的相貌也产生了怀疑，不甘心地问母亲自己是不是长的不漂亮。母亲肯定地对她说：你除了眼睛有点小，其他都长得挺好看的。于是杨澜又找回了自信，不再为漂亮与否所烦恼，而是坚持了自己的一贯的思路和风格，对导演说：“为什么非得只找一个女主持人，是不是一出场就是给男主持人作陪衬的？其实女性也可以很有头脑，如果能够有这个机会的话，我就希望做

一个聪明的主持人。”“我不是很漂亮，但是我很有气质。”可能是因为真诚，可能是因为杨澜身上那股不服输的劲头打动了导演，所以杨澜最终过五关斩六将，进入了《正大综艺》栏目组。先后同姜昆、赵忠祥搭档，开始了在中央电视台的四年生活。

杨澜毕竟不是专业的主持人出身，因此刚刚进入到《正大综艺》的时候，还有点青涩和不适应，有很多东西都要重新开始学习，但是杨澜自始至终坚持真诚，真诚地学习，真诚地对待同事，真诚地对待观众。在不断学习磨合的过程中，杨澜认识到自己热爱传媒这个领域，在这个领域，她的主持风格得到了锤炼。靠着自己的实力和美丽，杨澜获得了“十佳”电视节目主持人，金话筒奖等，她的主持能力和风格受到了人们的认可。可以说，中央电视台给杨澜提供了非常广阔的舞台，让杨澜尽情发挥自己的聪明才智，但是也让轻易获得成功的杨澜感到有点心虚：“一开始央视让我一下子进入一个殿堂，但是我往下一看，空空如也，下边的基础都不是我自己建起来的，是一个庞大的机构赋予你支持，我觉得特别不踏实，所以我得自己从下面垒砖头慢慢起来，这样才会踏实。”

2. 求学哥伦比亚，精益求精

就在杨澜希望创新求变的时候，她遇到了人生中的贵人。有一次杨澜和正大集团的总裁谢国民聊天的时候，说到了自己的隐忧。谢先生立即建议杨澜去留学，并表示可以资助杨澜的留学费用。杨澜说：“谢先生你希望我做什么呢？我走了之后，《正大综艺》怎么办呢？”谢国民先生意味深长地说：“我认为一个栏目没有一个人重要。”于是杨澜辞去了中央电视台的工作，远赴美国哥伦比亚大学读国际传媒专业。

在异国他乡的生活要比杨澜想象中艰苦的多。有一次杨澜写论文写到半夜两点钟，却因为电脑死机没有来得及存盘，所有辛苦的成果化为灰烬，为了第二天能够按时交，杨澜擦干了眼泪，重新完成了论文。也许正是这样的小事情让杨澜不断地成熟、坚强。多年以后，杨澜回忆起这段生活的时候说：“有些人遇到的苦难可能比别人多一点儿，但是我遇到的苦难并不比别人少，因为没有一件事情是轻而易举的，需要经历的磨难委屈，一样也少不了。”有人说杨澜能够走到现在这个高度，是因为她太幸运，总是有不同的机会让她走到现在。说这些话的人都是只看见贼吃肉，没有见到贼挨打。换了一个人，即使有这样幸运的机会，但是自身没有韧劲承受这样的压力和挫折，也是没有办法把握机会的。更何况，在留学的过程中，杨澜依然没有停止媒体方面的工作。她利用业余时间，与上海东方电视台联合制作了《杨澜视线》，她自己担当策划、制片、撰稿和主持的角色，可以说从头至尾将电视的制作流程过了一遍。除了提高电视节目制作技能之外，杨澜在留学期间还遇到了自己现在的丈夫吴征，吴征经常鼓励杨澜尝试新的东西，并在杨澜学成归国之时，放下在美国的业务，同杨澜一起回国，转战中国发展。

3. 加盟凤凰卫视，千锤百炼

杨澜回国之后，便加盟了刚刚成立的凤凰卫视，推出了《杨澜工作室》，在这个栏目中，杨澜是制片人加主持人，她要自己选题、自己预算，经济条件的限制让她得到了很好的锻炼，在这个过程中，杨澜能够了解到自己可以在什么样的条件下将节目的效果做到最大化。在凤凰卫视的这两年，杨澜总共采访到了120多位名人，这些名人为杨澜积攒了丰厚的人脉关系，其中有不少人仍然和杨澜保持联系。在与这些不同行业的精英人士接触的过程，杨澜本身的素质和知识量也得到了提升。在离开凤凰卫视之后，投资阳光媒体之前，杨澜已经拥有了世界级的知名度、多年的传媒工作经验，已经具有广阔的人脉，显然，已经具备了开办自己卫视的条件。

4. 投资阳光卫视，商海沉浮

对于杨澜来说，投资阳光卫视是一个充满坎坷的挑战。2000年，杨澜和她的丈夫吴征收购了良记集团，更名为阳光文化网络电视控股有限公司，在香港上市。杨澜认为“有学问的人大都不看电视，因为他们无法从电视节目中获取有意义的东西，这正是阳光卫视力图改变的。”所以杨澜将阳光卫视定位一个集历史和文化为一体的，受众是少数精英阶层的人士，因而在阳光卫视中制作了一大批展现中国历史的节目，主要是有关于中国古代的爱情、婚姻和纳妾等习俗，讲述帝王生活以及一些民间习俗由来方面的内容。

但是，杨澜没有想到的是阳光卫视竟然成为她事业上最大的挫折。在短短的三年时间里，阳光卫视累计亏损达两亿港元。2006 年，杨澜宣布将阳光卫视 70% 的股权卖给内地一家传媒集团。对杨澜来说，放弃阳光卫视是一个非常痛苦的选择，虽然自己办台的理念和初衷都是好的，但是阳光卫视毕竟连续亏损，而这又是杨澜一直希望能够做下去的弘扬中华文化和历史的平台。丈夫吴征和杨澜彻夜长谈，说服杨澜放弃阳光卫视的经营，而专注于自己擅长的高端访谈类节目。杨澜最终接受了丈夫的建议，将阳光卫视的股权转让，重新回到自己熟悉的文化传播和社会公益事业。

5. 投身公益事业，不求回报

杨澜转让阳光卫视之后，辞去了包括“阳光媒体投资集团主席”在内的企业日常管理实务，并将自己和丈夫吴征拥有的所有 51% 的股份捐给社会，成立了非赢利性机构“阳光文化基金会”，杨澜担任基金会主席。同时将基金会主要的活动领域设在文化交流、环保和教育领域。此举虽然赢得了广大网民的赞同，但是也招来一些嫌疑和猜忌，有人认为杨澜是在作秀，有人认为杨澜是为了炒作阳光媒体投资集团的股票。面对所有的非议，杨澜从容淡定地解释阳光基金会的主要作用，她说：“这些年来，无论是做记者还是做企业，我始终希望能够走一条将个人成长和社会责任相结合的道路。人生很短，精力有限，日后我会更关注于文化和公益事业。我相信，这样的选择也更适合我的个性和特长。”杨澜的动机很简单，就是希望利用自己的影响力和经济能力来回报社会，同时也能够影响和带动一批人做真正的慈善事业，虽然中国目前的慈善体制还不完善，但是杨澜一直在努力地推广自己的慈善观念，同时也希望带动有能力的人投身于慈善事业。

在举国悲痛的汶川大地震发生之后，杨澜率先捐款给灾区儿童，同时倡议开展“关注孤儿行动”，在全国妇联的支持下，杨澜决定在全国妇联中国儿童基金会设立“汶川大地震孤儿关爱救助专项基金”，以协助相关部门安排孤儿现阶段的基本生活，对孤儿进行心理干预和抚养教育工作。5 月 13 日，杨澜的文化基金会和中国少年基金会联合举办了

“风雨之后见彩虹——汶川大地震孤残儿童救助专项基金慈善答谢会”，杨澜吴征夫妇捐赠了吴冠中的版画《熊猫》、《新苗》，同时杨澜的好友邓婕、蒋勤勤、英国的查尔斯王子等也慷慨捐赠，最后筹得善款417万元，用于救助汶川大地震的孤儿。

除此之外，杨澜还是中华慈善总会慈善大使和义务献血形象大使，并在宋庆龄基金会、中国环境文化理事会等多家公益机构中担任理事。同时，杨澜也接拍一些公益广告，宣传环保理念，关爱弱势群体，切实做好慈善工作。

6. 关怀职场女性，播撒爱心

2005年，杨澜推出了《天下女人》这档谈话类节目，将节目的嘉宾锁定在都市职业女性，关注女性情感、职业发展困惑、女性的生活观念和价值观，两性关系以及女性个人的成长故事等。这可能和杨澜自身的成长经历有关。历经阳光卫视的挫折之后，杨澜也能体会到都市职业女性在职场生活的艰辛。虽然这些女性面临着家庭生活和工作的压力，但是她们却是被社会忽略的群体，因此，杨澜将自己节目关注的目光锁定到这一特殊的群体，关注她们的情感、生活、事业发展。

与此同时，杨澜也推出了以自己名字命名的电子杂志《澜》，并使用了“生活大致平静，内心总有波澜”作为杂志的创刊口号。每一期杂志都有杨澜的精美照片封面，网民可以在网上免费下载这些电子杂志。每期电子杂志都有精美的配乐和构图，网民可以边听音乐边看杂志，满足了职业女性的休闲娱乐需求。同时，每一期中都设有职业女性关注的话题，并选取不同的网民参加话题的讨论，网民也可以将自己的看法和想法反馈给主编。杨澜的《澜》获得了广大网民的一致好评。

除此之外，杨澜还发起了一系列女性关爱活动。这类活动包括2008年母亲节的“给妈妈的下午茶——母亲节职场女性关爱行动”；汶川大地震期间“母爱行动——汶川大地震孤儿救助专项基金”救助活动；中国职场女性生存状态调查，主要包括女性职场人际关系调查，职场女性角色冲突及职业障碍调查，职场女性在金融危机下受到的影响调查。杨澜在2008年12月成立了评委会，推出了“2008年中国职场女性榜样评选”，在2009年1月公布推选出的榜样评选候选人，并通过新浪网和平面合作媒体开展公众投票，2009年2月综合评委会的评审意见和公众投票的意见，评选出最终的2008年中国职场女性榜样奖项的获得者；2009年，天女网上线，该网站旨在为中国职场女性打造网上交流社区。

杨澜是幸运的，同时也能够通过自己的努力掌握该获得的幸运机会，所以才能够顺利地从北京外国语大学毕业，进入中央电视台，逐步取得了今天这样的成绩。在杨澜自己看来，也许自己的生活像其他普通的职业女性一样，生活大致平静，但是杨澜内心的那份文化上的坚守之心，回馈社会的慈善之心，改善自己的努力之心，却时时刻刻让平静的生活泛起精彩的波澜，让自己享受华丽的人生舞台。

三、意料之中的事：杨澜网络影响力分析

杨澜之所以在网上也能获得如此之高的影响力，是因为杨澜在电视媒体中获得的知名度和影响力。杨澜曾经先后在中央电视台、凤凰卫视担任主持人，又同东方卫视、湖南卫视有着广泛的合作。追根溯源，早在杨澜进入《正大综艺》的时候，杨澜便开始时刻磨炼自己的主持功底，获得了第一届“金话筒”最佳主持人奖。在此期间，杨澜也参与主持了中央电视台春节联欢晚会，在中国内地成为家喻户晓的主持人。中央电视台为杨澜提供了广阔的舞台，给她带来了广泛的知名度和影响力。此时的杨澜本身已经拥有了稀缺的注意力资源。

在杨澜留学的两年间，她以亚洲著名女主持人的身份参与了哥伦比亚电视台的节目，这不仅是对她自身在亚洲影响力的进一步印证，也为她获得了一定的国际知名度。留学归来后，杨澜加盟了凤凰卫视，参与制作了《杨澜视线》，扩大了她在港台地区的影响力。在杨澜的节目中，杨澜一直坚持做高质量、高品位、高标准的高端人物访谈，杨澜自身的知名度加上节目的知名度使杨澜这个名字听起来更像是一个品牌。

随后，杨澜创办了阳光卫视，使自己的形象从知性亲和的主持人转向为潇洒干练的商场女性，引起了国内观众的广泛关注，也使得杨澜的身份又多了一个职业女性的标签，使杨澜后来在网上的一系列关注职场

女性的行动合情合理。

可以说，由于杨澜在电视媒体二十多年的从业经历，她已经获得了广泛的知名度和影响力。但是杨澜没有局限于电视，而是将视域扩展到了新媒体。最初的转向是杨澜在新浪、搜狐、腾讯、央视网等开设了自己的博客，及时更新自己的节目状况，同时也发表个人的感悟，与网友互动，每天有大量的网友访问。除了写博客之外，杨澜也学习美国的著名脱口秀主持人奥普拉，在网上开设自己的电子杂志。杨澜就充分运用了电子杂志的网络特征，以“生活大致平静，内心总有波澜”为创刊口号，将目标受众群锁定为都市职场女性，每期选择白领关心的话题，使职场女性广泛关注《澜》，该杂志每期的下载量越来越高。

除了博客和电子杂志外，2009 年，天女网开始上线，杨澜力图打造职场女性的网上生活社区，融资讯、美容、服饰、心理咨询等为一体，希望为白领女性解决她们在生活中遇到的问题。获得了广大职场女性网友的支持和访问。同时，杨澜还一直努力地进行慈善事业，并为一些慈善机构代言，接拍公益广告。通过博客、电子杂志、天女网以及一些慈善资讯，杨澜能够获得网络影响力就是意料之中的事情。

四、我的节目我做主：杨澜专访

大家认为奥运主题无疑是最具有2008时代色彩的主题。

课题组：非常感谢您接受我们的采访，恭喜您当选由中国广播电视协会评奖办公室、中国传媒大学、北京师范大学和中央民族大学等四家单位推出的，严格按照网络调查数据评选出来的“2008年度中国最具网络影响力的十大电视人物”。由您担当主持的知名高端访谈节目《杨澜访谈录》推出了《东方看奥运》，这档节目按季播出，周一至周五全天播出，当时使用这种播出方式是基于怎样的考虑？受到其他节目的影响？您是如何同东方卫视（播出平台）协调的？

杨澜：这种播出方式是各种需求相互作用的结果，其中与东方卫视不是一种协调关系，而是共同创新的结果，播出平台力求卓越是《东方看奥运》得以形成强大推动力。

最初《杨澜访谈录》一直是以周播节目的形式在东方卫视平台上播出，到了2007年年底，我和电视台探讨下一年节目播出方式的时候，大家在协商的过程中就有了分季播出的想法，其中有从美剧、《加油好男儿》、《舞林大会》等娱乐节目中得到的启发，但也不完全一样。东方卫视认为按季播出能够集中宣传、集中播出、强化品牌栏目影响力，我也觉得这个节目从2001年在大陆开播以来运行了这么久应该有所突破，播出方式的改变无疑会在嘉宾选择、节目制作、节目推广等环节上带来变化。“记录一个人和他的时代”是我们栏目的口号，经过反复的讨论和思考，在众多提议的主题中，大家认为奥运主题无疑是最具有2008时代色彩的主题，很快就和东方卫视定下来分三季播出，3月、6月、8月分别播出15、15、20集，后来又作了一些调整，最终是2008年7月18到9月18号50集一次播出的。

课题组：《东方看奥运》还同新浪网合作，增加与网友的互动环节，每季由网友推出四个嘉宾，并参与提问。网友的构成可能参差不齐，也有一定的主观彩色，但遴选嘉宾是访谈节目的重点环节，当初您和您的团队对这样的互动方式没有怀疑和担忧吗？因为收集并提取网友的反馈信息的工作也很繁琐复杂。

杨澜：这里首先要感谢新浪网，他们非常专业。像互动环节的设计都是我们共同讨论设计的结果。他们会在如何积极与网友互动方面提出很多很有效的办法，另外也对这种互动的弊端有很清醒的认识。所以供网友选择的基础嘉宾名单是由电视节目制作团队经过讨论后提供的，这些嘉宾无论选出谁，都符合《杨澜访谈录》的选题标准。有了这一点的保障，对于网络遴选前四名的结果大家更多是抱着一个期待的态度，看到网民与电视团队的一致会很高兴，看到网民有自己的“意中人”我们也会去分析大家的留言，为什么这么喜欢这位嘉宾？大家关注的点在什么地方？这对我们邀请和采访这些嘉宾也是非常有用的信息。

课题组：其实访谈类的节目不是很好做，既要使节目做的深入、有价值，也要兼顾收视率，而您的《杨澜访谈录》却能将两者有效地结合，您是怎么做到的？

杨澜：在当下时代电视栏目的收视率很重要，除了收视率外《杨澜访谈录》的确还有其他诉求，我们希望能“记录一个人和他的时代”，希望能把握时代脉搏，希望能记录历史，所以做起来会很难。

《东方看奥运》的收视率在访谈节目里还是不错的，但是和电视剧及综艺节目比起来，没法比，我也要求我的电视节目制作团队去比，在这一点上一直还是很清醒的。但是不单纯要求收视率的同时会导向一个致命的误区，那就是太在意自我追求的某种价值而违背了电视操作的媒体规律。这就需要一个平衡，《杨澜访谈录》也一直在找这个平衡。说到平衡就很难一两句话说清楚了，总之《东方看奥运》结束后，给我本人最大的一个启示就是——在观众饿的时候提供一块馒头，好过他不饿的时候硬塞给他一块从形状到口味都极尽精致之能事的蛋糕。

《东方看奥运》从确定嘉宾到进行采访通常只有一天时间，制作通常也只有一两天的时间。最短的我记得是埃蒙斯夫妇一期，埃蒙斯先生两届奥运会成就两位中国冠军，而且都是最后一枪，而且他和太太之间的爱情故事就是从上届奥运他失利后她的安慰开始的，这故事做访谈节目太好了。约了很长时间，最后说可以接受采访了，但只能某个时间，因为他们当天就要离京，这中间也就四个小时不到吧。我们采访了，而且第二天还是第三天这期节目就播了，社会反响和收视率都很好。这种制作周期我们以前从来没有过。

当然，我们也要保证给观众的是合乎饮食标准的“熟馒头”，所以我的电视团队在奥运会之前做了大量预测工作，我开玩笑说你们都成半仙儿了。这种预测虽然建立在大量分析和专家研讨的基础上，但从体育赛事不可能这么准的，像埃蒙斯夫妇我们在准备阶段已经关注上了，他们的爱情故事是知道的，但是埃蒙斯夫人拿了北京奥运首金我们不知道，埃蒙斯先生再次射失最后一枪我们也不可能知道。《东方看奥运》提前制作了大量策划案，其中没有进入采访阶段的占到一半以上，进入采访阶段而进行调整那是必须的；准备了大量视频素材，其中使用的比例没有统计过，但我觉得十中能有其一就不错。这些准备工作让整个团队可以保证约到就采，采完第二、三天就能播。我觉得《东方看奥运》的这个平衡做得还是不错的。

到了2009年，《杨澜访谈录》恢复周播，我们绝无可能把策划案提前都做好，这又需要一个新的平衡，我们一季度做了一些尝试，像美国前总统卡特，美国国务卿希拉里·克林顿，兽首拍卖后表态“不能付款”的蔡铭超这几期还不错。

收视率重要，但是不是唯一，这又是一个平衡了。

课题组：在电视的效果评估中，收视率是很重要的一个指标。有些栏目认为收视率胜过一切，您如何看待收视率这个现象？因为您曾经做过《天下女人》的《对话单亲妈妈》这期节目，关注职业单亲母亲，是一档非常有社会意义的节目，但是并没有引起预期的反响。

杨澜：收视率当然是很重要的。观众不看，你再标榜自己好也只是敝帚自珍。再说有影响力的好节目一定应该是收视率不说第一第二，起码说得过去的节目。《杨澜访谈录》和《天下女人》团队如果报的选题是自认为倡导了某种先进的理念，但完全不符合电视观众收视要求的，我一定不会同意。我们不是教育观众，而是服务观众，我们希望观众能够体会到一些深刻的东西，但观众不想体会的时候他们看到的起码也应该是一个好故事。

收视率重要，但是不唯一，这又是一个平衡了。在符合电视规律，在讲故事的前提下，我们媒体人，总有个价值观，有个态度吧。有时候给它们一些篇幅会影响收视，那也得认了。

对于具体节目，我们会分析是不是在激发观众收视兴趣这方面还有改善的余地。

课题组：2008 年 6 月，随着中国电视网络影响力评估标准的颁布，收视率作为唯一的电视节目质量评估标准的局面被打破，您如何评价这一全新的标准？对于中国电视的发展是否具有积极价值？

杨澜：网络在社会中的影响力越来越大，不容忽视，对于电视节目在网络上的影响力的研究当然非常有价值，而且希望贵研究小组能够把这一研究深入系统地做下去。人们不是生活在电视信息的孤岛上，而是在一个立体的信息空间里，那么这些不同的信息来源各有什么优劣势，怎么共同作用影响不同群体，这个社会消费信息的习惯决定了报纸/杂志/广播/电视/网络等媒体形态一种怎样的共生关系，这些都是我非常关心的问题。

另外，收视率从来就不是唯一的电视节目质量评估标准，比如满意度也是 CCTV 考察自己栏目的一个重要指标。无疑这些收视率之外的指标能够丰富我们对电视节目的考察办法。

在制作了这么长时间的女性节目后，我深刻感受到在中国 30 年来快速增长的背景下都市职场女性成长速度之快和面临问题之多。

课题组：2008 年，天女网实行公测，口号是：建立中国职场女性影响力社区，为职场女性提供了一个交流沟通的平台，天女网同《天下女人》是怎样的关系？是《天下女人》的网络延伸？还是独立于《天下女人》？

杨澜：天女网是独立于《天下女人》的一个团队在运作，但《天下女人》每一期节目内容一定是天女网每周的主打内容。在制作了这么长时间的女性节目后，我深刻感受到在中国 30 年来快速增长的背景下都市职场女性成长速度之快和面临问题之多，而且她们的问题通常都不是她们的父母长辈能够传授经验解决的。互助也许会是更有效的一个办法。天女网希望建设成这样一个虚拟空间，分享资讯 \ 交流情感。此外，我们还会有很多线下的活动来促进这个社区的黏度，比如一些健康讲座，每年一次的天女颁奖晚会，《天下女人》的录制等。

课题组：在公测期间，天女网推出了 2008 年度中国职场女性最喜爱的品牌评选活动。品牌推选难免和商业节目的行为之间有丝丝缕缕的关系，在保证品牌公正透明上面，您是如何把握的？

杨澜：在讨论是不是做这个评选时我们就考虑到这个问题。的确，品牌推选一提出来时，大家的第一反应就是商务回报的一种形式。但是经过讨论后还是觉得这事可做。一来都市职场女性有这个需求，这是消费资讯里很重要的一部分，她们需要有这个参照系来给自己定位；二来因为这个原因别人不做或者定位在商务合作上来做，反而给我们定位在为职场女性描绘一幅真实的品牌消费图景留下了空间。在具体操作上，为了避免问题中所说的这“丝丝缕缕的关系”，我们采用的办法是委托专业的调查机构来做这个调查，在公司内部，调查与商务相对独立，而且是平级的，互不干涉，发生冲突时公正透明一定是第一位的。总的来说我们还处在摸索、尝试和积累经验的阶段。这个评选我是希望能坚持做下去的。

课题组：很多人容易形成一种刻板印象，认为您办电子杂志《澜》《天下女人 her village》是为了宣传节目的需要，当时您为什么要创办自己的电子杂志呢？最近看您的《澜》上面写着“published by her villager”，将《澜》纳入到了天女的行列之中，又是基于怎样的考虑？

杨澜：电子杂志我做得比较早，但绝不是以宣传节目为目的来办的。电子杂志有自己的规律，有自己的受众。最开始是看到这种新的形式后觉得国内还没有，但应该是有前景的，而且成本也不算高，就开始试着做，现在基本能够做到收支平衡。这两本杂志的气质和我想做成的天女社区是非常符合的，可以说它们顺理成章地成为天女社区的一个组成部分。

课题组：每年在书籍市场上总是能看到您的《杨澜访谈录》，或者《天下女人》，而且随书附赠签名光盘，您选择了书籍展现了电视节目的内容，但是《澜》《天下女人》这样的电子杂志只有一小部分宣传节目，这两种媒体上呈现的内容为什么会有这样的差别呢？

杨澜：电子杂志容量所限。一份电子杂志不可能让网友一下载就是一小时吧，所以只能放片段。

课题组：您是最早开办博客的电视人之一，您每一篇的博文都引起了网友的极大关注，2008 年最高访问量达 30 多万（回击莎朗斯通的不当言论）。这些网友几乎都对您表示了强烈的支持和赞赏，但是也有一些网友会批评您，您会关注网友的评论嘛？对一些反面言论，您怎么处理？

杨澜：关注，但是也不能太关注。反面言论是一定会有的，如果有时间就看看，有则改之，无则加勉。

我认为将来一定会有更多的有创意的慈善主题的电视节目出现，这是大势所趋。

课题组：在地震期间，您在震后第三天就捐了30万，同时倡议“关爱孤儿行动”，促成了“汶川大地震孤儿关爱救助专项基金”，其实您做了很多慈善事业，但是相对于博客这样的平台，您在电视上的慈善宣传反而比较少，作为一个资深的电视人，您为什么不多选择电视这个媒体宣传自己的慈善事业呢？

杨澜：不管是慈善还是什么其他事，都可以分成需要大众传播的和不需要大众传播的。比如说我们在电视上晚间黄金时段里看到的大多是生活日用品的广告，比如牙膏、洗发水、饮料、保险、汽车等，这些产品需要大众购买，但很少有一个比如说炼钢的冶炉、汽车生产线之类的广告。

我发起的“汶川大地震孤儿关爱救助专项基金”并不是一个邀请人人都来捐款的基金，当然从回报的角度来讲，我希望给捐助人一定的媒体曝光，但这一点并不是起决定作用的因素。所以我们欢迎媒体朋友与我们一起关爱孤儿，但是我觉得刻意的宣传目前这个阶段必要性不大。

至于写博客是一个比较私人的事情，纯粹是有感而发，这一年来这些震后孤残儿童给我的触动是非常大的，他们在成长期间遭受的生理和心理上的打击在这一年里应该说还是有所补偿，但以后怎么办？他们总是要自己去面对社会的竞争和挑战的吧，有很多实际的问题都是可以预见到的，残疾的孩子们随着身体的成长发育，假肢一两年要换一次直到发育结束，这个钱谁付？有一天所有孩子都会结束学校生活，走进社会；那时他们应该用什么样的心态工作、生活？这种观点我在电视和博客里都会提到。

课题组：慈善公益事业是一个长期的过程，作为一名资深的电视人，您认为电视在慈善行业应该发挥怎样的作用？您所在的阳光文化传媒制作的《猜猜女人心》最后的慈善环节是否是一个尝试？除此之外，电视是否还有别的慈善路径？

杨澜：其实现在电视上已经开始有了很多慈善主题的节目，特别的慈善节目就像去年各台的捐款晚会，常规节目像东方卫视有一档明星答题赢取捐款的节目，北京卫视今年新推的《真情耀中华》，还有慈善主题的公益广告也越来越多。电视说到底是一个平台，当全社会的慈善行为日渐风行时，电视上一定会以各种方式体现出来。《猜猜女人心》的慈善环节是节目团队创意的结果，有社会价值也有收视，我觉得也挺好。至于你说的电视上别的路径，如果是指新的电视节目形态的话，我认为将来一定会有更多的有创意的慈善主题的电视节目出现，这是大势所趋。

课题组：感谢您抽出宝贵的时间接受我们的采访。

杨澜：谢谢！

TOP 2 郭振玺

——心有多大，舞台就有多大

一、广告英雄：郭振玺综述

1. 人物简介

郭振玺，现任中央电视台广告经济信息中心主任、经济频道总监，1965年生于山东济宁。16岁时，郭振玺以当地高考状元的成绩考入了山东大学物理系；毕业后志愿入伍，在济南军区度过了两年的军旅生活；1987年，他顺利考上了兰州大学管理系企业管理专业的研究生；1990年毕业后，在国家广播电影电视部办公厅任秘书；1992年12月，调到央视经济部做编辑记者；1997年4月，任央视经济部《商务电视》制片人，创办商务电视，获CCTV优秀栏目奖；1998年5月任央视广告部副主任，组织创作包括“下岗再就业”等颇具影响力的公益广告；2001年5月，任广告部主任；2004年5月任央视广告经济信息中心副主任，同时兼任广告部主任。2005年7月至今，任央视经济信息中心主任兼经济频道总监。

2. 主要事迹

郭振玺的工作经历看起来一帆风顺，然而，每一步都是他的付出和智慧铺就的路。郭振玺是一个实干型的人，但实干背后，更有谋略和规划。他说，成功一要投入，二要策略，三要坚持不懈地努力，如果有这些条件匹配，不可能不成功。

随着媒体经营的市场化，广告经营的成败逐渐成为决定媒体生存的关键，央视这个皇帝的女儿也渐渐开始“愁嫁”。2001年，央视广告面对困境，几年来黄金时段广告招标收入一直徘徊在20个亿左右，广告收入甚至出现连续数月的滑坡。同年4月，郭振玺临危受命，成为中央电视台的广告新掌门人，他力挽狂澜，带领广告部一路攻城略地，广告收入速度一路飙升。第一个月增长4%，第二个月增长6%，第三个月增长71%，第四个月增长225%。从2002年开始，黄金时段广告招标逐年魔幻般增长，33亿，44亿，52亿，67亿，80亿……2009年央视黄金资源广告招标中，广告招标总额高达92.56亿。郭振玺这位神奇的魔术师是如何创造这惊人的魔幻数字的？

2001年6月19中央电视台第一次走出北京，在上海召开了一个“媒体/企业/广告公司互动研讨会”，首次提出了“以客户为中心”、“面向市场需求，面向客户需要”、“一切广告形式都可以想，任何合作方式都可以谈”等新的广告经营策略，随后围绕客户中心进行了一系列的营销变革，取得了专业化上的长足进步，实现了与客户的共同成长。郭振玺说：“6·19会的意义类似于长征途中的‘遵义会议’，实现了我们的战略转型，也带动了中国电视媒体同行的共同成长，确实值得总结。”这意味着央视从“坐商”到“行商”的巨大改变。

在广告客户开发方面，郭振玺总结出“一个中心，两个基本点，三个代表性工作”的理念。他解释道：“一个中心就是以客户为中心；两个基本点，一个是面向市场需求，一个是面向客户需要；三个代表性工作，一个是重点地区的开发，打造品牌基地，扩大客户群，推动地区经济发展。一个是重点行业的开发，优化客户结构，推动行业发展。一个是媒体资源的创新，形成新的传播平台，提高传播效果，形成新的增长点。2002年这些实践都完成了，当年央视新增客户1281家，是前三年新增客户的总和。以客户为中心确实是任何经营者都会想到、采取的策略，但这绝不仅仅是一个口号，关键要看以什么样的措施去落实、去深化。客户与市场是我们所有策略的根本依托，我们推出的每一个广告产品，每一次价格调整和资源运作，都要符合市场的需求、符合客户的需要，这样才能受到市场的欢迎和客户的青睐。围绕这一根本策略，我们加强了与客户的沟通、互动，创新客户需要的广告产品，进行针对性服务等，在实现客户的利益中达到了广告收入的增长。”

在他之前，没有人这样认真地把广告当产品来看，没有人像他这样卖广告，他把卖广告变成了一个系统的营销工程。

在现代广告营销过程中，郭振玺重新定位了媒体和企业的关系，他认为媒介和企业是一个利益的共同体，这也是一种营销观念的重大突破。他说：“现代媒体的广告营销，已经不是简单的买与卖的关系，媒介已经成为企业不可忽略的重要战略性资源。越来越多的广告主认识到，广告是一种投资，而不是简单的花费；媒体和企业的关系，也绝对不是吃饭、喝酒、谈折扣，而是互动、创新、双赢的关系。媒介和企业是两只拳头，一个都不能少，实际上媒介和企业是一个利益的共同体，可以形成合力。这些年我们在探讨广告营销的时候，很少说这个资源能卖多少价钱，而是说我们这个资源和平台能使企业得到什么样的收益。在这种基础上的合作，才是一种长远的、长久的合作。所以我认为，广告资源不是媒体的，而是企业的。就像企业经营者经常说的，品牌不是企业的而是消费者，这是一个道理。只有企业选择了广告资源，它才能产生效益，才能在市场上实现它的价值，才称得上是我们所谓的时段广告资源，否则它只是一种无效时间。正是基于这样的理念，近三年来，我们大大加强了与广告主、广告公司的互动与交流，只有交流和互动才能创造效益。和企业战略性合作伙伴关系的建立，让我们双方都有很大的获益，大家的创新能力在这种合作中得到了迅速提高。”

郭振玺能够在广告经营方面取得如此令人瞩目的成就，与他总结的这些规律是密不可分的。看似简单甚至教条，却彻底改变了中央电视台甚至整个中国电视媒体多年来的观念，让电视媒体的发展更具专业化、市场化，而且带动了整个电视媒体面向市场的理念，形成了节目面向受众市场、经营面向客户市场的受众意识，这是一个革命性的变化。

广告是经济的晴雨表，央视黄金时段的广告招标则是经济发展的风向标。随着中国经济的崛起和繁荣，一大批本土品牌如雨后春笋般崛起。郭振玺提出的重点地区、重点行业的开发战略为中国的企业家提供了更快的发展通道。

闽南、晋江的“利郎”、“安踏”、“柒牌”、“七匹狼”、“雅客”等众多名牌企业，形成了“晋江军团”，这些品牌都是通过央视为全国人民所熟知的，之后品牌知名度迅速提高，企业发展日新月异，这么多年来，他们依然如此青睐中央电视台这个平台来推广产品、打造品牌，从中受益颇多，可见一斑。中央电视台与地区经济的良好互动，推动了地区经济的发展和企业品牌的成长。内蒙的蒙牛、伊利、小肥羊等企业，也日渐形成规模，带动了该地区经济的快速发展。

央视还致力于推动中国的行业开发和产业升级。在郭振玺的带领下，中央电视台先后举办了手机、乳制品等多个行业的高峰论坛，这有效地推动了地区经济的品牌化经营，为区域打造品牌基地作出了重要贡献。毫不夸张地说，郭振玺是中国本土品牌的引领者。他始终在利用中央电视台这个媒体的品牌影响力为尚在发育中的企业增添光彩和信任，他以实用的广告策略托起企业飞翔的翅膀。

品牌，在他的心目中，已经成为一种文化和信仰。郭振玺的心中并非仅仅装着中央电视台的广告营业额，这个并不伟岸的山东汉子有意无意地将一种责任感悄悄地装进心里，俯身当起了中国品牌发展的孺子牛。郭振玺的工作中有很大的一部分是与中国的企业家交流和沟通，他以山东人的直率和质朴赢得了中国企业家的一致好感，而他也毫不掩饰自己对企业家的认可。他们之间建立的不仅仅是工作上的合作关系，更是一种英雄情怀般的惺惺相惜，是男人之间的欣赏和豪迈。他在很多场合不遗余力地赞扬道，中国的企业家是社会的宝贵财富，他们吃苦、执著的精神，他们的智慧和远见，都值得大家学习。

二、激情之舞：郭振玺报告

郭振玺出生在山东济宁的一个农民家庭，大学毕业后当过两年兵。这段成长经历赋予他独特的气质和性格。他淳朴直率，雷厉风行，为人坦诚，能吃苦，讲义气。研究生毕业后，他在国家广播电影电视部办公厅工作，后调入中央电视台，这段求学和工作的经历给了他睿智的头脑，敏锐的感知力和极强的分析判断能力。在中央电视台的舞台上，郭振玺心怀梦想和激情，畅快淋漓地施展自己的才华。

激励梦想　舞台无限

有这样一句我们都熟悉的话，“心有多大，舞台就有多大”，这是郭振玺最钟爱的广告词。它不仅仅是央视的形象宣传片，更是一支给所有中国人梦想和希望的公益广告。这句话应该是身价最高的广告了，按照央视的广告价格，从 2003 年至少已经花费了 10 个亿的广告时间，Google 上近七十万的词条数足以证明它的影响力。郭振玺觉得中国人不够自信，做事底气不足，他希望能够用这句话去激励那些有梦想的人，鼓励他们勇敢地去追求自己想要的未来，实现自己的价值。

郭振玺说：“在中国，哪句话可以花十个亿来传播？但从它的价值来看，要远远超出这个价格。大家开玩笑说广告画面上那个女孩是我女朋友，是，她是我心目中的女朋友，她代表我一个梦想，一个希望。我非常惊讶，一个山村的女孩子看了这个广告以后，她就想象自己是那个女孩在跳舞，那个女孩子后来到城市里打工去了，我非常高兴，这句话改变了她的生活和心灵。实际上我就是要用这个片子给中国企业家补钙，给中国人民补钙，为中国社会补精神钙。做人就要有这个气魄，心有多大，舞台就有多大。”

忙而不乱　心存美好

郭振玺是一个实干并且很能吃苦的人，想到了就去行动，一向把工作当成生活方式。2001 年接受央视广告部的工作，他就像穿上了童话中红舞鞋一样，围着工作不停地旋转、旋转……“我除了睡觉就是工作，我见客户，吃饭也是在工作，早晨到晚上都在交流、开会。我说话快，走路更快，一般人跟不上，所以谈恋爱的时候没散过步。基本上一年中 40% 的时间都在外地。我的最高纪录是 2002 年 10 月，一天跑了四个城市，从深圳跑到广州见客户，然后从广州飞到南京，在南京留下一个人换机票，用50分钟时间杀到城里，和熊猫手机的老总交谈，谈了50分钟后，饭也没吃，厕所也没上，又杀回机场，在机场吃了面，上了厕所，登机，再回到北京的香格里拉见摩托罗拉老总。现在我跑了这么多路的结果之一就是大家觉得我跑对了，跑好了，把他们的经济跑起来了，现在的很多区域，我已经撒好了广告的种子。”央视广告红火的背后自然有诸多因素，然而，他翻山越岭的跋涉是最直接的决定因素。

接受媒体采访的时候，郭振玺说：“我喜欢行动，想到就做。任何人不实干不可能获得成功。我在部队呆过，喜欢部队的生活，该服从绝对服从，该行动绝对行动。广告是跑出来的，广告不是吃饭、喝酒、洗桑拿搞出来的。中国的现实情况还没有到享受的阶段，我还在创造阶段，男人需要事业来完成生活，对中国人来讲这也是最重要的。”

四十多岁的郭振玺正在事业最红火的时候，他有激情、有信心，自言还处于20岁的工作状态。他说：“在我们这个时代就需要付出，工作是我们生活的主要部分。咱们刚吃了几天肉，现在还是投入的时候，付出的时候，所谓优雅舒适的生活，就留给下一代吧，我这一代就是要工作着，快乐着!”

采访过他的人，都会暗暗佩服他的时间规划能力，手机不停地在响，各种各样的请示、汇报、采访，他都应付自如，并且思路清晰、逻辑严谨。半夜十二点之后还要开会、见客户，已经是家常便饭。媒体人、广告人习惯于这样的生活，然而谁也想不到这位呼风唤雨的掌门人比他们还能吃苦。见过他的人也都深深地被他身上的独特气质吸引，真诚、率真，一脸灿烂的笑容，任何时候都是精神奕奕，活力十足。这个已过而立之年的男人，像拼命三郎一样工作着，然而，再苦再累他也始终保持着一颗单纯美好的心。深夜回家，他打开电视，握着遥控器不时地换台，专拣广告看，因为那些熟悉的品牌里有他太多的心血和努力。疲惫的时候，他会看看韩剧，想想美好的事物，拒绝怪诞另类的东西，并且他从来不上网，很多人对此迷惑不解。其实原因很简单，一方面，忙碌的工作让他没有时间在网上溜达闲逛，更主要的是，他理想主义的情怀让他难以接受网络中阴暗的一面。

忠孝难题　心头遗憾

管理央视的广告，是需要极强的定力的，金钱、美女、权力……时刻在身边环绕着，禁不住诱惑的人是做不来这个工作的。这个圈子很小，有一点风吹草动就会尽人皆知，郭振玺在任这么多年，没有传出一句不好听的话。虽然身处复杂纷繁的媒体圈，然而他始终心存单纯的美好，以理想主义的光芒照亮现实，脚踏实地，快乐前行。然而，这位铁骨铮铮的汉子的心头也有一处难以愈合的遗憾之伤……

2001 年 11 月 8 日是郭振玺上任后第一次央视黄金广告段位招标，结果一举突破 26 个亿。郭振玺称那一天是自己在央视广告部最激动的时刻，最刻骨铭心的时刻，之后的招标会同样让他惊心动魄，但那一次，是首战大捷的喜悦，是意料之外的惊喜，他心中涌动着一种梦想腾空而起的幸福感。这个结果似乎是意料之外的，实际上，央视的广告收入只不过是他付出心血的数字见证。梦想像被风鼓得满满的帆，迎风破浪，唱着歌驶向清晨初升的太阳。2002 年，忙得像陀螺一样的他，工作成绩斐然。央视广告再次告捷，他本该春风得意，他本该喜上眉梢。然而，那一年的最后一天，父亲因癌症离开了这个世界。他总觉得自己没有照顾好父亲，留下了终身的遗憾……自古忠孝不能两全，这个成长于孔孟之乡、极重孝悌之义的山东大汉，也未能摆脱这一谶语。

广告英雄　家国天下

央视经济频道体现出强烈的责任感和精英意识，这与经济频道的“大管家”郭振玺的风格密不可分。

近二十年来，始终坚持举办“3·15 晚会”，为消费者的安全和利益奔走；立春那天的“春暖”系列公益晚会给无数人带去难得的温暖和力量；汶川地震后的第一个新学期，经济频道及时推出了《开学第一课》大型公益活动，用知识守护孩子们年轻的生命；2008 年金融危机爆发后，经济频道反应迅速，开始了《直击华尔街风暴》的大型直播，为老百姓解读经济危机背后的原因和未来的发展方向，抚平人们焦虑不安的心……郭振玺常常说，一个媒体的影响力越大，责任也就越大，中央电视台这样一个平台给了我们很多光芒和成长的机会，我们每个人都要承担起自己的责任。在这个浮躁功利的年代，这种责任感是多么的难能可贵！

这个当过兵的男人身上似乎有一种源自天然的担当，家国天下，胸怀大爱。这从他对公益广告的钟爱可见一斑。1998 年“下岗再就业”系列、1999 年“科教兴国”主题的《知识改变命运》系列、2003 年抗击“非典”系列、2004 年反腐倡廉系列等，一直到奥运会前夕的“迎奥运，讲文明，树新风”、今年的“信心 2009”……这些公益广告的背后是中央电视台大台风范，也是郭振玺这个广告管家的责任感在督促他花费再多的精力也在所不惜。他建议传媒研究者关注公益广告的传播效果的相关研究，他期望在这方面做得更好。

三、润物无声：郭振玺网络影响力分析

很多人会疑惑，郭振玺这个几乎不上网的人为何会在网络上有如此大的影响力。新浪新闻、中新网、人民网、新华网、搜狐新闻等各大网站，天涯社区、西祠胡同等著名论坛都有大量关于郭振玺的新闻和评论。关于这个问题，他的回答很谦逊，他认为主要是中国经济发展的大环境、中央电视台这个平台和经济频道的改革创新这三个因素使得他这个负责人备受关注，脸是自己的，而血液是集体的。他的谦虚之词固然也是重要原因之一，然而，这背后还有什么奥秘？通过分析我们发现，他的媒体关注度极高，与他丰富的社会角色是分不开的。

郭振玺从广告部主任做到了央视广告经济信息中心主任，毫不夸张地说，央视的广告是在他的手中成长起来的。因此，广告圈里的人对他极其敬仰，从纸媒到网络，媒体自然少不了要关注他的日常动态。央视广告招标、春晚广告、奥运广告、央视广告策略调整等，尤其是他经营广告的智慧，都是媒体竞相关注和报道的热点。例如，《央视巨变中的广告商机——访郭振玺》、《郭振玺：中国电视媒体广告领军人》、《郭振玺：演绎央视广告传奇》、《郭振玺：中央电视台近四年广告经营策略》等报道。

另外，作为经济频道的总监，最近几年经济频道的改版轰轰烈烈，郭振玺作为这场变革的旗手，自然也得到喜爱经济频道的观众的热烈追捧。由于对经济频道节目和主持人的喜爱和追捧，观众也在关心郭振玺的决策和评论。在王小丫的“百度贴吧”里，有网友以《郭振玺接受采访，有提到小丫》为题转发了一家媒体对郭振玺的采访，其中郭振玺就经济频道的新调整谈到：“最近还要开一个由王小丫主持的叫做《家事国事》栏目，将国家大政方针与百姓生活结合起来，进行解读。”可见，在观众的心中，郭振玺是经济频道改革和变化的权威信源，成为网友们关心经济频道的重要部分。

由于经济频道巨大的调整和变化，媒体的朋友们戏称他是央视“剪刀手”。2008 年的经济危机加强了受众对经济频道的关注甚至依赖，此时，经济频道的负责人郭振玺带领着团队做出了巨大的努力，《直击华尔街风暴》等一系列节目，为中国老百姓揭开了金融危机背后的谜团，安定了人们惶惑不安的心。各类媒体关于经济、关于经济危机、关于经济频道的报道热火朝天，例如《CCTV 经济频道总监郭振玺：关注百姓关注的话题》、《郭振玺：中国经济发展保障央视经济频道做强》等，网站在线访谈、纸媒采访稿的网络二次传播、网站独立撰稿的采访等，都让郭振玺的曝光度迅速攀升。

一个有远见和智慧的人，尤其是能够在社会转型期，在很多东西尚不确定的时候，能够对行业和未来甚至整个社会的发展有一定的见解，是一定会得到很多人尊敬和追随的。郭振玺提出的重视企业品牌的影响力营销、以客户为中心的广告经营理念等都是透视媒体乱相的智慧之见。但凡关心这些方面的人，都会关注这位意见领袖的说法。

此外，还有不少以郭振玺为骄傲的群体，在网上表达对他的尊重和崇敬之情。郭振玺家乡的山东人、母校兰州大学的校友等，都在论坛里表达了心中的自豪。例如，兰州大学的论坛里，校友发帖《郭振玺：中国广告第一掌门人》，图文并茂地介绍了郭振玺的成长历程和工作业绩。跟帖的同学立即想到了那句“心有多大，舞台就有多大”，除了纷纷表达对他的佩服之情，还有同学在打听他的博客地址。实际上，他几乎不上网，更没有博客。

郭振玺没有博客等自留地来宣传自己，更确切地说，他从来没有宣传自己的意识，反而在采访中反复强调团队和集体的力量，强调央视这个平台提供的机会。然而，他的努力和成就在网络这个相对自由的空间里得到了业内人士和老百姓的共同认可。说到底，郭振玺的网络影响力是他的智慧和努力带来的，在一个有利于事业发展的舞台上，他执著、乐观、热情，心存对未来的梦想和美好向往，以犀利的洞察力准确做出判断并且身体力行，快乐踏实地为梦想而努力。在央视这个广阔的舞台上，他舞步轻盈，心比天地宽广，舞台无限延展、延展……

四、心有多大，舞台就有多大：郭振玺专访

◎ 中国的观众越来越关注经济类的节目，并且对专业性和知识性的要求越来越高。

◎ 中国经济的崛起需要世界级的经济媒体。

◎ 托尼·布莱尔、克林顿、安南能不能当我们的评论员？我说，可以，我们应该有这样的气魄和胸怀。

◎ 专业化的内容，如何运用大众化的传播手段，达到比较好的传播效果，也就是说如何将专业的内容和大众的传播手段匹配起来，让更多的人能接受并且看后有所收获，这是我们当前亟须解决的问题。

◎ 任何一个事物、一个人，都要承担起与其社会影响力相匹配的责任，影响力越大就要承担起越多的责任。

◎ 目前我还没有看到网络对电视在经营方面负面的影响。至于它对其他媒体的影响，关键还是被影响的媒体本身能否与时俱进，

能否进行变化。

◎我的脸是自己的，血液是整个集体的。

中国的观众越来越关注经济类的节目；中国经济的崛起需要中国有世界级的经济媒体。

课题组：郭主任，08 年对中国、对于中国的媒体来说都是非常特别的一年，尤其是发端于美国的金融危机对全球经济的影响日渐明显，作为央视经济频道的当家人，您有没有感受到冲击？

郭振玺：我想跟大家分享一下我们的两个重大发现。从《直击华尔街风暴》等栏目中，我们发现——这个发现对中国经济类媒体来说是非常需要关注的——那就是中国的观众越来越关注经济类的节目。

通过数字来说明，《直击华尔街风暴》是 2008 年 9 月份推出的，2008 年下半年收看中央电视台财经类节目的受众数比去年同期增长了 40% 多；2008 年 11 月与 10 月相比，收看财经类节目的受众收看节目的平均时长增加了 40%。总体来说，观众收看中央电视台经济类节目的平均时长都在增加。这说明我们的受众群更加聚焦，说明我们的受众忠诚度在提高，我们特别看重这一点。

经济类节目受众的特点越来越明显，“三高”人群，高收入、高学历、高影响力，年龄在 35 岁到 54 岁之间的男性，这是我们最主要的受众群。以《对话》栏目为例，过去看 20 分钟以上的人比较少，现在大多在 20 分钟以上。08 年四季度，我们整个频道的收视份额比 07 年四季度提高了 24%。我们在十八点档播出《直击华尔街风暴》的时候，收视率也超乎我们的想象，不但超过了我们以前在这个时段播出的电视剧《欢乐家庭》，也超越了我们黄金时段的很多节目。《华尔街风云》是讲堂式的节目，剖析华尔街风暴是如何发生的，收视率也很高。所有这些都表明，中国的受众越来越关注经济类的节目。我们以前担心经济类的专业节目受众不喜欢看，担心没有收视率。当时在十八点档开播“直击华尔街风暴”的时候，我就说，收视率不是第一目标，主要是提高影响力，结果出乎意料，收视率非常高。

课题组：这跟我们一般对经济节目的低收视率、高影响力的印象有所不同，为什么中国观众开始关注经济类节目了？

郭振玺：为什么如此呢？我们进行了研究和分析，发现中国的受众和过去不一样了，对经济节目的需求、感受、了解和要求不一样了，那有什么不一样了？为什么不一样了？

重要的一个“不一样”就是：受众对经济类节目的专业性要求比过去强了，过去专业的内容很少有人关注，我们一做专业的内容，有的老百姓就说，你那是什么玩意儿，谁懂那些东西？那时候大家只想了解一下什么地方发生了什么事情，股价是跌是涨等。现在节目不专业是不行的，老百姓会给我们提意见说，我就要看图表，我就要看走势，你得告诉我怎么回事儿，得分析为什么跌了、为什么涨了。经济类节目专业化程度比较高，收视率不但不低，反而很稳定。

过去知道 CPI 的比较少，关注 PPI 的更少。现在 CPI、PPI、金融衍生产品、次贷危机等都有人关注。这说明，受众对经济类节目不仅关注度高了，而且专业性和知识性的要求也提高了。

受众为什么有这样的要求呢？后来我们发现，随着中国经济的发展，随着人们财产性收入的增加，随着中国商业社会特征越来越明显，进程越来越快，中国老百姓与经济形势、经济走势、经济政策的关联度越来越高，全球同此冷暖。十二年前，亚洲金融危机发生的时候，虽然原发地是泰国，但中国老百姓认为那离我们很遥远。为什么？那时候有多少人有私家车、有自有的住房？那时候中国的股市多大，平均每人的市值是多少，有多少财产性收入？还不到现在的十二分之一。那时候中国的经济规模也要小得多，与世界的关联度也少得多。现在完全不一样了。所以说，从这些指标一看就会发现，是利益两个字把我们和受众，把我们和世界紧紧联系到一起了。由于商业化社会、由于财产性收入越来越多，老百姓开始关注利益，由于关注利益才关注变化。我认为这是我们经济类媒体的机遇，当然也是我们的责任。这是要跟大家分享的一个发现。

课题组：可以说这是水涨船高的事情，中国经济的发展必然推动中国经济类媒体的发展。另外一个重大发现是什么？

郭振玺：另外一个重大的发现不是我们提出的，是我们举办座谈会的时候媒体的朋友说的。他们认为，中国经济的崛起需要中国有世界级的经济媒体。我们觉得这个发现很好，回顾一下，确实如此。大家可以想一想，中国经济07年到了世界第三，三年之后就是世界第二了，10年以后，如果不出意外的话，就可能会成为世界第一。现在银行市值最大的全是中国的，中国的事情就是世界的事情。当中国成为世界经济体第一的时候，那不就意味着中国的就是世界的吗？

做《直击华尔街风暴》期间，我们采访了CEO、经济学家和政界人士总共是29位，其中CEO有17位，全部是全球五百强的高层；6位经济学家，都是诺贝尔奖获得者；政界人士有托尼·布莱尔这样的政界首脑；另外，摩根大通的吉米·戴蒙，还有黑石投资的老总都接受了我们全球独家专访，BBC、CNN、CNBC都收录我们的信号，他们再播出。随着中国经济的崛起和发展，关注中国企业的变化，就是关注世界企业的变化。因此，不难理解为什么现在CNBC、道琼斯、CNN涉及到经济问题的时候这么关注央视的经济频道，也不难理解为什么经济学家和政治家们这么愿意接受我们的采访。所以，媒体的朋友们认为中国经济的崛起需要世界级的经济类媒体，我非常赞同，也深有感触。

我们一直在努力。

课题组：刚才郭主任讲了中国经济的发展需要中国有世界级的经济媒体，您觉得我们现在准备好了吗？

郭振玺：我们一直在努力。其实，从2006年8月25日开始我和同行们、同事们就一直在努力。大家可以看到，这几年不仅是中央电视台经济频道变化很大，中国财经类媒体都发生了很大的变化，从数量上到质量上都有很大的改进。我们关注同行，关注境外的同类媒体，向大家学习。同时，也根据受众的需要，研究受众的需求，满足受众的需求，引导受众的需求，创造受众的需求，在这方面一直在做文章。两年多来发生了很大的变化，在08年的四季度有一个集中的爆发。

为了延续这样一个工作，2009年1月16日年度工作会议上，我们又特别强调了两点，第一，我们强调要坚守和坚持：坚守经济频道的定位，坚持成功的做法。我们要打造专业的经济频道，打造中国受众喜欢并且能够立足国际经济媒体前列的经济频道。第二，我们如何实现可持续发展。08年变化很大，那09年怎么办，今后怎么办？所以我们提出来要大学习、大讨论、实现大提高。这个工作一直在开展，我上个星期参加了四个栏目的讨论。今天上午我参加了《今日观察》的讨论，我刚才讲的两点也是在讨论中跟大家讲的。我们就是要通过大学习、大讨论找出我们的短板，找出我们需要努力的方向，找出突破口和应对之策，所以叫做"找问题，寻对策"，如此来实现大提高。"大提高"分两个方面，第一是频道和团队的提高，第二是个人自身的提高。没有个人自身的提高，也不可能实现频道的可持续发展，也不可能实现刚才你问的那个问题——我们是否准备好了。即使现在准备好了，还要考虑面向未来我们准备好了没有，因为我们更多的是面向未来的。我今天在跟《今日观察》的同事们座谈的时候，我特别把我刚开始说的第二点——中国经济的崛起需要世界级的经济媒体，跟大家分享，给大家鼓鼓劲儿。既然看到了目标，就不觉得路途的遥远，重要的是我们如何更快地走到那个目标去，所以我们要不断地总结经验，不断地找出不足。

现在开展的大学习、大讨论、大发展，每个栏目都在开展，而且是持续的，比如，我们给《今日观察》的同事们列了59本必读书，每个人要写出总结来。我跟他们说，我外语不行，我的目标就是明年的达沃斯，我一定要用英语做简单的交流。我必须给自己定个目标，把这句话喊出去，就是给自己压力。所以现在我办公室里每天都是CNBC、道琼斯两个频道，我虽然不能完全听懂，但起码有那个意境，就要逼着自己去学习提高。

托尼·布莱尔、克林顿、安南能不能当我们的评论员？我说，可以，我们应该有这样的气魄和胸怀。

课题组：您对未来充满信心？

郭振玺：我们对适应当前的工作很有信心，但面向未来，我们仍然需要努力，还有很大的差距。还是举今天跟《今日观察》的同事们讨论的例子，《今日观察》作为评论类的节目，应该找什么样的评论员。我说，托尼·布莱尔、克林顿、安南能不能当我们的评论员？我说，可以。我们应该有这样的气魄和胸怀。今年做不到，明年一定能做到，明年做不到，十年之后一定能做到。在中国同样如此，中国经济界最有影响力的人才能进入我们的视野。我们3月21日有一个论坛，十几个人。我说我们一定要采访最“大佬”的人物，同事告诉我说，这就是世界最“大佬”的人了，其中有总统经济顾问。我说：总统经济顾问？我的眼光是采访总统！过去你想见总统经济顾问根本见不着，现在他们都愿意通过中央电视台这个平台传播自己的声音，但是我们还想采访总统呢！

课题组：您刚才说到了“利益”，就是经济危机的时候，百姓和咱们之间创造出了一个利益点。那么危机消除之后，这个利益点会不会消失？会不会导致我们的收视率下降？

郭振玺：这个利益点不但不会消失，而且会越来越深。为什么呢？因为中国的经济发展中，老百姓与经济的关联度越来越高，我称之为中国的商业化社会特征越来越明显。虽然中国回避“中产阶级”这个词，但是伴随着经济的发展，必然会出现一批“中产阶级”。这是个方向，虽然我们不提这个词。金融危机发生时，大家可能对媒体会更加关注，因为有变化，跟利益相关联了。原来市值是几千万的，瞬间损失掉百分之七八十，他们会特别关注这个事情。一般来说有变化的时候会特别关注，而且变化越强的时候越关注，往坏里变化的时候更关注。如果股票一直在涨，买了就涨，大家就不关注媒体了，一旦开始下跌人们就特别关注，这是人之常情。

随着中国商业化社会特征越来越明显，人们财产性收入越来越多，随着中国经济往纵深发展，老百姓与经济、与周围环境的关联度越来越高。很多人认为，现在老百姓之间相互依赖度越来越低了，我说错，大错特错，依赖度越来越高了。农耕时代，种好自己的一亩三分地就行了，现在整个社会就是一个产业链条，是互相依赖的。这就是变化，这种变化是必然的趋势，变化过程中也会培养很多受众对媒介的消费习惯。

课题组：您觉得经济频道现在的不足在哪儿？

郭振玺：不足很大，当前亟须解决的问题是，如何处理大众的传播手段与专业化的内容的关系，这是一个很大的课题。

电视说穿了是个大众媒体，然而我们的经济内容是专业化的。专业化的内容，如何运用大众化的传播手段，达到比较好的传播效果，也就是说如何将专业的内容和大众的传播手段匹配起来，让更多的人能接受并且看后有所收获，这是我们当前亟须解决的问题。

当然这是一个动态的过程，这个问题解决了，受众会有新的要求，我们也一直在讨论这个问题，从06年8月25号，两年多来一直不断地在进行这方面的努力。当前面临两个问题，首先是内容上的专业化建设问题，这个已经有很大的进步，但我们仍然需要继续努力，观众现在有很多新的要求；第二是专业化内容如何利用大众化的传播手段进行传播的问题。现在已经有了很大的变化，也正是因为如此，我们才有信心继续努力下去。

媒体越大，责任越大。

课题组：央视经济频道是全国经济类媒体的领军，央视经济频道的贡献一定程度上就代表着中国经济媒体的贡献。作为中国第一个经济类专业频道，这么多年来累积了这么多的经验，有没有与其他媒体分享一下？

郭振玺：最近这几年，经济类媒体，电视、网络、广播、报纸、杂志都有很大的发展，这得益于整个经济的发展，得益于受众在商业化社会特征越来越明显的时候基于利益这个点对有关方面的要求。在众多媒体中，电视还是一个主流媒体之一，中央电视台的地位、覆盖规模、影响力、资源等方面都比其他媒体更有优势，当然我们也看到其他兄弟媒体在各自的领域里都有了很大的进步，包括平面媒体，它们在各自的领域都有许多需要我们学习的方面。

经济频道是中国经济宣传报道的主阵地、主媒体、主平台。这是给我们的一个定位，也是我们的责任。我们实际上承载了很多的责任，一个是如何更好地履行我们的责任和职责，另外一个是，在行业中如何和财经类媒体共同发展的问题。我们平时联系也很多，一起做选题，一起进行再传播。像《直击华尔街风暴》，我们联合很多媒体进行内容的再传播；从达沃斯论坛回来，我们马上跟很多媒体说，我们有很多内容你们可以共享。因为他们去不了，采访不到这些人。我们除了在资源共享方面带个头之外，另外一个方面就是对受众的研究，对经济类媒体的发展方面的研究。有时候会搞一些研讨会，像故事类的研讨会，《财富故事会》牵头搞的，各个电视类媒体的同行共同参与，已经做了三年了。还有，经济类媒体的宣传报道，我们是牵头单位，和大家一起来做一些评选。我们也乐于跟大家分享我们的发现，像受众需求的变化等。我们也做过一些理论性的总结，当然这些理论性的总结主要从我们的实践中来的，对其他兄弟媒体有没有参考价值这不敢说，但是我们一直在总结，也跟大家分享。在05年我们出过一本关于编排策略的书《电视播出季——频道编播创新前沿》，我们也经常写一些采访报道的心得体会，我们有些主任常常会出去讲课交流。当然我们也经常请别人来讲课、来跟我们交流，像《第一财经日报》、《瑞丽》杂志、湖南卫视、蒙牛、福建广播电视集团、北京广播电台等，都跟大家进行过交流。

总而言之，大家要共同发展。最近，我们要做一个研讨会，关于经济类宣传报道的研讨会，会邀请大家一起过来。像经济类媒体总编辑研讨这样的小型研讨会，平均每两个月就要搞一次，大型的我们也要做。当然我们还有很多需要学习的地方，受众的需求、社会结构以及媒体都发展变化比较快，也需要我们学习。媒体也是一种产品，受众的需求变了，媒体就要跟着变，但是再变化，我们认为内容还是最重要的。

课题组：前段时间，政府对国家形象的问题很关注，拨了大量资金筹建国家网络电视台。这说明国家对网络越来越重视，越来越重视它的作用和角色。您现在有没有切身地感受到网络给整个经济频道带来的影响、挑战或者说便利和好处？

郭振玺：互联网对整个中国社会的影响都非常大。这个影响不能简单地从传播本身来看问题，不能仅仅从各种资讯传播的便捷化来看问题，实际上它对中国社会整个理念方面，包括文化，都会带来很大的变化，但变化是好是坏我不作评论。

对整个受众，也会产生很大的影响。受众可以通过非常便捷的渠道获得信息，表达和交流自己的思想、观点，了解中国、了解世界。这对经济频道来说是好事不是坏事，为什么这么说呢？传播通路越来越多样化的时候，大家最需要的是什么，最依赖的是什么呢？依赖的不是通路，而是内容。大家最关心的不是获得了多少资讯，而是获得什么样的资讯，这就是所谓的“内容为王”。现在信息泛滥，网上什么都有。当然也有好的，关键看你怎么用网络这个工具了。毒品还可以做镇痛药的，吃多了只能害自己。所以我们现在提出来，一定要加强内容建设，在专业性、言论性、观点方面做文章，要给资讯以附加价值，给资讯以溢价。所以，《马斌读报》不是读，而是评，如果仅仅读报还有什么意思？读是为评打基础的。《第一时间》不追求简单的数量，追求的是信息的梳理和加工，信息集成之后产生的溢价。就像超市里的东西一样，经过梳理打包之后就升值了。地摊上的蔬菜卖一块钱一斤，超市就要两块钱、三块钱一斤。《经济信息联播》、《经济半小时》、《对话》的国际内容也是如此，过去很多国际内容只是从得到的资讯中选择一下，现在都是原创的了。所以我说，互联网对经济频道是好事，不是坏事。这是我个人见解，不一定对，跟大家分享。实际上我们也比较重视这些通路，来更好进行内容的再传播。

网络对电视的经营没有负面影响。

课题组：就中央电视台来讲，经济危机的影响和网络的冲击，现在都还没有特别显现出来，但对于平面媒体来说，尤其是对于很多报纸来说，广告收入大幅下降，无异于一场寒冬。但是中央电视台去年在网络的侵蚀之下，在经济危机的冲击之下，年末广告招标总额依然高达92.56亿。

郭振玺：去年我们总收入161亿811万，收入增长46%，这是指全台的。经济频道是14亿5千万，比三年之前翻了一番还多，整个增长速度还是很快的。

关于网络对电视经营方面的影响，我的看法是这样的。第一，在可以预见的未来，电视依然是第一大媒体。这个不会改变，至少我退休之前不会改变，我还有十五年退休。第二，网络对其他媒体有一定的影响，这是客观规律，任何时代的进步都会伴随着人们生活方式的变化，消费习惯的变化，其中当然也包括媒介消费习惯的变化。这是必然的，没有什么值得大惊小怪的。至于说一些平面媒体受的影响比较大，我认为原因主要还是在平面媒体本身。平面媒体也有做得好的，也有做得不好的。竞争最激烈的是餐饮业，几千年了，一直就有餐饮业，竞争非常激烈，可是北京这几年也发展起来了湘鄂情、呷哺呷哺、小肥羊等，还有国外的餐饮品牌，不也挺好的吗？竞争再激烈的行业也有好的企业和品牌，竞争再少的行业也有破产的企业。所以，网络对电视的影响，目前我还没有看到经营方面负面的影响。至于它对其他媒体的影响，关键还是被影响的媒体本身能否与时俱进，能否进行变化。

我认为在广告经营方面，网络对广告业的影响，不用有什么大惊小怪。实际上，中国广告业的营业额增长非常快，源于两个原因。一个是，中国的经济增长比较快，另一个就是广告的营业额占 GDP 的比例一直在增长。二者产生叠加效应，因此，广告营业额是远远高于 GDP 的速度在增长。今年会受一些影响，今年总体营业额会有所下降，但是我相信不会下降太多。不过，媒体不同，受到的影响也会不同，新兴媒体受的影响更大，相反，传统媒体受的影响最小，中央电视台是最后一个受影响的。

没品牌的企业死得快。

课题组：您较早提出了品牌溢价效应的概念，我们特别想知道，您打造频道品牌，包括您提出“影响力营销”这样一些新的概念，您为什么对品牌如此执著？您打造品牌的魔力背后的密码是什么？

郭振玺：这实际上是从实践经验中得出来的，也没有多少高深的理论。你说的那本书《影响力营销》是 05 年出的，观点是在 2004 年底得出的，是在我们广告部内部的年度聚会上提出来的，影响力营销和营销影响力。在跟企业的接触当中，在市场观摩当中，我们发现企业发展到一定的阶段必须要在品牌建设方面有所建树，否则企业就会缺钙，就不可能建成百年老店。任何一个企业，任何一个团队都应该有品牌的文化和内涵，否则就会缺乏凝聚力。从改革开放以来，中国的企业在 1984 年之后开始创办的比较多，像联想和海尔等。2004 年之后，中国企业陆续过了二十岁生日，成年了，就需要更多地关注面向未来的发展，就需要更多地关注企业的品牌建设，关注产品和文化的品牌建设，过去没有那么强烈的需求。就跟吃饭一样，饿着肚子的时候有什么吃什么，等到日子好了，就得挑选挑选了。过去穷得叮当响的时候，穿什么衣服都行，谁还讲什么品牌呢？现在就要讲一下了。品牌是一种感受，一种认同，一种文化，很难具体地量化描述，但是没有这个东西肯定不行。服装值多少钱就看是什么品牌。一双鞋，有没有那一个“勾儿”天壤之别。同样在一个地方生产的，都在中国加工的，没这一“勾儿”，可能三百块钱，有这一勾儿，可能卖到一千三百块钱。我感觉企业和团队发展到了一定的阶段，都应该注重这方面的建设，否则就死得快，得急症一命呜呼了，有品牌的企业就是死也是慢性死，麦当劳、可口可乐这样的品牌不可能一夜之间得急病死了，抢救不过来了，那绝不可能。可口可乐的老总说，即使一把大火把可口可乐所有的工厂烧了，依靠"可口可乐"的品牌，照样能够迅速地发展起来，就是这个道理。当然，品牌不仅是属于企业的，也是属于广大消费者，因为它是消费者对企业的感情认同。

心有多大，舞台就有多大。

课题组：中央电视台"心有多大，舞台就有多大"那支广告，您曾经说要用这支广告给中国的企业补钙。这个广告可能是重播次数最多的，您怎么想到要播出这样一个广告。

郭振玺：2002年这个广告开始播出，播了两年多的时间，得到了很多人的认同，而且越是层次高的人，越是有梦想的人越是认同这一点。其实这里面也没有讲广告经营本身，就是传递一个激情、一个梦想，告诉大家我们每个人都要有自己的梦想，有对未来的设计和理想，传递的是这样一个理念。

无论工作还是学习，无论是个人、集体还是一个国家，都需要这样一种精神。当中国真正实现民族复兴的时候，不仅意味着GDP的大幅增长，也包括我们的文化和方方面面的建设。个人也是如此，一个人没有一定的精神状态，也很难感受到生活的乐趣，也很难感到工作的动力，所以当时我们想传递这样一种理念。播出之后确实得到了很好的反馈，特别是很多企业家。

企业家通常都是很执著，很有激情的。实际上我们是用这样一种理念给大家补"精神钙"。我认为整个社会都需要补钙，很多人的价值判断紊乱了。在物质丰富的时候人们很容易失去自我，失去生活的乐趣。现在大家经常说，很多人忘了当初为什么要出发。我认为应该有这样一种东西，今天阴天的话，你关注的不应该是今天阴天本身，应该关注的是乌云之后的太阳是怎样的精彩。04年11月18号招标，17号晚上我写了一首歌，那首歌也表达了这样一个理念，当然这都是个人的感受。

课题组：除了商业广告，您很早就开始关注公益广告，并带领制作了很多公益广告。您是怎么看待公益广告的？

郭振玺：公益广告就是向社会传播比较好的价值理念，也是中央电视台承担一定社会责任的体现。1998年1月27号，中央电视台经济频道播放了“下岗再就业”的公益广告，当年的很多报纸都有评论，影响很大。那时候我在广告部当副主任，当时还牵头具体实施了很多其他公益广告，包括刘欢的《重头再来》、那英的《脚步》。还有北京的一对夫妻，妻子给丈夫买了一双鞋，让他去闯；上海一对夫妻，妻子下岗了，丈夫给她做工作等。观众印象特别深，都是得过奖的。后来我们陆续播出了很多公益广告，跟长江实业一起做的“知识改变命运”，01年3月份开始播出的有关思想道德的公益广告，现在播的《父母是孩子最好的老师》。还有《同升一面旗，共爱一个家》等等都是01年上半年拍的。今年还播出了“信心2009”公益广告。

一方面来说，这是一种传播方式，也是一种媒介产品，来传递社会责任这样一种东西；另外一方面，公益广告的传播效果也是非常好的，政府和团体在倡导自己价值理念的时候，我倒建议关注一下公益广告这种传播方式。我建议进行媒体研究的时候，关注一下公益广告，把它作为产品来研究。

谁要以为企业家天天歌舞升平、吃饭、喝酒、洗桑拿，那就错了。

课题组：您刚才提到了企业家，有人说，您是跟中国的企业家交流最多的人之一，几乎每个大企业的老板您都能叫上他们的名字。您怎么看企业家这个群体？

郭振玺：很多人只看到别人成功的一面，没有看到别人努力的那一面，我在跟中国的企业家接触的过程中，学到很多东西。在《蒙牛内幕》那本书的序言里，我就提出来，中国的企业家队伍是中国社会的宝贵财富，中国的企业家精神是中华民族优秀文化的组成部分。企业家不是像大家说的那样“重利轻别离”。我跟中国的企业家接触很多，越跟他们接触，越觉得从他们身上能够学到很多东西。他们非常执著，宗庆后、牛根生、马云等，都是非常执著和投入的。谁要以为企业家天天歌舞升平、吃饭、喝酒、洗桑拿，那就错了。肯工作，干革命，他们都是以辛苦的付出为乐趣的。中国的企业家大多都是如此，我认为大家应该向他们学习。当然也有一些不太好的企业家，我说的是从总体上来看。

课题组：您刚才多次提到了要给自己设定目标，您近期给央视的经济频道设定了什么样的目标？

郭振玺：就是打造更专业的经济频道，打造与中国经济地位相匹配的经济媒体。与中国经济共成长，与中国受众共成长。

在央视这个平台上成长。

课题组：您无论在广告部，还是在经济频道，都是激情投入工作，并带动了团队积极工作的状态。您对团队文化是怎样理解的？

郭振玺：我刚才说过，一个人要有目标，要有梦想，要持续不断执著地去努力。一个团队也是如此，一定要设定一个目标。团队中的任何一个成员都希望做一些有意义的事情，有前景的事情。团队的管理者一定要时时地用不同的方法和抓手，激活大家的激情。无事生非，闲着是不行的，要让大家把精力都投注到工作中去。管理者把目标设定了，把热情激活起来，同事们就有干劲儿，另外，还要有和谐、团结的团队文化氛围，每个人在其中要有归属感、成就感，有成长感，实现与团队的共成长，我认为这个是很重要的。

我们也相信，在中央电视台这样一个平台上，我本人也好，同事们也好，只要自己肯努力，肯学习，在做好工作的同时，实现自我的成长是必然的。因为中央电视台这样一个平台能够让我们接触到成功的人才和单位，中国有句话叫“见多识广”，见得多也是很重要的学习方法。比方说，我的同事们去参加达沃斯论坛和G20峰会，见的人都是世界最高端的人。这也给了我们学习的机会，给了我们经历和历练的机会，大家从中也能学到一些东西。广告部的人跟客户接触，见的也都是品牌企业，还有世界五百强的企业。接触多了必然会受到熏陶，就像气质的培养一样。

我常跟同事们分享这样一种心态，我们要特别感谢中央电视台这样一个平台，同时也一定要承担起这样的责任。比方说对企业的报道和选题上，我们都特别强调责任感。什么该报，什么不能报，报到什么程度，我们都有自己的一套价值观。我们的价值观，首先是国家媒体的职责，另外，我们也是本着选择建设性的、善意的来报道。

为什么大家在传播通路越来越多的情况下，还是越来越相信电视，为什么我判断电视媒体在未来若干年之后仍然是中国主力的媒体，这里面有个很大的问题就是它的可信度、美誉度。为什么网络虽然传播面很广，但有时候在一些问题的传播上，它还不是一个主流的传播通道呢？原因就在于此。这个也是需要探讨的一个话题。

同事们能够保持工作的激情，能够保持很好的职业感觉，简单归纳一下，是因为我们在一个很好的平台上，这需要我们具备这样一些素质跟这个平台相匹配，也需要我们承担相应的责任来跟这个平台的地位相匹配。这就要求我们个人素质的提升，包括专业素质、为人处事的方方面面。

脸是自己的，血液是整个集体的。

课题组：郭主任，您在做《直击华尔街风暴》的时候，有没有想到网上的二次或者多次传播能对咱们节目做更多地推广或者对其他人有更多的影响？您对网上的数据关注不关注？

郭振玺：有一个基本规律，叫做马太效应。什么叫做真理？关注的人多了，相信你的人多了就成了真理了。传播学的马太效应是最明显的，不管通过什么样的方式，只要能够达到一定的规模，就会产生很好的传播效果。所以，通过网络也好，通过其他媒体传播也好，进行二次传播、再传播，对提高影响力也会产生激活和补钙的效应，是有着一定效果的。受众的媒介接触习惯、消费习惯、接触通路多元化的时候，通过不同的渠道追求叠加效应、激活效应，按照基本的传播规律，达到一定的规模是必要的。网络也是其中的通路之一。

课题组：您对网络影响力这样一种评价方式有什么评价？

郭振玺：关于网络，总体上来说，从统计学意义上来说，确实也从代表了受众和网民的意见和建议，有一定的规模。从这点上来说，从大的趋势来说，是有科学性和可借鉴性的。如果具体到某个项目的评选来说，网络投票具体的机构和合理性等不能一概而论，因为得看是什么样的网民，投票时具体的管理方法等等。我们的“中国经济年度人物评选”和其他的一些评选，虽然不做投票，但网民的议论我们也会关注。应该说，它反映了网民，也反映了社会民众的关心，值得关注。

课题组：您平常不上网，可是您08年入选了广电协会等评选的“最具网络影响力的电视人物”，而且排名非常靠前。您觉得为什么会有这么大影响力呢？

郭振玺：这个不是说明我本人有多少影响力。这有几个背景，从大的背景来说，刚才谈到了，现在受众对经济类节目的关注越来越多，我们是受益者，我们也应当承担起相应的责任来。所以我们从06年8月25号开始根据台里面的总体部署推进经济频道的专业化建设，强化经济特色，从那之后，经过两年多的努力，我们的经济节目、经济频道的经济特色都得到了很好的强化。我们的工作顺应了时代的要求、顺应了受众的要求，这是一个大的背景。

另外一个，08年是中央电视台成立50周年。08年的中央电视台与过去49年相比应该说发生了质的变化。抗震救灾、奥运会、金融危机等报道……有很多是过去不敢想象的，是突破性的。5月12号下午2点多四川发生了地震，我们三点多就开始播出了，并且基本上是完全面向全球的公开报道，这是第一次实现了大规模直播不延时，也就是完全同步的；奥运会的报道也很辉煌；金融危机报道也是面向全球的，雷曼兄弟是9月15日申请破产保护的，我们9月20号直播就开始了，一共播了101天，效果非常好。我们是沾了中央电视台这个平台的光，是中央电视台这个整体平台的变化给了我们施展自己才华的舞台。

第三是经济频道的变化。刚才谈到我们06年开始进行经济频道专业化的工作，变化非常大。我们进行改版之后，从20点13分开始，经济与法，之后是经济信息联播、经济半小时、今日观察证券时间。这是首播节目，然后再接我们的重播节目，也就是说从20点13分开始，一直到我们晚上关机之前，基本都是经济类节目在播出。《第一时间》、《全球资讯榜》里面的经济内容大幅增加，跟过去也都不一样。这样，经济频道实现了战略结构的调整，实现了质的变化。08年对经济频道来说是一个质变之年，是一个巨变之年，我们敢说这个话，因为数据在那儿。所以说，我们是沾了经济频道发展的光。

正是因为这三个因素，大家关注整个大的发展趋势，关注中央电视台，关注中央电视台经济频道，而我是经济频道的负责人，所以大家把更多的关注度投注到我的身上，我认为我的脸是自己的，血液是整个集体的。

TOP 3 李晓枫

——怀揣公益，心系民生

一、怀揣“公益民生”的理论专家：李晓枫综述

1. 人物简介

李晓枫，生于1952年8月，汉族，四川省岳池县人，高级编辑，博士。他1969年起曾从事教育工作，任中、小学教师、县文教局干事、副局长。1984年起，李晓枫先后任县委办公室副主任、县委常委、县长、县委书记、行署副专员、万县市委副书记。1997年起任重庆市广播电视局党组副书记、副局长兼重庆电视台台长。2004年11月任重庆广播电视集团（总台）党委书记、总裁（总台长），现为全国人大代表，并担任中国电视艺术家协会副主席、中国电视艺术理论研究会和高校艺术委员会副会长、中国视协互动电视委员会会长，中国传媒大学和重庆大学硕士生导师、四川大学、西南师范大学等高校兼职教授等社会兼职。

2. 主要事迹

自李晓枫1997年担任重庆电视台台长后，创建了“以节目质量为中心，以成本核算为基础”的管理模式，使重庆电视台以跳跃式的发展

步伐，实现了从计划单列市台向直辖市台、从区域电视台向卫星电视台、从全国一般性台向中国一流电视传媒的历史性跨越。他担任重庆广播电视集团总裁后，使重庆广播收听份额由68%上升到76%，电视全年收视份额保持在50%以上，卫视收视排名曾进入全国前三，2005年实现媒体收入6.03亿，比上年增长31.7%，实现产业收入3.7亿元，产业利润3814万元，比上年增长80.58%。重庆广播电视集团（总台）组建后的2005年、2006年，经济创收分别达到27%和30%的增长速度，事业、产业收入结构比例达到5∶5，初步构建了“公益为本、经营为用”的事业产业发展格局。

李晓枫是电视界的理论素养专家，他不仅主编了多本电视理论专著，并且先后发表了很多在全国传媒经济界有非常广泛影响的理论文章。

电视理论专著：

《中国电视传播管理实务》

《中国电视传媒管理概论》

《中国电视品牌节目建设与发展战略研究》

《中国电视媒体体制改革》

《中国电视市传媒资本运营》

《中国电视传媒资源整合》

理论文章：

《试说电视产业化经营》

《迎接中国电视体制的伟大变革》（此文荣膺国家最高奖——中国新闻论文一等奖。）

《广播电视资源整合六论》

《中国电视产业集团化的未来之路》

《中国电视产业发展论纲》

《一体多元：中国电视的理性重构与产业转型》

《公益为本，经营为用》

3. 业界影响

李晓枫带领重庆电视业以特殊的管理模式率全国之先成功解决了节目量化评审、专业分工、成本核算和按劳分配等困扰中国电视界多年的难题，在中国电视界具有首创意义。并且对其他的电视台甚至中国电视业都有不可替代的指导意义。

而后，他提出的一系列发展战略和运营策略，都在全国广电界引起了强烈的关注和反响。 在李晓枫的带领下，重庆广电集团在九年里取得了长足的发展，重庆卫视的收视排名也长时期盘踞全国前五名。重庆广播电视集团主要分为事业和产业两个部分。事业部分也称为集团本部，主要是媒体，包括六个广播频率，十一个开路电视频道，十个数字频道，还有一份报纸和一个网站。开路电视中有一个国际频道，是针对海外观众的，现在已经在澳洲、美洲、香港、澳门等地实现落地。这部分称为事业部分。另一部分是企业部分，有一个重庆广播电视产业有限责任公司，称为产业公司，现在大大小小有三十几家企业，大概分为四个类型。一个类型称为主导产业，主要是网络传输，这个主要依靠先进技术，李晓枫认为广播电视是技术主导的，所以称为主导产业。二是主体产业，主要是电视节目内容生产，重庆广电的制播分离在全国范围内走得很快，内容生产基本上已经公司化运作，这部分称为主体产业。三是关联产业，主要是旅游、房地产，重点建设了一个影视城，投资 40 几个亿，现在已经有较强的接待能力，每年都有二三千万的收入。因为它只是与主业有些关联，主要利用广播电视的品牌和媒体的影响，所以称为关联产业。四是衍生产业，就是教育培训产业，利用广播电视优良的人力资源，现在少儿艺术培训每年有上万人次的规模，普通话、主持、器乐、声乐、舞蹈等艺术培训，包括动漫，大概每年一万多人的规模。现在也在和高校联系，准备自主办学，希望在三四年之内衍生产业可以形成少儿艺术培训、中等职业教育、高等学历教育，一直到研究生培养，形成一个产业体系。这两大部分资产近 50 亿，收入近 20 亿，在国内属于中等偏上的位置。这种模式也在被不断的效仿，并起到了很好的效果。重庆广播电视集团（总台）以跳跃式的发展步伐，已成为西部乃至全国最具影响和实力的广播电视媒体之一。重庆卫视充分利用了地方文化特色，在激烈的电视业竞争中，重庆卫视逐渐形成了以播出“新闻＋自办特色节目＋影视剧”为结构的综合频道，并赋之予“中国公信特色频道”的呼号，立足于为新时期社会道德公信建设服务。

重庆卫视的一些具有地方特色的节目例如《雾都夜话》和《生活麻辣烫》就带动了全国卫视的自办方言节目的热潮。重庆卫视没有以追求收视率和广告创收为唯一目标，而立足于创建一个文化个性频道。虽然这一目标的实现会遇到一些困难，但是也作为一个有文化责任感的范例影响着中国的地方频道。

在2006年2月4日揭晓的“中国十大创新英才”中，李晓枫作为传媒界的唯一代表，与中国探月工程总指挥栾恩杰、中国人民大学校长纪宝成、著名经济学家林毅夫等人一起当选了“2006年中国十大创新英才”。这是一项全国性的年度大奖，自2004年创立以来，就以其权威性强、代表性广、学术性高、国际性浓、官民度紧的五大特点而备受海内外瞩目。可见李晓枫受到的肯定已经跨越了电视业的范围，而作为“创新英才”而影响全国。

2008年，重庆卫视在延续“公益民生”的定位之上，塑造一个有责任感、有爱心、有理想和主流媒体形象。举办了多起以公益和爱为主题的活动，收到了很好的效果，也成为很多电视台效仿的对象。

二、充满人文关怀的电视人：李晓枫报告

由于早年的经历，李晓枫有着中文专业出身的儒雅、睿智；也有着教师的气质和责任感。他的早期的经历都使他比一般的电视人更多一些人文关怀，自然也就对频道的文化定位要求更高，对支持公益事业也更加热衷。

李晓枫坚持做地方特色、文化品牌和走“公益民生”的道路。在《综艺》对他的访问中，李晓枫在谈到角逐全国收视市场的独门利器时说：“我们走的是地方文化特色的路子。”可见，重庆的浓重的地方特色对李晓枫的强烈影响。在各大卫星频道激烈的竞争中，重庆卫视以“新

闻＋自办特色节目＋影视剧”为播出结构的模式，李晓枫表示，“播出电视剧是为了满足观众的娱乐需求，也是电视台创收的需要，但这不是我们的优势和追求的方向，我们现在的着力点还是要办好自己的自办栏目，使其更有可视性。”

地方特色在重庆卫视发展中的重要性是有目共睹的，让全国观众认识重庆卫视的并不是电视剧，而是一批极富地域色彩的栏目：法制类节目竞争力排名仅次于央视《今日说法》，始终名列省级卫视第一的《拍案说法》；开播10年收视率仍会超过电视剧，被《南方周末》评为2004年中国电视五大亮点之一的《雾都夜话》；以及通过征集群众演员来演绎身边故事，以引导社会伦理道德取向的《生活麻辣烫》等都在百姓中有着很高的影响力。而《雾都夜话》和《生活麻辣烫》更是两档打着字幕，操着浓重重庆口音的地方性栏目不仅吸引着说重庆话的人，也越来越多地吸引着对重庆地方特色文化感兴趣的大众。李晓枫把“越是地方的才越是全国的”作为重庆卫视的定位与方向赋予了重庆卫视无限的生命力。

如果说李晓枫坚持地方特色使重庆卫视长盛不衰，那么他的社会责任感与身为文化人的执著则将重庆卫视推向了一个文化品牌的高度。谈到重庆卫视今后的发展道路时，李晓枫曾经直率地表达了他对中国电视市场的看法：“现在几乎所有的卫星频道都在走‘泛娱乐化’的路子，同构化的趋势很严重，地方的文化特色正在消失，信息量正在减少。虽然观众最喜欢看的还是电视剧，但是作为媒体传播者，在满足受众基本需要的前提下，我们还是应该有自己的文化个性，引导大众的文化需求。这也是我们频道一直坚守的原则。”他是这样说的，也是这样做的。都说重庆人的性格是质朴、刚烈的，这一点在李晓枫的身上体现得尤为突出。在市场大潮的影响下，当很多卫视频道以单纯追求收视率和广告创收为唯一目标的时候，李晓枫的这份执著实在是弥足珍贵。然而重庆卫视的这条路走得并非一帆风顺。

要提升一个频道的文化品位，纪录片节目首当其冲。但由于各种实际困难，保留纪录片播出平台的卫视在全国已经屈指可数。而李晓枫却特例独行，在卫星频道特意设立了《人文天下》这样一个高端纪录片平台，并在节目运作上，采取了项目负责制，调动台内台外所有人员，申报立项，集中编播。为保证节目的艺术质量，最初《人文天下》甚至连播出时间都不固定。虽然这档节目近些年来已经有了一批固定的收视群体，但李晓枫并不否认，《人文天下》的处境仍然很“尴尬”，原因就是节目始终无法创收，所有的投入都成了公益性的。

这不禁让人想到了杨澜曾经营的“阳光卫视”，立足于塑造中国的人文历史频道，结果“高端窄众”的收视群却使得频道入不敷出，三年便黯然退场。不过与杨澜不同，李晓枫并没有执著于频道专业化，重庆卫视综合频道的定位使得他的纪录片之梦实现起来更容易一些。李晓枫坚持“公益为体，经营为用”，他希望可以利用媒体可经营的资产来支持它公益价值的发挥，他认为时间总会证明，他用纪录片来作为真正有历史价值和文化价值的影像节目。李晓枫带着身为文化人与教育者的烙印希望重庆卫视应该给后人留下些什么。李晓枫的文化品牌定位仍然在继续，他将这份执著付诸于行动。目前重庆电视台全力投入，已经专门设立了一个纪录片工作室，整合区县所有电视台的力量，在全市建立了8 个纪录片生产基地，13 个专题片生产基地，采取申报立项的方式，上百人集中打造纪录片。而他们对于纪录片的成本投入也已经达到每分钟1000 元的水平，与央视基本持平。“只要是艺术价值高的好片子，就一定会有观众，会有市场，”李晓枫曾对纪录片创作室的人员说，“我们现在卧薪尝胆，埋头苦干，最多三年，三年不鸣，一鸣惊人。三年后我们重庆生产的纪录片必然大规模进入中国乃至国际的纪录片市场。”李晓枫的这份坚持为重庆卫市定下了长期的奋斗目标，同时也为重庆卫视蒙上了一层瑰丽的人文面纱。

“公益”可以说是李晓枫身为人大代表，心系民生的具体表现。李晓枫负责的重庆卫视从来都没有放弃过公益这个重要的具有人文关怀的主题。这一特点在2008 年表现的尤为突出。2008 年是一个不同以往的年份，除了更加倡导“和谐”、关注“民生”以外，也是全民的一个“奥运年”。重庆卫视在阳光、温情的总体格调下，提出了“爱”的年度营销推广主题，向观众传达了对“爱”的一种尊崇、崇尚理念。在“爱”主题下，重庆卫视2008 年的屏幕上出现了“爱的使者选拔活动”

即“与爱同行、播动我心”重庆广电集团“十佳”主持人评选活动；“大爱中华行”公益慈善活动、唱响爱的歌声——“校园歌手大赛”等融合公益、奥运元素的大型电视活动，2008年重庆卫视承担了主流媒体的社会责任，凝聚人心，传递了“爱”的温暖和力量。

公益不仅是李晓枫给重庆卫视的定位，同时也是他个人的追求，一直都具有人文关怀的他将公益看作一种将细水长流的发展趋势，他认为娱乐虽然重要，但是娱乐只是提供一种及时的精神消费，让人得到瞬间的放松和忘我，它不能从根本上起到服务社会、服务大众的作用，而重庆卫视所追求的公益直接把服务社会、服务大众作为目标。社会转型期矛盾比较多，弱势群体问题是一个普遍的社会问题，李晓枫认为媒体应承担这种社会责任，挣钱不是目的，所以重庆卫视重磅推出重要品牌公益节目《大爱中华行》，特别是在抗震救灾中发挥了很好作用。但是不能否认的是在泛娱乐化潮流下主推公益，给重庆卫视的收视率和广告创收带来了一定影响，比如重庆卫视排名由前年的第三位退到了去年的第四位，广告增幅也不是很大，但是李晓枫仍然乐意并且要坚持做下去。这是他认为自己身为一个公众人物、一个充满人文关怀的人、一个人大代表应该担负起来的责任。

心存公益的同时，李晓枫的心中对重庆广电的未来发展也有清楚的规划，重庆广电集团有定性的目标和定量的目标。定性的目标是西部第一、中国一流、国际知名。西部第一早就做到了，中国一流也完成的差不多，国际知名度还不够。定量的目标是打造百亿集团，预期目标是在2012年实现。到2012年，资产总量达到120亿，总收入达到60亿，增加值达到35亿，现在正在努力。李晓枫还非常清楚地认识到现在的发展速度肯定不行，现在每年是20%左右的增长速度，要开始达到40%才能完成目标。因为媒体本身资金不多，所以现在要努力地办产业。媒体资源按照区域划分，它不存在迅猛增长、加速发展，没有这种可能性。重庆的媒体就是要面对重庆这3000万人口，媒体本身的发展很受经济的影响，人口因素、幅员因素、经济质量，所以真正的空间就在产业。集团的一些企业都已经进行了股份制改造，产业公司要整体上市，上市之后就会有一个比较大的发展。

李晓枫总是那样的镇定、淡然，充满镇定与高瞻远瞩的姿态，他的个人魅力是他事业成功的重要元素之一，他的职业责任感和强烈的人文关怀不仅仅成就了他个人的事业，同时也成就了重庆卫视作为一个有浓厚人文色彩的品牌的美好前程。

三、无心插柳柳成荫：李晓枫网络影响力分析

可以说，李晓枫的网络影响力不仅来自于他身为人大代表的一些与网络有关的提案，并且也来自于重庆卫视强大的网络影响力。李晓枫自己不算是个经常使用网络的网民，他直白自己平时不怎么上网，因为年龄大了，改变不了几十年形成的读书和写字的习惯。但他的家人、朋友都是网民，在单位也专门有同事为他提供网络信息，所以网络信息还是他的主要信息来源之一。他身为人大代表曾经提出了关于互联网管理的建议等议案，在网络上都引起过较为强烈的反响。他的巨大的网络影响力算是无心插柳柳成荫。

2006 年，李晓枫在两会上提出的《关于规范和加强国内互联网站音视频传播管理的建议》。他对互联网站音视频传播的现状非常担忧。第一：大量盗版音视频节目在国内互联网站上泛滥。随着网络技术的快速发展，互联网上音视频业务商业运作的技术支撑环境已基本成熟，在经济利益的驱使下，越来越多的国内网络运营商以在互联网上传播音视频节目获利，他们纷纷以大量盗版节目在网上提供音视频服务，号称上万影库，并以热辣、刺激的图片吸引观众眼球。网络技术的发展，也给运营商们提供了参与广电行业的机会，几乎一夜之间，网络电视犹如一轮强烈的冲击波席卷而来。网上影院的泛滥和网络电视的兴起，使得大量无版权的电影、电视节目和一些未获国家批准播出的境外节目在国内各地网站得以大肆传播或通过链接的方式无障碍传播。这对审查严格、管理严密的广播电视传输业而言无疑是致命的打击，也给整个社会的舆论宣传带来巨大的冲击。

第二个使李晓枫担忧的现状是，国家对网上音视频传播的管理现状。首先，多头管理导致准入许可不一，职责不清。当时国家出台的网

上音视频传播管理办法主要有三部。一部是国务院 2000 年 9 月颁布的第 292 号令《互联网信息管理办法》，该办法是针对所有互联网信息服务，应当向各省、自治区、直辖市电信管理机构或者国务院信息产业主管部门申请办理互联网信息服务增值电信业务经营许可证（即 ICP 证），办法中同时要求新闻、出版、教育、卫生、药品监督管理、工商行政管理和、国家安全等有关主管部门，在各自职责范围内依法对互联网信息内容实施监督管理。另一部法规是文化部 2003 年 5 月颁布的《互联网文化管理暂行规定》。其主要是根据上一部总法规，就文化部的职责范围作出了具体化的规定，要求凡从事互联网文化经营业务，应由文化部批准发放《网络文化经营许可证》。第三部法规是国家广播电影电视总局于 2004 年 7 月修订颁发的第 39 号令《互联网等信息网络传播视听节目管理办法》。该办法主要就广电总局的职责范围，对网上新闻传播、影视传播等作出了具体规定，要求凡从事信息网络传播视听节目业务，应由广电总局批准发放《信息网络传播视听节目许可证》。

在后两部法规中，文化部和广电总局从各自的角度，对“网上文化产品”和“网上视听节目”作出了界定，并各自分别实行许可制。其中，文化部所指的“网上文化产品”，内容包括音像制品、演出剧（节）目等，广电总局所称的“网络视听节目”，内容则包括影视类音像制品在内的音视频节目。由于互联网在我国还属于一个比较新的大众传播工具，所以两个部门的管理内容还不够清晰，界定还不够清楚，有含混、交叉，再加上各自设置的准入门槛不同，标准不一，给了一些网络运营商可乘之机。一些运营商只获得了文化部颁发的“网络文化许可证”，便可公然在网上挂牌开展音视频传播业务，其传播的内容并未接受广电总局的审查和允许。

其次，管理和执法力度内外不一。广电总局第 39 号令《互联网等信息网络传播视听节目管理》中，对计算机、电视机、手机等各类接收终端，通过移动通信网、固定通信网、有线电视网或其他城域网、广域网、局域网等播放、集成、传输、下载视听节目等服务活动对作出了明确的规定。但这些规定的可操作性不强。同时，在管理和执法力度上，存在内紧外松现象，对有线电视网、电视机终端的传播节目审查严、执法严、处罚严，对互联网上的音视频传播管理措施则不容易实施，或者根本无法实施，加之广电行业内部自律性强，其他网络运营商缺乏自律或根本不愿自律，造成了网上音视频传输的“无政府”状况和混乱无秩序状况。

针对这种情况，李晓枫认为这种无序状态会对社会意识形态带来危害和影响。随着互联网用户群的不断增长，互联网的影响日渐扩大，网上音视频节目的传播已成为一块重要的宣传阵地。在这块宣传阵地上，充斥着非法的、宣扬暴力、色情、封建、反动等丑恶的东西，这对弘扬真、善、美和促进社会主义精神文明起到了极其不好的反作用。网上音视频节目所宣扬的东西，理应符合党和国家的政治要求，与党和国家所倡导的意识形态基本一致，党和国家理应占领这块重要的宣传阵地。否则，就会被西方没落的、不健康的、消极的、非主流的思想所占领，影响社会意识形态的健康发展。第二，从《版权法》的角度看，作品的版权得不到保证，易造成节目市场的无序和混乱。第三，给广电传输业带来了竞争的不公平，并影响到数字电视的发展。由于管理和执法力度的不一致，在广电网络不能传的境外节目及其他一些非法节目在网上却可以无障碍地传播，客观上造成了竞争的不公平性，严重影响了广电传输业的发展、并影响到国家大力推行的数字电视的发展。

李晓枫强烈呼吁国家采取有效措施对网上音视频传播加以规范，加强管理。并且提出了三点具体建议：第一，要提高、统一网上音视频传播的准入门槛。主要从资金和政治要求两个方面提高准入门槛，并且广电、文化等部门在这个领域上要统一标准，不能再各自为政。第二，严格内容审批程序和制度。在国家从严控制播出机构的情况下，建议对像电视台的管理要求一样，来管理网上的音视频传播。如建立重审重播和监听监看制度等，以确保网上音视频节目的政治和文化安全，确保舆论导向正确。广电网络上不能传播的节目，在互联网上也要有相应的审批程序和制度。第三，严格监管，加强执法检察和处罚力度。由专门的部门对网上音视频传输加强执法检察和处罚力度，维护国家产业发展的公平竞争原则，维护好商业环境，确保主流传播渠道不受冲击和干扰。同时，对网上音视频传播中的暴力、色情等内容作为国家“扫黄打非”的一个重点对象加以打击。李晓枫认为只有进行了规范管理之后，我们才能真正净化网络环境，让家长们不再担忧，让互联网真正发挥出它的传播优势，成为传播先进文化的舆论阵地。李晓枫的这条建议当时在互联网上引起了广泛的讨论，有赞美也有叫骂，但是不可否认的是，这不仅有利于后来的对互联网环境的不断净化与规范，也提高了李晓枫本人的网络影响力。

李晓枫在网络上被网民重视并且展开讨论的不仅仅是关于互联网本身的提案，他的一些关于文化与中国电视现状的建议也在互联网上有一定的影响力。2007 年李晓枫在审议政府工作报告时提出：当时精英文化与大众文化脱节、高雅文化和通俗文化的结构性断裂，文化市场中存在大量的低俗现象，媒体间的不规范竞争都是我国存在的文化不和谐现象，他对这种现象表示了深切担忧，同时表示必须以改革促和谐，打造和谐文化必须加大文化体制改革力度。

李晓枫认为，广播电视目前仍是传播最广、传播速度最快、表现最为生动的媒体，对全社会民众影响也是最大的，因此广播电视应该承担起建设和谐文化的责任。但广播电视文化事业目前还存在许多不尽如人意的方面，如广电媒体在过分追求商业价值中造成文化意义的缺失，在表现形态上庸俗化的问题非常突出等。他还对我国广电媒体缺乏核心竞争力，可能影响国家文化安全的问题非常担忧。为此，李晓枫建议，必须加大文化体制改革力度，实施政事、事企分开，让公益性事业单位真正担当公共文化产品的资源，让广电企业担当起提供准文化公共产品和文化商品的责任。其次，政府应加强文化的统筹协调，特别是对政府控制的文化资源，建议国家在机构上设立大文化委员会体制。此外，公益性和经营性的文化企业一定要严格区分，让公益性的文化单位能真正享受公共财政的充分阳光，不应完全把我们文化单位推向商业战场。政府系统研究规范文化市场和公平市场机制的建立，通过跨行业发展、跨区域发展、跨所有制发展、跨国际发展来整合市场，以国有为主，充分整合社会文化资源。同时，政府还应出台适应新形势的文化产品的评价机制和评价标准。李晓枫的建议在互联网上得到的回响都是毁誉参半的，但是不可否认的是，李晓枫是出于对文化和谐的担忧，出于对社会现状的关注才提出的建议。

李晓枫谦虚而自豪地说，他承认自己在这个网络世界产生了一些影响，但这些影响是与他所在的重庆广播电视集团紧密联系在一起的，网民们是通过重庆广播电视了解了他，认识了他，他所获得的网络影响力正是由重庆卫视的网络影响力带给他的。

很多网友对重庆卫视的关注和重庆卫视对网民们的网络影响力都是通过重庆广电的官方网站——视界社区（http://www.cbg.cn/）来起作用的，重庆广电的网站上内容非常的丰富，不仅有各个主持人和很多记者的博客，还有很多热点问题的讨论。可以在上面看到网友们在关注重庆卫视的各种动态并且会关注记者和主持人的心路历程，重庆卫视的一些播出栏目也会在网上进行讨论。其实，不仅网民会在网上关注重庆卫视，重庆卫视也会与受众们积极联系，非常注重网络影响，例如重庆卫视有很多节目都以网络互动的方式增强影响力。例如2008年1月初开始，观众将通过由《重视情报站》改版的《渝乐派》栏目重温2007年度的经典剧集，并通过网络投票、剧评等方式参与到“2007年度电视剧风云榜”的评选活动中。该活动以“一部戏，感动我的2007”为主题，将通过为期一个月的观众投票评选出2007年度在重庆电视台播出的“最打动人心”的10部电视剧。评选出来的10部电视剧主创人员将获得重庆卫视的颁奖并出席颁奖现场，而一些参与观众也获得了与这些主创人员亲密接触的机会。这类活动收到了较好的效果，并且在增加了重庆卫视的网络影响力的同时也大大提高了李晓枫的网络知名度。

可以说，无心插柳柳成荫的基础在于手中总要有柳，李晓枫其实是高瞻远瞩，有意识的使重庆卫视以及各种相关活动与网民进行互动，这很多时候并不是他的刻意所为，而是重庆卫视的一些活动和节目会在网友中有较强的反响与回应，例如现在反映比较好的品牌栏目除了法制节目《拍案说法》外，就是在抗震救灾中表现非常好《大爱中华行》，这档节目是和中国慈善总会、红十字基金会联合的赈灾济难。还以此专门建立了一个大爱基金，对贫困群体进行救助。节目主要是记录志愿者救助这些人群的过程。这是一个大型节目，实际上也是一种塑造、展示贫民英雄的节目。这类节目也在网络上被广泛讨论，网络是一个多元的世界，讨论自然也就不仅仅有好的方面，李晓枫能非常冷静的看待赞美的评语，同时也能够客观并且积极接受网友的批评。这一点非常的难能可贵，在李晓枫心中，它不仅承认网络的重要地位，而且会积极地利用网络这种媒介来发展自己的事业，发展重庆广电的未来。

李晓枫的事业不仅仅是成功的，而且他的事业是有深远意义的。他不仅积极地为重庆广电设计未来，而且关注着频道的文化性，更用自己的人文关怀关注着祖国的和谐发展，也正是这样他才会拥有更加成功的事业，才会得到无心插柳柳成荫的巨大影响力。

四、水滴石穿，聚沙成塔：李晓枫专访

◎ 对社会现象的影响，我们相信会有影响，但现在不好量化，但只要我们和更多的同仁坚持做下去，日积月累，水滴石穿，聚沙成塔，总会产生积极的影响的。

◎ 2008 年是广播电视媒体发展的重要拐点，以电视为焦点的媒体竞争进入白热化阶段，表现为新媒体对传统受众的大分流、传统媒体技术转型对受众的大分化、奥运资源的缺失对地方媒体受众的大分割。

◎ 我预测，随着网络的进一步发展，中国电视节目总的趋势就是互动化，互动化将成为一种追求、目标和常态。

◎ 技术创新、新技术的发展是历史发展的必然规律，我们每一个人都不能敌视它，而应该以一种更豁达、更宽容、更积极、更友善的心态来看待它。

◎ 中国的电视内容生产是全球的一块大蛋糕，在这里面还有很大的发展空间。

一个充满公益情怀的总裁，一个有教育工作背景的电视人，一个有着丰富电视理论素养的实践者，一个不怎么上网，却有着强大网络影响力的人，他在大家都热衷于娱乐盈利时作起了公益，以豁达、宽容和好奇来审视与电视行业进行竞争的新媒体。他是有着无限人格魅力的领导者，他是关心民生的电视人，他就是重庆广电集团总裁——李晓枫。

“我自认为没有什么特别之处。”李晓枫说，“借用鲁迅先生的一句话：我是把别人喝咖啡的时间都用在学习上的。”

开放整合、品牌提升、产业突进。

课题组：李总，首先恭喜您当选由中国广播电视协会评奖办公室、中国传媒大学、北京师范大学和中央民族大学等四家单位推出的，严格按照网络调查数据评选出来的“2008 年度中国最具网络影响力的十大电视人物”。我们知道您在 2006 年曾经获得“2006 年中国十大创新英才”的称号，能否谈谈对您而言，这次和上次获奖有什么区别，有什么不一样的感受？

李晓枫：确实有不同的感受，2006 年创新英才的评选更注重专家认可，而这次是网络调查，体现了网民意愿。我觉得这两个称号是相关的，这是否反映了专家意志和网民意志的统一、默契，表现了网友认识标准的专业内涵和珍贵价值？所以我十分珍惜，也发自内心地感谢广大网民对我的看重。

课题组：李总，您平时在网上的时间多吗？网络对您的生活产生了怎样的影响？您如何评价您在网络这个虚拟世界中所具有的巨大影响力？

李晓枫：我平时是不上网的，因为年龄大了，改变不了几十年形成的读书和写字的习惯。但我的家人、朋友都是网民，在单位也专门有同事为我提供网络信息，所以其实网络信息还是我主要的信息来源。至于所谓我在这个网络世界产生了巨大的影响，我承认有一些影响，但这些影响是与我所在的重庆广播电视集团紧密联系在一起的，网民们是通过重庆广播电视了解了我，认识了我，或者说这种影响力是重庆广播电视的影响力，作为我个人实在算不了什么。

课题组：2008 年 6 月，随着中国电视网络影响力评估标准的颁布，收视率作为唯一电视节目质量评估标准的局面被打破，您如何评价这一全新的标准？对于中国电视的发展是否具有积极价值？

李晓枫：我非常拥护电视网络影响力评估标准的颁布，我对此充满了期待，它打破了收视率作为唯一评估标准的局面，对中国电视的发展有十分积极的价值。应该说传统的收视率调查在当时历史条件下是唯一的，也是必需的，但传统收视率是建立在抽样调查的概率统计上的，反映的是收视人数的多少，而无法真正反映人们的好恶，更不能对媒体作出具体的评价。而网络影响力针对大众的个性化调查，结论更可靠，调查面更宽，它不仅反映接触人数，而且反映大众好恶，同时对节目有深入的艺术分析，对广播电视发展更有价值。

课题组：您在网络中所拥有的影响力是与您所领导的重庆卫视的影响力分不开的，去年重庆卫视无论是收视率还是广告收入都取得了重大的突破，能否给我们简单介绍一下？重庆卫视为什么会在奥运年里取得如此显著的成绩？

李晓枫：早在前年，我们就预测 2008 年是广播电视媒体发展的重要拐点，以电视为焦点的媒体竞争进入白热化阶段，表现为新媒体对传统受众的大分流、传统媒体技术转型对受众的大分化、奥运资源的缺失对地方媒体受众的大分割。因此把“开放整合、品牌提升、产业突进”作为应对激烈竞争的重要策略，所以才有了去年的发展。在开放中发展，以积极开放的心态面向三大媒体技术市场（模拟电视市场、数字电视市场、新媒体电视市场）、三大媒体区域市场（本地市场、全国市场、国际市场）；在整合中壮大，大力推进资源整合，优化媒体内部结构，合理配置资源，吸纳社会资本，参与市场竞争，实现做大做强目标。把品牌建设放在首位，高度重视媒体品牌的培育、维护、发展和提升。主动调整经营模式，尽快实现三个“转向”：从公益为主、经营为辅转向公益与经营并重，从事业为主、产业为辅转向事业与产业并重，从本体为主、外延为辅转向本体与外延并重，大力发展产业，以开拓传统媒体发展的战略纵深，创造新形势下生存的大后方、大空间。

互联网对电视的冲击已经产生。

课题组：2008 年重庆卫视有很多与观众互动的节目，很多都采用网络投票的方式，您怎么看待这种方式？跟传统的评选方式相比有什么优缺点？

李晓枫：从 2007 年开始我们就重视观众互动和网络投票了，我们大多数的节目开设了与观众互动的平台，通过手机和网络互动。要说它的优点，就是要体现以人为本的理念，受众是我们的上帝，受众的需求就是我们的工作，就是我们的责任，这样才能更好地了解民意、了解受众。其次也开通了一个舆论通道，受众有一个自由表达愿望、情感的平台。并且我预测，随着网络的进一步发展，中国电视节目总的趋势就是互动化，互动化将成为一种追求、目标和常态。

课题组：互联网对电视将会产生怎么样的冲击？重庆卫视是否已经感受到了这种冲击？面对这种冲击我们应该如何应对？

李晓枫：互联网对电视的冲击已经产生。根据我们的研究，在西方发达国家，互联网对传统电视受众的分流大约在 15% 左右，这对传统市场显然是一个冲击。比如说重庆电视频道群，两年前本地市场份额曾经在 50% 以上，现在已经降到 40% 左右。当然，这有兄弟台之间竞争的原因，也有数字电视分流的原因，但互联网是一个不可忽视的重要原因。我们觉得这是应该的，技术创新、新技术的发展是历史发展的必然规律，我们每一个人都不能敌视它，而应该以一种更豁达、更宽容、更积极、更友善的心态来看待它。面对这种冲击，我们的想法是让传统媒体与新兴媒体实现一种大融合。我们将努力根据网民需要，为网络媒体提供更加丰富多样的影视节目，做网络媒体的内容集成商和提供商，让我们传统媒体与网络一起发展，一起走向未来。

服务社会、服务大众。

课题组：在全国电视频道都在纷纷主打“娱乐”品牌的时候，重庆卫视为什么要在2008年开始主推公益？是一种被迫的选择还是主动的出击？这种公益的定位给重庆卫视的收视率、广告收入以及社会现象带来了怎样的影响？

李晓枫：这是一种主动出击。因为娱乐只是提供一种及时的精神消费，让人得到瞬间的放松和忘我，它不能从根本上起到服务社会、服务大众的作用，而我们所追求的公益直接把服务社会、服务大众作为目标。社会转型期矛盾比较多，弱势群体问题是一个普遍的社会问题，我们觉得媒体应承担这种社会责任，挣钱不是目的，所以我们推出重要品牌公益节目《大爱中华行》，特别是在抗震救灾中发挥了很好作用。当然，在泛娱乐化潮流下主推公益，这给收视率和广告创收带来了一定影响，比如重庆卫视排名由前年的第三位退到了去年的第四位，广告增幅也不是很大，但是我们很乐意并且要坚持做下去。至于对社会现象的影响，我们相信会有影响，但现在不好量化，但只要我们和更多的同仁坚持做下去，日积月累，水滴石穿，聚沙成塔，总会产生积极的影响的。

课题组：近些年来，很多省级电视台都播出了一些评选类的节目，例如重庆卫视也有一些本地观众熟知的评选类节目，例如“十佳主持人评选”，“感动重庆十大人物”评选之类的节目，您怎么看待这种评选类节目迅速风靡的现象？

李晓枫：评选类节目的迅速发展是不可遏制的潮流，它产生的根本原因是两个：一是由于网络的繁荣，影视媒体走向互动化是不可逆转的趋势；二是传统媒体与新媒体的结合是不可逆转的趋势。

课题组：省级卫视近些年虽然竞争激烈，但是节目雷同，质量低下，千台一面的局面却没有明显改观，世界上没有任何一个国家的电视频道像我们这么多，从省级卫视的角度您觉得应该如何发展？从广电总局管理的角度应该如何管理？

李晓枫：从省级卫视角度看，我觉得竞争激烈是正常的，有竞争才有优胜劣汰，而竞争的优胜者也就是对广大受众不断满足的成功者。但是节目雷同、质量低下、千台一面，确实问题很大。我觉得省级卫视一是要办出自己的特色，摆脱千台一面的泥淖，塑造自身独有的品牌；二是可以考虑联合，在更大范围整合资源，共同发展。至于从广电总局角度，我没站这么高，但我建议：一是广电总局制定竞争规范，把恶性竞争引入良性正常竞争轨道；二是可以引导省级卫视资源整合甚至合并，集约资源，形成跨行政区域的大媒体，培植中国电视媒体的旗舰。这样不仅有利于中国电视的良性发展，而且对适应国际文化竞争都会有好处。

摆脱媒体单一依靠广告生存的状态，实现多元发展。

课题组：重庆卫视这几年成为了全国很有影响的省级电视台，您觉得跟其他的地方台相比，重庆卫视有什么特色比较吸引观众？

李晓枫：一是在价值上的公益追求；二是在文化品牌上的英雄定位。从很多数据分析，重庆卫视收视群体的文化、收入偏高，即使各个台同播一部英雄剧，重庆卫视的收视相对要高一些。

课题组：2009年金融危机对世界经济造成了巨大打击，中国这次也没能逃过，现在感受到对电视行业地冲击了吗？如何应对？

李晓枫：冲击有一些，但不如平面媒体明显。因为金融危机的冲击主要在于广告投放，而电视媒体与平面媒体的广告类型有较大差异：平面媒体的广告主体是房地产、制造业，而电视行业的广告主体是居民日用消费品。而这次金融危机主要影响的是金融业、房地产和机械制造业，所以这种宏观层面的金融状态对普通民众的日常生活消费波及还不是那么直接和明显，但广告投放量也有减少。至于应对办法，我们一个长期战略是摆脱媒体单一依靠广告生存的状态，实现多元发展，大力发展电视产业，使收入多元化。目前我们的产业收入已经超过广告收入，占总收入的55%，这种情况全国不太多。短期战略还是归于根本：内容为王，品牌为先，努力办好节目，为广大受众所喜闻乐见，受众人群大了，广告的收入自然会相应变化。三是在广告经营上，要加强对客户的优质服务，提高广告的到达率，取得客户的信任，让他们充满信心，同时积极改变广告形态，如今植入式广告是发展方向，要努力开发植入式广告，让广告客户的投入物有所值，值有所得。

坚持公益追求和英雄品牌的打造。

课题组：中央电视台马上要在网上推出国家网络电视台，新华社也要推出自己的电视台，您如何评价这一事件？这一事件是否会对省级卫视以及地方电视频道产生冲击？地方电视台应该如何应对？目前重庆卫视以及其他频道在网络中的影响如何？有没有计划提升重庆卫视的网络影响力？因为媒体的未来可能在互联网。

李晓枫：推出网络电视台，是识时务的英明之举，可能会加大对省级卫视和地面频道的冲击，但对此我们应宽容和友善。媒体的未来在网络，这一判断是正确的，提高重庆卫视的网络影响力是我们的必然选择。我们的主要想法是加强与知名门户网站的合作，与网络实现互动，同时让重庆卫视在更多网络中完整传播，扩大其市场占有，并且做网络的内容集成商和提供商，根据网民需要，提供丰富的节目资源，创新节目形态。

课题组：未来重庆卫视的定位会不会有些调整？如何调整？重庆卫视09年的发展重心是什么？

李晓枫：重庆卫视的定位近期不会调整，仍然坚持公益追求和英雄品牌的打造。2009年是集团（总台）组建的第五年，在历经体制改革、机制创新、执行力建设和2008年启动的开放整合之际，进入了承上启下、继往开来的关键年：面对媒体市场的大解构与大重构，大力度实施开放战略以整合资源、大力度培育核心资源以塑造品牌、大力度创新体制以增强市场竞争力、大力度组织投资以壮大产业规模，从而提升可持续发展能力，是今年的发展主题。在这不进则退的关键年，只有全面深入理解和实践科学发展观，真正坚持“以人为本，全面协调和可持续发展”的方向和方法，才是决战制胜的根本保证。

我是把别人喝咖啡的时间都用在学习上的。

课题组：在电视界大家都公认您是最具理论素养的电视大家，无论是在业界，还是在理论界您都拥有较高的声望，您是如何做到这一点的？这种多重的身份对于您的电视管理具有怎么样的影响？

李晓枫：你恐怕有点言过其实，我自认为没有什么特别之处。我比较喜欢理论研究，有一定的成果。我觉得要做到这一点，就是四个字：一是“热爱”，二是“勤奋”，借用鲁迅先生的一句话：我是把别人喝咖啡的时间都用在学习上的。我想这一点任何人都能做到。这种多重身份肯定对电视管理有影响，而且是积极的影响，因为我觉得理论上不清晰，就会造成行为上的迷茫。这些年我们重庆广电集团不仅建设了一个优秀的业务团队，而且也成就了一个优良的理论研究团队，我们做任何工作，都是在理论上想明白了然后才说、才做。这些年构成了五个理论体系：一是在媒体发展的价值取向上，提出了“公益为本，经营为用”的观念体系；二是在媒体的发展方向上，提出了产业经营的观念体系；三是在媒体的发展方式上，提出了“开放整合”的观念体系；四是在媒体的发展格局上，提出了“一体多元”的观念体系；五是在媒介发展的动力源泉上，提出文化建设的主张。而我们在实践层面的操作都时按这个理论逻辑来进行的。

课题组：能否给现在大学中正在学习新闻传播的莘莘学子讲些什么，尤其是在今年全球金融危机冲击下，大学生就业困难的时候，他们应该让自己具备怎样的素质和能力，才能在以后成为一名合格的电视人？

李晓枫：学习这个专业，与其他专业一样，一是要有扎实的学养根底；二是要有充分的社会实践，而学习这个专业比其他专业有更重要的要求：一是要有深厚的人文情怀，二是要有敏锐的洞察力。2006 年，全国已有 460 多所各类高校开设了新闻传播类专业点 661 个，在校生达到 13 万余人，每年的毕业生由 20 世纪 80 年代的数百人增加到现在的 3 万余人，面较宽，量较大，但这决不是教育的一厢情愿，而是一种需求导向。至于就业有相对困难，这并不是金融危机下的特殊现象，但学子们应对前途充满信心。媒体及媒介文化产业是中国未来的新兴产业，有无限发展前景，而我国发育尚不充分。目前在旧有体制下，我们的电视节目内容生产并不能满足需要。据《2008 年中国广播电影电视发展报告》统计，2008 年全国电视节目的生产量仅占播出量的 17.5%。按国家要求，2012 年基本实现数字化，2015 年关闭模拟信号，那么数字化后的中国，就按现在的供需比，也要增加 10 倍的需求量，而 17.5% 显然对播出需求是杯水车薪。所以我常说中国的电视内容生产是全球的一块大蛋糕，在这里面还有很大的发展空间。同时随着数字化技术的发展，媒介的概念被泛化，媒体将呈多元化；随着市场经济的发育，制作播出的实体将呈几何级数增长，因此学这个专业前途是无限光明的，就业机会远远大于其他专业。

课题组：谢谢您接受我们的访问，希望您能在 6 月份参加我们的颁奖典礼。

李晓枫：谢谢。

TOP 4 王长田
——娱乐商海的弄潮儿

一、打造娱乐王国：王长田综述

1. 人物简介

王长田，1965 年生于辽宁省大连市，1988 年毕业于复旦大学新闻学院并被分配到全国人大常委会办公厅新闻局工作，两年后调入《中华工商时报》当记者，后升任市场新闻部副主任。1995 年进入北京电视台，成为 BTV 名牌新闻栏目《北京特快》的创始人。1998 年成立中国第一家专业电视策划与制作机构——“北京光线电视策划研究中心”（后更名为光线传媒），任总裁至今。2007 年当选第十一届北京市政协委员。

2. 主要事迹

从 1998 年 10 月创立光线传媒的前身——北京光线电视策划研究中心开始，并于 1999 年创办节目至今，王长田就一直是担当着中国民营传媒领域的先锋和开拓者的角色，目前他领导下的光线传媒已经成为中国最大的民营传媒和娱乐集团。短短的十年时间，王长田带领着光线在娱乐资讯节目，颁奖礼，大型娱乐活动，电视剧，电影，艺人经纪等多个娱乐产业都创下佳绩，打造了一个梦幻的娱乐王国。

1999 年，王长田的公司刚刚成立，他开创中国娱乐资讯节目的先河，创办了《中国娱乐报道》（现《娱乐现场》），连续十年，该档节目一直是收视率最高的娱乐资讯节目。此后王长田带领光线陆续推出《音乐风云榜》、《明星记者会》（现《最佳现场》）、《影视风云榜》、《时尚风云榜》、《帮帮忙》、《淑女大学堂》等品牌电视节目，节目同时在 620 个频道播出，覆盖全国所有地区。其领军的光线传媒每天制作超过 4 小时的电视娱乐节目，已成为中国最大的电视节目制作商和发行商，拥有国内最大的电视节目播出和发行网络，并合作运营一个全国性数字付费电视频道——“新娱乐”频道；同时，旗下的电视节目网业务已经全面启动。

2001 年，王长田创办了“音乐风云榜颁奖盛典”，后被业界和媒体称为中国的“格莱美”，如今已成功举办 8 届。此后陆续推出：“电视剧风云盛典”，这是国内唯一以收视数据为基础的电视剧颁奖礼，已成为电视剧行业的旗帜性活动；年度“娱乐大典”，是光线传媒王牌娱乐资讯节目《娱乐现场》的年度总评榜，是国内唯一的年度综合性娱乐颁奖典礼；“时尚风云榜颁奖盛典”，是时尚界最具开拓性和影响力的颁奖盛事，也是目前国内唯一专业的时尚颁奖礼；“模特大典”，是中国目前唯一的模特界年度颁奖盛典。

光线传媒旗下大型娱乐活动品牌“嘉华丽音”，是中国第一演艺活动品牌，以承办各种大规模、高水准、高难度及国际化的活动著称。“嘉华丽音”同时承办国内“华表奖”、“金鸡奖”、“百花奖”等多个电影专业奖项颁奖活动，还是国内最专业的电影首映式承办机构，承办了包括《卧虎藏龙》、《十面埋伏》、《集结号》、《功夫之王》、《赤壁》等大片在内的多场首映礼；此外，“嘉华丽音”还承办大量高难度娱乐活动，包括大型音乐剧《电影之歌》、央视品牌节目《同一首歌》等海内外演出和各种大型商业演唱会，以及各地政府的节庆活动等。目前，光线传媒已成为中国最大的活动公司，每年主办和承办上百场地面娱乐活动，包括 10 个以上重要的娱乐颁奖礼，几乎所有华语电影巨片的首映式及各类大型演唱会。

2003 年，王长田投资拍摄中国第一部古装情景喜剧《清明上河图》，此后他带领着光线大规模进入电视剧领域。2006年以来，光线传媒投资电视剧近20部，推出了包括《暴雨梨花》、《房前屋后》、《新上海滩》、《中国兄弟连》、《落地请开手机》、《鹰与枭》、《A 计划》、《张礼红的现代生活》、《都是爱情惹的祸》、《好好过日子》、《福祸相依》等一批热播电视剧，总数已达600多集，光线传媒成功跻身中国电视剧制作业前十强之列。

2006年，王长田将目光投向了电影行业，光线影业在2006年底推出的第一部作品《伤城》就取得了超高票房，之后上映的《导火线》和《铁三角》均荣登上映期间国产电影票房冠军宝座。2008年，王长田将成立时间不长的光线影业推到了民营电影公司的前三名。他预计光线影业在2009年将成为中国投资和发行量最大的民营电影公司。王长田称："光线影业要做就做到数一数二"。

2004年，王长田曾表示过，在中国形成覆盖全国的电视加盟网的时机基本成熟了，未来全国电视市场整合过程中最重要的一个方面就是电视网的建立和整合。而光线传媒也着手开始将在各地分散播出的节目，整合到每个城市一个完整频道播出。这个光线构建的中国第一个地面娱乐频道网于2008年3月1日正式开播，2009年5月份，加盟台达到了50个，覆盖人口目前已经达到五千万观众，光线采取从广告分成到买断、从栏目经营到频道经营、置入式广告、全国广告与区域广告等策略，锁定了中国最有价值的150家城市台作为加盟台的候选频道。2009年底，光线娱乐电视网加盟台预计将达到80家，基本涵盖全国。

现在，艺人经纪是光线传媒正在着力打造的新业务。旗下拥有近20名签约主持人的光线传媒是中国最大的主持人经纪公司。光线传媒曾一手培养过李霞、索尼、何炅、谢娜、沈星等一大批深受中国年轻人喜爱的娱乐主持人。而通过"猫人魅力主持秀"脱颖而出的柳岩、谢楠如今已经成为光线传媒当家花旦，并逐渐成为娱乐主持界新一代掌门人。此外，光线传媒依托自身的娱乐传媒背景，与内地、港台、日韩及东南亚等地2000多位艺人保持紧密合作，是对娱乐界影响最大的民营公司。

2006年5月26日，王长田带领着他的一班人马，将光线传媒的总部从北京市海淀区西三环北路27号——光线奋斗了5年的欧式小白楼，搬迁到了地处雍和宫和地坛公园交接处的新办公地，一个7000多平方米的办公区域。这一次的租期是15年，这里将是王长田打造娱乐王国的一个更稳定、更具有现代企业气息的基地。

3. 业界影响

王长田创新性的总结并实践着娱乐产业工业化生产的理念，把娱乐内容的策划、包装、制作、发行、增值等进行充分整合，形成一条完整的产业链条，成为行业无法复制的领先经验与模式。他也是中国最早提出并实践“制播分离”模式的传媒先行者；他引领了传媒娱乐行业的发展并成为行业指标的重要制订者和实施者；他开创的传媒与娱乐业新经济模式，在推动新经济发展中具有划时代的意义。

正由于王长田在业界的建树，他被称为中国的“娱乐之父”。自2001年起，获得了多项个人荣誉：

2001年　十大电视创新人物——《新周刊》

2001年　“可能影响21世纪中国的100位青年人物”——《中国青年》

2001年　20年媒介20人——《媒介》

2002年　演艺圈权力人物榜——《演艺圈》

2002年　娱乐界权力榜——《卫视周刊》

2002年　年度最有影响力的十大传媒创新人物——斯坦国际传媒论坛

2002年　“未来商界领袖”——《数字财富》

2003年　演艺圈权力人物榜——《演艺圈》

2003年　文化娱乐产业权力榜——《文汇百花周刊》

2003年　年度中国传媒人物——《传媒》

2003年　年度中国新经济人物——《互联网周刊》

2007年　年度中国手机行业最有影响力100人——百度

2007年　获得第四届北京市优秀青年企业家称号

2007年　当选第十一届北京市政协委员

2008年　年度人物奖——TV制胜

二、五次冒险成就光线辉煌：王长田报告

1998年10月，光线传媒正式成立。10年之前，这个不起眼的小公司仅靠接一些小的策划和专题片生存，没有电视台的订单，自己掏钱做样片；10年之后的今天，光线传媒的节目在全国620家电视频道播出，覆盖全国所有地区。10年之前，光线传媒是一个仅有10万元规模的小公司；10年后的今天，光线传媒成为中国最大的民营传媒娱乐集团，年收入数亿元。10年之前，光线传媒只有33位员工，短短一年，五位创始股东走了四位，坚持下来的只有王长田；10年之后的今天，光线传媒已拥有400多名高素质的员工，其中骨干员工就有数十位。这令我们不禁好奇，当年坚持下来的王长田，这位在传媒与娱乐行业名声显赫的人，他是个什么样的人，他又是怎么做到的呢？

首先，王长田是一位不畏险，敢闯敢想的人。有人说，王长田的五次冒险成就了光线。1988年，在大学毕业之后，通过分配，王长田进了国家机关——全国人大常委会新闻局。但是两年后王长田就毅然辞职了，因为他发现了一份新闻鲜活、风格清新的经济报纸——《中华工商时报》，这份报纸深深地吸引了他，上午看了报纸，王长田下午就找到了中华工商时报，没过多久，他就到中华工商时报社上班了。放弃了一份当时被称为“铁饭碗”的工作，而选择到一份新报纸工作，这是王长田第一次“冒险”。第二次冒险是在1992年，当时，王长田已经是报社市场部的负责人，在“经商热”，“下海潮”的诱惑下，他又放弃了光鲜的记者工作，去哈尔滨做起了涂料生意，半年后，生意不赚不赔，王长田重返报社工作。这一次冒险虽然没有成功，但却丝毫没有影响他再次冒险的勇气，1995年，王长田得知北京电视台的领导吴天锡要办一档崭新的新闻栏目，于是，他的细胞又浑身“驿动”起来，毫不犹豫的投身电视行业，成为《北京特快》的制作人，第二年，这档节目已经风靡北京城。而此时，王长田的第四次冒险开始了，他想进入央视这一个更大的舞台，于是他开始入主改版《经济半小时》，可最后，这档栏目因为种种原因没有实现他的想法。至此，王长田的四次冒险为他第五次冒

险的成功奠定了坚实的基础。1998 年，王长田迈出了勇敢的一步，他离开了北京电视台，正式创办北京光线电视策划研究中心，也就是后来的光线传媒，开始了自己的创业。第二年光线传媒便通过《中国娱乐报道》（现在的《娱乐现场》）挖到了第一桶金，使光线成为中国电视制播分离背景下最具代表性和生命力的民营电视节目公司，在接下来的十年里，光线传媒逐渐从核心领域——电视节目的制作和发行，拓展至电影、电视剧、活动、艺人经纪、新媒体等众多的娱乐产业。现在，这种冒险精神依然激励着王长田大步向前，他大胆尝试各个领域，各种管理模式，构建中国第一个地面娱乐频道网，创建卫视工作室等。

是什么推动着王长田一次又一次的冒险呢？是梦想，王长田是一位有梦的人，他一直怀抱着影响和改变社会的希望和理想。在导演尤小刚眼里，王长田是个“为了实现梦想甘愿过‘奴隶般’生活的人”。他也是个为了梦想而坚持的人。王长田从小家境贫困，生活之艰难是我们所难以想象的，可即使在这样的环境里，即使在食不果腹，极度营养不良的情况下，他也没有放弃梦想，而是努力着，奋斗着，高考时以优异的成绩考上了上海复旦大学。当他有了一份稳定的工作，摆脱了贫困后，他依然没有停止追逐梦想的脚步，而是不惜一次又一次的冒险，为他的梦想寻找足够大的舞台。当光线传媒一步步的迈向成功时，他的梦想也正在慢慢的实现，《娱乐现场》的创办将中国娱乐资讯全面带入到日播时代，使中国的电视观众通过电视荧屏逐渐了解明星的生活状态与电影、电视剧等娱乐产品的制作过程，从懵懂到逐渐拥有了娱乐的概念。“音乐风云榜颁奖盛典”更是被誉为中国的“格莱美”，这一音乐盛典向所有在流行乐坛努力不懈的歌手及其音乐人提供一个良性竞争的空间，大大推动了华语歌曲的推广传播。此外，光线创办的各种颁奖礼，制作的各档节目，都为中国娱乐业的发展作出了巨大的贡献。光线创立五年，广告收入已超过 2.5 亿元，播出范围覆盖全国 300 多家电视台，这一年，王长田 39 岁，他说：“我的梦想不止于此。”这就是王长田，一个梦想永无止境的人。

王长田是一位有原则的人，虽然在光线进出的明星非常多，虽然王长田几乎有所有明星的联系方法，但是他从不接触明星，他的晚宴名单上也从不会出现明星，这是王长田的原则之一，也是他获得成功的原因之一。尽管一直争取明星曝光的机会，王长田却总不愿意走上前台，这是他的另一原则。他一再强调自己是传媒人，光线传媒是传媒公司，作为传媒人应该有一定的自控能力。所以，王长田是一位文质彬彬的绅士，他喜欢书法，常常写字，将这作为工作之余的一种舒缓心情的方式。在他的办公室里，就贴着他写的两幅字，分别是《酬乐天扬州初逢席上见赠》和《短歌行》，虽然带着感伤，却不乏达观的人生态度和慷慨激昂的气概。其中，《短歌行》似乎正是王长田求贤若渴，一统娱乐天下的心情的写照。

王长田实际上并不娱乐，这位“娱乐教父”的身上几乎没有娱乐细胞，曾有女同事形容他“高尚而无趣”，他也笑称“再不严肃的衣服穿我身上，也会变得严肃”。领导着光线传媒 10 年走来，王长田一直有“帮助和改变别人命运”的使命感，“这一直是我心里很大的压力，所以我很少有娱乐，一直在做事。”为了公司，为了帮助和改变别人，王长田牺牲了自己的娱乐，成就了光线，成就了许许多多实现梦想的人，成就了中国娱乐业。

王长田是一位直爽的人，待人很真，十分坦诚。每当受采访，他总是知无不言，言无不尽。而且，他是一位好上司，对待员工十分和善，从不端架子。在接受课题组的采访时，他除了亲自帮我们倒水外，也不忘为一同做记录的员工倒水。此外，王长田是一位以人为本，知人善用的好领导。许多在光线工作的员工因为工作压力大而离开，但当他们发现自己离不开这里的工作，或者当他们发现在光线才最能体现自己的价值而回头时，王长田并没有责怪他们，而是宽容地再次接受他们，在光线的骨干员工里，就有部分人有着这样的经历。出于为员工谋福利的考虑，光线即将于 2010 年上市，王长田表示，届时骨干员工将可以获得部分股权，这是对他们更大的安慰和认可。王长田的包容，他的惜才，使员工们更加勤恳的工作，现在，光线现已有 450 多名高素质员工，人才的流失率基本上为零。

十年来，光线传媒的变化如此巨大，从一个默默无闻的小公司发展到了现在集合电视节目，影视，音乐，明星，线下活动多方面发展大型娱乐传媒公司。创业之艰难是王长田没有想到的，可是成功之快也是王长田所想不到的。但在被问到他自身的转变时，王长田笑了笑，淡淡地说："我没有太大变化，除了管理能力变强以外，我的性格并没有变，我对自己的定位就是传媒人加生意人这样一个混合的角色。传媒人是有理想的，有社会责任感，有人文精神，有影响和改变社会的梦想和希望；而作为生意人，我就必须保证公司高速和稳定的发展，这样我才有能力去做我想做的事情。"就是这么一个传媒人和生意人，怀抱他的理想，坚定着他的信念，以自己倔强，不服输，不求人的性格，打造了一座梦幻式的娱乐帝国。帮助着许许多多人实现着他们的梦想。有人曾用十六个字来形容王长田："不疑人，不负人，不畏险，不贪色，疏财仗义。"我想，这就是一个人成功的准则吧。

三、拓展领域，开发网络：王长田网络影响力分析

王长田的网络影响力是与光线传媒的影响力息息相关的，近年来，随着王长田在互联网上的探索，随着光线的业务在网上的拓展，以及《娱乐现场》，《淑女大学堂》等几档光线精品节目在网上的传播，光线传媒的网络影响力正在飞速提高，而作为公司的掌门人，王长田的网络影响力也随之增长。

初探互联网

王长田是一位嗅觉敏锐的传媒人，他早早就将目光投向了网络这一平台。2000 年光线传媒就创建了国内最大的网上明星俱乐部"e 视网"，光线是首批获得广电总局颁发的网络视听许可证的三家民营企业之一。2004 年 8 月，王长田与中国电信合作，设立了一个名为"e 视星空"的网站，试图建立中国最大的视频和图片下载基地，这是中国内地首家网络电视媒体，覆盖 1000 多万个宽带用户，目前，e 视网拥有 2 万小时节目资源，依托光线传媒 12 档电视娱乐节目资源，每天提供长达 6 小时的娱乐直播节目，并已成为全球最大的华人网络娱乐中心。

向互联网转型

2005 年，e 视网的发展趋于稳定，但由于 e 视网并未被作为商业网站经营，盈利很少。王长田也开始不满足于 e 视网这样的娱乐门户模式，“因为搜索技术在发展，很多时候不需要去门户浏览，像 e 视网这样地浏览型网站一定会走下坡路。”他要找到一种对用户“更有黏性的，锁住他，不让他走，将来要产生新的东西，他自己也可以产生新的内容。”再加上 2005 年初，光线的王牌节目《娱乐现场》被北京电视台调整出局，王长田逐渐认识到“内容为王”的说法已经站不住脚，渠道十分重要。他开始下定决心，准备带领光线向互联网转型，他曾说：“也许几年后我会非常高兴地宣布光线首先是网络娱乐内容的提供商，而电视只是我们的一个副业。”自 2005 年 3 月起，整整一年，王长田基本上不再出席公开活动，也谢绝了各种演讲和采访要求。他潜心研究如何向互联网转型，而 web2. 0 就是王长田的选择。2005 年低，光线旗下视频娱乐网站 e 网（ewang. com）开通。看到国内许多的视频网站纷纷获得风险投资，王长田在 2006 年招聘了包括陈世鸿在内的职业经理人运作 e 网。当时他对记者阐述道：“光线丰富的节目内容，电视上播完了就看不到了，互联网就不一样了，随时都可以看到。”在 web2. 0 在中国的发展并未成熟的情况下，这一次转型很冒险，而且很可惜的是，随着 2007 年中陈世鸿的离开，光线在宽带互联网上的实验宣告失败。虽然向互联网的转型最终失败了。但是王长田并没有放弃开发网络这一渠道，而是更理性的使用互联网，开发互联网，将电视传播和网络传播相结合，使节目得到最充分的利用。

与此同时，王长田也将目光投向了光线十年里建立起来的庞大的娱乐数据库，他认识到了这些珍贵视频素材的网络传播价值。2008 年 3 月，光线获得广电总局颁发的网络视听许可证，是首批获得此牌照的三家民营企业之一。目前光线正计划将库存的 6 万小时娱乐视频素材全部数字化，将 e 视网（www. ewang. com）打造成为中国最大的娱乐视频博物馆，成为互联网视频和明星社区的领军网站，这一计划得到了北京市政府部门的支持。

网络口碑传播

王长田很重视公司的口碑宣传，虽然他不喜欢走上前台，不喜欢在媒体面前过多的曝光。但是，他并不拒绝采访，曾几次作客新浪网、腾讯网接受访谈，也常常接受杂志，报纸等的采访，且在采访过程中他总是知无不言，言无不尽，他的访谈稿在网上通常会被多次转载。而光线的每一个活动的发布会、现场活动、论坛等都会在网上直播，像新浪、搜狐、腾讯、网易都会做一些直播。如此一来，网友们对光线的了解逐渐加深，也开始对王长田有所认识。在许多博主的博文上都出现过对王长田及其领导的光线传媒公司的正面评价，这大大提高了王长田的网络影响力。

四、传媒人＋生意人：王长田专访

◎ 做传媒生意的话，不能太高调，传媒产品可能需要高调一点，但是对个人来讲传媒人对自我的约束，对管理和经营的理念都可能和娱乐界不太一样。

◎ 到最后内容为王和渠道为王应该是并存的，当内容特别强的时候就会有谈判的筹码，就有得到超额利润的可能；同时，渠道特别强的时候同样会有谈判筹码和超额利润。

◎ 电视节目我们肯定是第一；活动肯定是第一；电影现在是前二、三位，明年会成为第一。

◎ 我觉得作为一个内容提供公司，只要具有源源不断好的内容来提供，最终总能找到市场。

◎ 光线这些年依靠音乐赚了这么多钱，现在音乐界遇到困难的时候我们有责任帮音乐界一把，当他们发展好的时候没准哪天又可以帮助我。

◎ 我确实是不愿意辜负我的员工，我一直觉得跟我的一个理念有关，我不希望这么多人跟着我这么多年最后什么也没得到。

◎ 我给自己的定位就是一个传媒人，加上一个生意人这样一种混合的角色。传媒人是要有理想的，传媒不能纯粹当成一个生意，需要有一些社会责任感和人文精神，要有影响和改变社会的梦想。

他以独特的节目创意和运作模式给壁垒重重的中国电视市场带进一缕新鲜的阳光。

他打造了一座承载着许许多多梦想的娱乐帝国，缔造了一段中国的娱乐传奇。

有人说他是“娱乐教父”，有人说他是“中国版的默多克”。

他说：“我是一个传媒人加一个生意人。”

光线是传媒公司，我们的一贯风格是以事为先

课题组：我们知道光线是最早做娱乐节目的，去年根据我们调查的指标，网络影响力分了四个指标，一个是知名度，一个是被关注度，一个是美誉度，还有一个是收视度，就是网络观看的收视度，经过这些指标的评估，您得分是非常高的，这是完全客观的，不是网友的投票。您觉得您为什么会具有这么大的网络影响力？

王长田：其实你们跟我说这个事情的时候，说实话，我开始是意外，因为我既没有在网上单独为某些事情发表自己的观点，接受采访，同时在网上也没有开博客，尽管新浪也跟我讲说要开个博客。所以我就觉得比较意外，同时，我也觉得很正常，因为光线一贯的风格是以事为先，我们做了那么多的事情，那么多的活动，我们那么多的业务的开拓，其实在网站上有非常大的传播，所以我作为公司的代表，实际上代表的是网民对光线做的事情的关注，这是一个角度。比如说光线的栏目，这只是一个方面啊，同时从整个行业地位来讲，我们是中国最大的电视节目制作公司，这个方面是通过节目来形成影响力。同时我们也是中国最大的活动公司，我们活动的数量是全中国任何一家电视机构，任何一家媒体机构或者娱乐机构都是没有办法和我们相比的。尽管有很多的活动我们不一定突出了光线传媒，但是他的背景都是靠光线传媒，都是我们在做。还有光线目前也是中国前三位的民营电影公司，从今年来看我们基本能够进入前两位的民营电影发行公司，接下来明年我们估计会进入到前两位的电影发行公司和电影制作公司，从我们目前的规划情况来看，当然光线也有电视剧业务，也有艺人业务，这些方面稍微小一点，但是我前面说的三个方面在业界的地位都是大家认可的，所以我觉得它给我个人也带来了影响力。其实我倒不是刻意的要通过网络做我个人的影响力。

课题组：一般来讲，作为传媒的人都很注意包装自己的，您是最大的传媒集团的老总，为什么连博客也不开呢?

王长田：现在从国体的概念来讲，我们这个行业可以统称为传媒娱乐业，实际上是传媒加娱乐的，有的公司更侧重于传媒，有的公司更侧重于娱乐，作为娱乐公司，通常管理者出头露面的会比较多，比较愿意出来推介自己的产品，甚至做自己产品的代言人，这个产品包括电影，电视剧，音乐等，包括一些艺人产品，包括一些事件。但是从我个人角度来讲，这是娱乐公司的做法，我觉得这很正常，因为娱乐公司需要更多的包装，因为他是一个内容公司，本身也是处在名利场当中，所以很多人，有的人是愿意和喜欢，有的人是出于业务的需要，我们的公司更侧重的是传媒公司，我自己的背景也是一直做传媒的，从最早的人大常委会，那时我是在办公厅新闻局，新闻局就是处理跟人大有关的各种信息发布会等，然后到了工商时报，工商时报做了5年，也是做记者啊，做副主任，然后到了北京电视台，做节目的总策划。包括后来成立光线传媒，实际上一直是在做传媒的业务，所以我们公司是从传媒起家的，我个人有比较浓厚的传媒的色彩，更多的想法和娱乐界的人不太一样，我们大量的业务也是在传媒领域。比如电视，尽管我们是电视内容的提供商，我们自己不能拥有自己固定的渠道，但是它毕竟属于传媒业务，我的节目都是每天播出的，在全国有600个全国地面发行网，现在全国还有50个电视频道在完整的播出我们每天6小时的内容，这些都是传媒业务，然后我们的活动业务和电影业务实际上是传媒业务的拓展和延伸，所以他们本质上讲还是传媒，这样的话就形成了一种公司特有的传媒文化，而不是纯粹的娱乐公司的文化，娱乐公司很多是项目操作，一个个项目，但是光线有持续性，像流水一样，是斩不断的。因为做传媒生意的话，不能太高调，传媒产品可能需要高调一点，但是对个人来讲传媒人对自我的约束，对管理和经营的理念都可能和娱乐界不太一样。而实际上我也不是特别喜欢出头露面，从个人的性格角度来讲是这样的，不光是精力的问题，我还是希望有更多的时间跟业界的人有更多的接触，而不是和公众接触。而且这样也有更多的精力放在公司的业务的拓展，商业模式的确立。

在一个阶段里，网络影响力的意义在于让大家注意到媒体观众多元化的需求。

课题组：现在上网的人越来越多，相反看电视、报纸的观众正在减少，网络可能是未来的发展方向。您如何评价我们网络影响力这种评估的方式？原来对电视栏目的评估只是收视率的标准，现在我们提出了网络影响力的指标，您觉得这种评估标准有没有存在的价值？

王长田：当然有了，我认为最起码在一个阶段里，网络影响力反映了媒体受众的转移的现状，同时反映了媒体融合的趋势，我觉得这是非常有意义的。但是从长期来讲可能就不是一个话题了，因为到最后大家都会合在一起的。比如说现在不需要探讨电视在报纸，电视在电台的影响力这些问题，就是走了一段时间之后大家各自找到了自己的定位，在该融合的地方实现融合，我相信新媒体和传统媒体之间也是这样一个过程。但是在目前情况下，它的意义在于让大家注意到媒体观众多元化的需求，多种渠道的信息来源的趋势，并且提醒大家对自己的策略作出适当的调整。我觉得对我们这样的公司来讲就是创造内容，最后媒体、渠道肯定是多种多样的，但是所有渠道都需要好的内容。

课题组：现在有没有根据网友的意见来改变自己的内容呢？比如说节目的形态、样式等。

王长田：因为到目前为止，网络还不是我们的主渠道，所以我们会更重视来自传统媒体观众的意见和反应。我认为这其中反映了一个现实的原则，一旦互联网成为主要收入来源的时候，我们就会更加关注这边的东西。我觉得到最后内容为王和渠道为王应该是并存的，当内容特别强的时候就会有谈判的筹码，就有得到超额利润的可能；同时，渠道特别强的时候同样会有谈判筹码和超额利润。

中国的国情使我们形成了另一个风格——专心致志地做内容。

课题组：刚刚转了一圈，看了整个的流程，因为我也在央视呆过，看我们的设置和管理基本上，面上看到的东西和电视台的环节和流程都比较类似，民营公司和电视台在操作节目方面有什么不一样的地方？

王长田：有很大的不同，其实很多到过我们公司看过，或者了解光线传媒的人都讲如果光线传媒拥有自己的渠道的话，完全不会是现在这个样，它会比现在大好多好多倍。这一点在我们的公司内也是有共识的，以我们的努力，以我们的精细化程度，和我们业务的开拓能力，我们完全应该有比现在更大的影响力，但是现在中国是这样一个国情，一个民营公司是不可以拥有渠道的。而没有渠道，很多事不能做，比如说随时的根据市场的需要上新的节目，随时进行调整改版，随时做一些活动，制造事件，这些我们都比有渠道的电视台要难好多好多倍。所以这实际上在某种意义上限制了光线的发展，但是也使我们形成了另外一种风格，就是说专心致志去做内容，而我们的内容要比电视台更有吸引力，更有创造力。所以我们的节目，比如《娱乐现场》，10 年的时间，到目前为止，在国内一直是收视率最高的娱乐资讯节目，我们的《音乐风云榜》也是收视率最高的音乐节目。有频道的人都没有做到，但是我们一直是最高的，我说的是平均收视率，在其他地区不一定是最高的，但是全国平均下来是最高的。所以这个东西相当难做，难以做到。我们就只有靠自己不断去改进节目，不断去带领节目制作的风潮，也包括创造很多的活动，因为活动几乎是所有娱乐内容的一个集中的爆发。这里面涉及活动的创意，活动的制作，艺人的关系，宣传推广，客户的营销等，包括播出的协调，这都是合在一起的。这个一般的公司是很难做到的，非常的难。我们这么多的活动，这么多的颁奖礼物，为客户定做很多的活动，那么多的电影首播式，那么多的发布会，这都是很难做到的。这个地方，就是你看到的这个地方是全中国娱乐记者出现最多的地方。没有任何一个其他的地方可以和这儿相比。这儿活动多的时候经常在一周里面我们有三四个活动，记者今天来了明天接着来，后天还来。所以电视台对光线这点是非常钦佩的，他们觉得一个民营的公司，一个没有渠道的公司，能够做到这样一个程度，这也说明了我们跟他们的区别，就是我们的创意比别人强很多。

拓展新业务，降低经营风险。

课题组：您刚才讲到了内容，我们做了这么多活动。前面您也讲到了我们是以电视业为主的，电视差不多能占到总收入的40%，在电影等其他方面我们为什么要进入呢？

王长田：最早的时候，电视业务占我们100%的收入，但是我们很快发现了一个问题，那就是由于电视业务渠道的缺乏，如果我们对电视业务过度的依赖，将会增加经营的风险。比如我们跟某一个重要的地区、渠道关系不再紧密或者合同发生了变化，就会影响到我们的经营。所以我们大概五六年以前就开始考虑拓展新的业务，就是要降低对电视的依赖，降低对某些地区的依赖。这些年来这些努力逐步见效，基本上完成了我们当初的设想。比如说在电视节目方面，我们继续巩固了几个日播节目，这是相当不容易的。因为我们是日播节目，所以要求我们有非常严格的管理系统。这与周播节目不一样，周播节目录一天两天，一个月的节目都录出来了，但是日播节目必须天天做，这一点是我们要巩固的。同时，我们也开始拓展周播节目。周播节目比较容易形成比较大的影响力，也容易与一些卫视合作，因为它占的空间比较小，这些年在这方面与一些电视台进行了不少的合作。以上是节目的方面。此外在拓展方面，首先拓展的是活动业，依托我们的节目，我们做了很多的颁奖礼。

课题组：这一方面就宣传来讲，很多活动我都不知道是光线做的。

王长田：对，当初我们并没有刻意地去宣传光线，而是去宣传活动本身。这是公司品牌的一种阶段性的策略，也就是先把产品打出去，然后再去推广公司。当然此时此刻，是到了需要推广公司的时候了，因为我们也发现很多时候社会上对光线不了解。比如说，我们一共做了 9 年的“音乐风云榜”颁奖礼，这是大奖公认的国内最公正的、最专业化的音乐奖项，每一年都会有非常多的话题。音乐风云榜从去年开始又拓展出一个颁奖礼，叫“新人盛典”，就是针对每年诞生出来的音乐新人的颁奖礼，也是影响非常好，尤其是在年轻观众中间。有的时候并不是主流的知识分子所关注，但是我们的目标观众特别的关注。然后是“娱乐现场”，我们已经做了好几届的“娱乐大典”，它是一个综合性的颁奖礼，有电视、电影、音乐、戏剧等。同时“电视剧风云榜”也做了颁奖盛典，有的时候我们称作“国剧盛典”，也是做了好几届，去年在安徽卫视直播是全国收视率第一，是当天晚上包括中央台频道在内的所有节目收视率第一，而且是连续直播四个小时。此外我们还做了“时尚颁奖礼”、“模特颁奖礼”等。这些颁奖礼都是依托我们的节目，也是节目的一个拓展。同时在这个拓展里边光线也变成了一个很大的活动公司。

课题组：为什么我们要选择颁奖礼这样一种形式来拓展呢？

王长田：因为我们本身对娱乐界非常的了解，有很好的判断能力和娱乐界的资源，每天都在报道娱乐界的人物、事件和作品，所以在这方面具有较高的可信度和权威性。同时，我们又有比较好的模式和规则来举办颁奖礼，所以在这方面这些年一直反应非常好。其实这是非常难做的，因为你不是一个权威的媒体机构，但是现在做下来效果非常好。现在依托这些活动我们又向外拓展，为客户量身定做很多的活动。我们做了非常多，比如“蒙牛”连续三年的选秀等，有些活动是包括像演唱会等。比如今年的“蒙牛酸酸乳”、“地面新人”、“风云学院”、“超级明星演唱会”；“真维斯”这边我们还有八场地面歌会，还有服装设计大赛。现在我们又在为很多亚运会的赞助商做活动，比如健力宝“拉拉队”的那个活动我们是全程参与伙伴，同时接下来我们要公布一个新品牌“卡丹路”关于亚运礼仪小姐的选拔活动。此外，在历史上我们还举办过“猫人”主持人选秀、“真维斯”全能艺人选秀等众多活动，从中诞生了很多后来在其他选秀活动中获胜的选手。然后，政府的所有电影奖项比如"华表奖"、"金鸡奖"、"百花奖"、数字电影"百合奖"、"导演协会奖"现在都是我们在做。同时，中国电影的海外推广活动，比如"戛纳中国电影之夜"，还有奥运会海外推广在伦敦、洛杉矶的活动也都是我们在做。还有所有大的电影的首映式，像《十面埋伏》、《千里走单骑》、《赤壁》、《梅兰芳》、《功夫之王》、《集结号》、《非诚勿扰》、《南京！南京!》，这些首映式也都是我们在做。上述这些外边是不知道的，所以所有的这些活动加在一起，我们是当之无愧的中国最大的活动公司，这其中的层面非常多，有政府的颁奖礼，有我们自己的颁奖礼，有电影首映式，有为客户量身定做的选秀活动和演唱会。此外我们还做商业演唱会，像去年北京陈奕迅的演唱会，张信哲演唱会都是我们在做的。这些业务成为了光线商业模式的最好的注解，那就是依托传媒，依托光线在电视行业的影响力和资源去拓展活动，这样活动就成为了我们很大的一个业务。我们今年的活动大概比去年增长了200%，占到公司总模块的20～30%。此外，我们还开始拓展电影业务。五年前我们开始准备，三年多以前我们正式开始接触电影市场，联合投资和发行了《伤城》、《导火线》、《铁三角》等一些很卖座的电影。从去年开始我们做，今年大规模做电影独立发行，比如《大搜查》、《家有喜事2009》、《证人》、《东邪西毒终极版》、《神兵小将》、《铁臂阿童木》、《出水芙蓉》等影片，预计今年票房在3个亿左右。值得一提的是《铁臂阿童木》作为几个国际机构共同投资的一部电影，我们是内地的唯一的投资方，这部电影会在今年10月23日上映，我们预计票房大概在1亿～2亿的规模，这也是国内参与制作的最大的动画片。我们的电影业务今年的收入大概能与我们的活动业务持平，而从我们今年的规划来看，明年我们自己投资的电影的票房会达到6个亿左右，而这还不包括我们发行的。如果加上发行的大概能达七八个亿的规模。所以明年从发行的角度来讲我们将会成为国内最大的电影发行公司，同时从制作的角度来讲，我们还有可能成为国内最大的电影制作公司。因此明年我们在这方面会有突破性的进展。当然，我们现在也在拓展电视剧业务，到现在为止我们已经投资了大概20部左右的电视剧，今年还有几部剧要拍摄。尤其是情景剧方面，我们是国内的领导者之一。因为我们拥有1500集情景剧的版权，其中包括《闲人马大姐》系列，去年拍了《马大姐-3》、今年准备拍《马大姐-4》，此外还有几部常规剧正在拍。我们第五个业务，是艺人经济业务。这个业务我们起步比较晚，但是我们要走的路线跟别人不太一样。在音乐方面我们就是培养新人，我们现在有一个组合叫做“风云帮”，前一段跟“S. H. E”和“飞轮海”一起在全国做了5场巡回演出，效果非常好。长得又帅、唱的又好，现在正在接受培训，下一个阶段会正式推向市场。在影视艺人方面，我们会倾向于动作演员和喜剧演员，走专业化的路线。因为一个公司不可能擅长处理每一种类型的艺人，我们希望在这两个领域能成为国内领先的公司。但是在艺人方面，我们最重要的是主持人经济，我们现在已经是国内资源最丰富的主持人经济公司。这里面不仅仅包括像柳岩、谢楠和大左这些完全是我们自己的艺人，还包括刘仪伟、李斌这两个著名主持人的主持约。接下来将会有更多的主持人会签约到我们公司，也许他们别的合约权会给别的公司，但是主持约会签给我们。

课题组：主持约具体到节目还是所有节目？

王长田：当然每个人会有点不太一样，有的人所有主持约都会交给我们，有的人之前合约有一些延续，等结束之后我们会接过来处理。因为像刘仪伟、李斌他们都是多年来非常成功的主持人，他们的合约会有一些延续。电视剧和艺人经济这一块，我不能说我在国内有多么的强，电视剧我觉得我们是前20强，艺人经济我们会走特色路线。但是前面的三个部分，像电视节目我们肯定是第一；活动肯定是第一；电影现在是前二三位，明年会成为第一。

课题组：虽然说是影视，但电影和电视是完全不一样的领域，我们是怎样迅速进入并成长得这么快呢？

王长田：我觉得一方面是我们这么多年在传媒娱乐圈领域看得多，我们关注研究的比较透，此外本身影视也不分家，其中有很多相通的地方。一方面是我们有非常好的团队。可以讲在电影公司里边我们有最好的团队。我们的总裁在美国最好的电影学院读了六年，他是中国所有电影公司里边最专业的经理人，下边建立的发行队伍也是特别强，此外我们还有很强的顾问和创作队伍。我们是《画皮》的导演，香港金项奖主席、香港电影协会会长陈嘉上的经纪人。优秀的团队再加上公司对他们的支持，包括媒体宣传。其实任何一个电影公司都不如我们在宣传上的力量，因为电影要上映需要打广告，电视广告一般打不起的，因为电视广告太贵。但是我自己的渠道本身就是很好，我在自己的渠道打广告不涉及费用。比如说搞首映式，我们自己的队伍就直接把首映式搞了；比如说媒体宣传，我们本身就是搞媒体的，我们知道应该用什么角度会宣传好。所以这些都是我们的优势，也是一个自然的延伸。

我们和电视台各得其所

课题组：我看首映式更多是在 CCTV6，这个是购买时段还是什么样的方式。

王长田：各种方式都有的，也有在其他卫视播的。CCTV6 有专门的复制基金，有的时候我们也会自己花钱去搞，还有别人掏钱委托我们来做得。所以我们所有的东西到最后都能连在一起，这在我们公司是一个资源共享的系统。

课题组：你们去年成立了卫视工作室，那现在你们和卫视的合作怎么样呢?

王长田：合作的非常好。

课题组：您能给我们介绍一下跟这些不同类型电视台的合作模式与合作方式吗?

王长田：我们跟卫视有几种合作的模式，一种是大型活动的合作。活动的类型当然有很多了，比如这次“国剧盛典”和“音乐风云榜”的晚会都是在安徽卫视黄金时间播出的；我们很多的颁奖礼比如“慈善大典”、“娱乐大典”是在重庆卫视播出的；我们在辽宁卫视播出了“真维斯”的一些歌会。此外，我们和陕西卫视还合作了一些栏目，东南卫视播出了我们八场“真维斯”的慈善歌会。接下来我们正在规划跟国庆六十年相关的至少五六场大型活动，都将分别在几个卫视播出。

课题组：这些活动具体是怎样操作的呢?

王长田：几种形式都有。有的是它们委托我们来制作；有的是我们的客户冠名出钱，我们和电视台联合制作之后在电视台播出。

课题组：这中间有没有和电视台利益分成的关系呢?

王长田：我们和电视台属于各得其所。比如说制作这些大型活动通常需要几百万的制作成本，电视台要想自己搞这些活动就需要自己掏这几百万，其中的广告客户和赞助都是很大的问题，通常以一个电视台的运作能力来讲很难拉到赞助。我们参与进来之后钱全是我们来掏，不管是我们自己来掏还是客户来掏，费用的问题就解决了，同时给了电视台一个非常好的节目。电视台得到了收视率和影响力，同时锁定了一个合作公司，还能插播大量的广告，这些广告是它收入的主要来源。不同模式都是有的，我们最近和四川卫视合作了一个特别大型的节目，我们发动了140多个明星到灾区去寻找当年在抗震救灾中给我们留下深刻印象的人，去帮助他们实现梦想。我们是在全国范围内制作，有的涉及到海南等很多地方。另外一些艺人会到光线的演播室参与到这次的圆梦行动。所以这次做的特别大，每一集观众看了都会哭，我们自己审片子的时候都会哭，特别感人而且节目做得极其精良。像这种活动和节目要电视台去做，它们会面临很大的问题。当然它的制作能力是有的，但是我们会用新的处理的手法和节目的模式。同时，140多个明星，哪家电视台可以在这么短的时间里请到这么多的明星。还有制作人才，任何一家电视台都没有这么多的人才集中抽出来，这时候我们的人才就压上去了，因为光线毕竟是一家拥有450人的公司。这个节目是我们和四川台联合制作的，但其实是四川台委托我们制作的，费用是四川台来出，所以这些模式都是多种多样的。

课题组：那跟地方台也是这种合作吗？

王长田：地方台不一样。我们跟城市台主要是我们制作节目给他们，他们终审能够把关，播出之后换取广告时间段。就是说一个节目有部分广告时间是我的，部分是他的，我卖我的广告它卖它的广告，这个我们十年前就开始这样做了。实际上是我们创造了中国制播分离的模式，最后发展到电视台可以委托制作或者联合制作的模式，但最早的时候就是节目换广告。

课题组：您讲到了是在620个频道里是吧？

王长田：实际上不只620个频道。

课题组：有300家电视台？

王长田：对，300多家，这些台播出我们至少4个常规日播栏目。今年春节我们又开发了六个新的节目，现在我们有十个日播节目，长的1小时，短的30分钟，原来合作的频道又有一些新的节目在播出。同时，我们开拓了1个全国性的地面娱乐节目网，到目前为止已经有50多个频道加盟到我们这个网里来。我们把6小时节目通过卫星传输给他们，他们终审后安排播出，而且这6小时节目都是完整播出的，经常是晚上黄金时间连续播出。

课题组：你们为什么要用这种形式呢？

王长田：因为这种模式解决了几个问题。第一，解决了城市电视台目前制作能力不足、资金不足、资源不足、竞争压力加大的困境。因为现在卫视崛起之后给城市电视台带来了非常大的压力，各省台也是越来越强，城市电视台越来越处于边缘。所以我们正式满足了他们的需要，同时也解决了光线多年来稳定播出的问题。因为我们是6小时完整的合作，这就是一个很大的事情，他们要慎重对待，不像一个节目在电视台播，今天停了明天又上了。这6小时的话大家一定是紧密合作，所以我们的播出渠道会相对稳定。当然除节目之外我们还给他们提供很多的资源和服务，比如说我们培训他们的包装人员、主持人，还跟他们联合搞活动。我们现在有一个活动正在全国来搞，实际上是一个影视艺人的选秀，我们和中北电视艺术中心联合来搞，其中有城市台的参与。我们给他们很多附加的东西，这些东西他们也是相当的看重的。所以这个网络现在发展的非常快，我们预计今年年底会有大概100家城市台加盟到这里，但这不是随随便便加入就可以了，我们是选取中国GDP城市前150里面的。

课题组：那现在的合作模式还是广告吗？

王长田：对，是广告。这完全是我们之前合作模式的扩大。完全符合国家在电视方面的政策。比如说终审权、播出权是他们的，我们也没有承包广告。我们实际上是一个内容提供商，只不过是说完整播出之后频道更容易形成统一的形象，容易锁住观众。对他们来讲解决了内容的问题，所以各台非常欢迎。

课题组：我们现在跟省级地面频道有合作吗？

王长田：有啊，刚才说的600多个频道里面很多是省级频道。

课题组：城市台和省台的比例大概是多少？

王长田：这个不太好算比例，因为一个省台能覆盖全省，城市台只能覆盖一个地方，所以这个比例不是特别好算。这次的娱乐节目网实际上也有省台的。

课题组：粗略地算一下我们的节目现在能覆盖中国多少的人口？

王长田：1.9亿人，到年底的时候我们估计会有三四个亿。

很早就开展新媒体业务。

课题组：您刚才一直在讲渠道的问题，现在电视是一个渠道，像多媒体的手机、网络、移动电视等与传统的国有电视台不一样，天然就有一些商业的成分，我们在这方面有没有规划？

王长田：其实很早我们就做了，我们可能是中国所有跟电视媒体相关的公司里边最早介入到网络的。2000年8月我们就开通了自己的网站，后来我们也是中国移动SP最早的合作伙伴，也是他们视频方面最早的合作伙伴。我们还是新浪播客最早的内容提供商，也是目前访问量最高的节目内容。我们“娱乐现场”的播客，现在是新浪访问量最大的，我估计已经有四五千万了。所以光线在这些领域介入是非常早的，但是这些年我们的策略也在做一些调整，比如说跟中国移动的合作这些年遇到了市场低谷，所以我们也不可能投入那么大的精力去做。关于手机视频，实际上这个市场也没有成熟，我们最早进入了，但现在没有大规模去做。关于互联网的视频，我们是放一部分东西上去，因为这个也没有形成很好的商业模式。现在大家都把它当成一个宣传推广的平台，还没有形成商业模式，所以我们现在是有选择地去做。我们以前也在互联网上直接开过日播的节目，在腾讯网上开过将近一年的时间，开始反映不错，但最后很难找到商业模式，所以很难长期的支持下去。所以基本上和新媒体结合的所有形式光线都尝试过，当然有的还在继续做，但是其中最大的问题在于商业模式不明确，市场没有起来。所以最后更多地被转换成一种宣传推广，在这方面我们下的工夫多一些。比如说我们每一个活动的发布会、现场活动、论坛等都会在网上直播，像新浪、搜狐、腾讯、网易都在做一些直播。

课题组：*在新浪上是免费给他们供应吗？*

王长田：对，是免费的行为，基本上现在都是这样的状况。我觉得现在互联网自己在这方面也没有挣到钱，所以现在跟它要钱也不太现实，而且在初期大家需要共同培养市场。

课题组：*光线的网站上好像没有什么视频的内容*

王长田：我们的网站现在正在作调整，我们觉得光线作为一个内容提供商，我们主要的力量还是用在传统媒体上，而在互联网这块我们更多的需要跟别人合作，所以我们现在把很多内容放在别的网站上，不只是在我们自己的网站。第二个方面，我们自己的网站现在面临着商业模式的调整，正在规划一个新的业务，我现在不好透露太多。我们希望将网站变成这个业务的服务性网站，改变原来娱乐门户网站的性质。

课题组：*会把我们的视频都搬上去吗？*

王长田：不一定，还是要看具体的情况。因为这个网站更多的是一个有电子商务、会员服务色彩的社区型网站，所以视频并不是其中主打的内容。当然如果市场成熟的话，放上去只是分分秒秒的事，很容易的。不是我们没有能力去做一个网站，而是这个网站在做了之后会形成什么样的商业模式，这个是现在我们要解决的问题。我觉得互联网跟电视媒体不太一样，互联网相对是一个比较市场化的行为，没有刻意垄断、不公平条款与和约，是一种有选择的，可以通过正常的商业谈判取得利益的市场，所以这样的市场我们不一定什么都去做。

课题组：*光线在新媒体的业务中，赚钱的都有那些？*

王长田：我们现在无线还在做，比如说铃声下载、小游戏等，但是从收入数量来讲确实跟前两年没法比。我们曾经是有很好的无线收入，可能是国内所有的电视机构里收入最高的之一，但是现在大家都遇到了问题。当然3G时代我们会重新调整策略，我们正在观察3G，但是我觉得市场不会这么快就起来。我觉得作为一个内容提供公司，只要具有源源不断好的内容来提供，最终总能找到市场。就是说媒体还是需要好的内容的，尤其最近我看对互联网的盗版打击的力度比较大，这对我们来讲是一个好的消息。

和华友世纪解散对我们来讲是一个好事。

课题组：我们跟华友世纪最终怎么又分了呢？

王长田：这还是双方战略不合，大家在观念上有很多的不同，对业务的认识、进度的安排等都有很多不合。我觉得很正常，同时对我们来讲是一个好事。如果真合的话这次金融危机我们肯定损失惨重。而且当然还有一个原因是国内的资本市场条件不成熟，比如说股份不是全流通的，也不能解决员工的期权问题，所以我们是被迫试探着走向海外市场。但是去年一年的时间里国内的资本市场发生了很大的变化，所以现在我们在国内上市是最好的选择。实际上最早我们就认为在国内是最好的，只不过是没有机会。现在机会又来了，我们当然要在国内上市了。包括现在创业板要推出，国内上市肯定是最好的。当然在我们这个行业还有个政策限制的问题，就是影视节目制作的公司外资是不能介入的，在海外上市实际上是一种变相的外资介入。我们这么多年一直遵守国家的法律法规，我们是不可能违背这些东西的，也不愿意去打擦边球。现在解除了合同实际上对我们来说是一种更好的选择。

课题组：是谁主动提出解除合同？

王长田：双方都不想做了。在谈的这一年中发生了很多变化。

课题组：那光线在明年在国内上市是吧？

王长田：差不多吧。

课题组：现在进展顺利吗？

王长田：现在进展比较顺利，因为就是那些程序性的东西。在条件上来讲我们已经达到了，无非是进行一个股份制改造，要做审计、上市材料等一些程序性的要求。当然还要等待时机，选择在什么版、什么时机上市。

对中国的民营娱乐公司来讲，现在到了一个比较好的时候。

课题组：您原来讲过要把光线打造成全国最大的、最有影响力的传媒娱乐公司。您觉得对于中国的民营公司来讲，春天到了吗？

王长田：我觉得尽管还遇到一些问题，比如说渠道、政策管制等。但是总体上讲，市场的需求，资金的供应等各个方面，我觉得现在都到了一个比较好的时候，可以讲是比以往任何时候都要好。包括政府对我们这样的企业的支持也跟从前不一样了。现在每个月都会有好几拨北京市各个部门的人来我们这里参观，包括刘淇书记、蔡赴朝副市长，询问我们有什么需要支持的。而且北京市政府还给我们项目补贴，去年给了我们在民营公司之中可能是最大的项目补贴。

课题组：是什么项目呢？

王长田：是我们的资料库的数字化项目。我们有6万小时的素材库，我们要把它们全部数字化，要把我们公司内部的所有制作系统全都数字化。北京市政府还帮我们协调我们跟北京银行的贷款，还有贷款贴息。

光线这些年依靠音乐赚了这么多钱，现在音乐界遇到困难的时候我们有责任帮音乐界一把。

课题组：咱们有这么多、这么好的娱乐内容是不是可以建一个博物馆呢？

王长田：博物馆早就想做，这两年我一直在呼吁首先建立一个音乐博物馆，因为中国几千年的音乐文化到现在为止没有音乐博物馆。今年我在北京市政协会议上提出了这个提案，北京市将这个提案转给了国务院，因为这是一个全国性的项目。当然现在光线需要一个实力积累的过程。实际上我们是想自己来做的，但是现在我们没有这个能力，因为它需要投资，所以我呼吁政府来做。如果政府能给我支持的话，我也愿意自己贴一些钱进去做。除了音乐博物馆之外，娱乐博物馆也是应该做的，这当然包含的面要广一些了。还有电视博物馆也是应该做的，在美国都有电视博物馆。所以我们在娱乐业这一块，整个的文化的积累其实是做得非常弱的，很多东西过了就找不到了，没有保存。这一点很不利于我们文化的传承，但是我觉得这还需要一个过程。我们马上会拿下一个新的厂房，我们除了规划一个2000平方米，一个1000平方米的演播室外，我们也有在其中做一个展览馆的打算，但是这目前还不会是大规模的。

网络影响力的评选我们是入选了节目和人物是吗？

课题组：对，您的节目“娱乐现场”和“音乐风云榜”入选了十大民营栏目，“娱乐现场”可能排在前两位。

王长田：你们看新浪的播客吗，我们的“娱乐现场”远远领先于其他任何一个，“娱乐现场”是依靠内容，“音乐风云榜”主要是活动特别多，可以讲是全中国活动最多的一个节目。我们最近要免费推出4张专辑，反哺音乐。因为现在音乐的状况特别难，所以我们拿出上千万的资源和资金，免费为音乐界打造4张音乐合辑，涉及到50首歌。我们不要其中任何的版权和收益，就是来支持音乐界。很多人不明白我们为什么要这样做，我说很简单，光线这些年依靠音乐赚了这么多钱，现在音乐界遇到困难的时候我们有责任帮音乐界一把，当他们发展好的时候没准哪天又可以帮助我。所以关于这件事情我们开过两次发布会，音乐界也表示支持，有10位著名的音乐制作人会参与其中。还有音乐论坛、“音乐风云榜”的颁奖礼，有“风云新人”的选秀和“音乐学院”的培训，还有“蒙牛”的地面歌会等很多活动共同塑造“音乐风云榜”的影响力。所以我们的节目在我们公司不仅仅是一个节目，而是一个品牌。在这个品牌之下有日播性、周播性的节目，有各种大型的活动，有各样的娱乐界的论坛、研讨，整个是一个立体的东西。接下来我们还将会有自己的俱乐部，可以在网上开自己的博客等。所以整个是当成一个品牌来管理的。接下来我们马上会把每一个节目都变成一个内部的小的事业部。原来系统中节目是在电视下面的一个项目，就是说每个负责人管理的是节目的制作，尽管也有广告的考核，但是也不会管这么多。现在我们把它变成一个事业部之后，很多事情都需要开始考虑了。品牌怎么宣传、经营怎么做、内容怎么扩展、合作渠道怎么扩大都需要统一考虑。

家族企业不是丢人的事情，而且光线不是家族管理的公司

课题组：您刚才谈到了管理，我在网上看到一直有人批评我们是家族式管理之类的。

王长田：其实我觉得说就说吧，也不是什么丢人的事。因为在整个亚洲范围之内，成功的企业大都是家族化管理的。即使在国际范围内，不管是新闻集团，还是后来的Welcome公司都是家族性管理的，他们恰恰是全球最有生命力的传媒公司。所以没有什么问题。而且家族企业创始人的个人声誉、财产都紧紧的与这个企业连在一起，所以会对企业更加负责。所以从大的概念来讲我并不认为家族企业是一个丢人的事情。第二，家族企业和家族性管理还是一个不同的概念。家族企业往往是在股权的角度来讲，家族式管理是指企业的管理人员是你的家人，家庭成员控制了公司。但是光线不是家族管理的公司，我们公司从集团来讲有三个主要的管理者，是我还有两位。他们都是早期加盟到公司的管理者，我们十年来都在一起。我自己的家人在公司里的工作都属于没有决策权的。甚至有一些企业是家族性管理，比如说华谊兄弟，他们也是很成功地娱乐公司。反而有一些职业经理人将公司管理的一塌糊涂。所以我不是特别在意这个方面，要是有人想跟我探讨的话我愿意把我的想法告诉他。

课题组：那这样的话会不会遇到瓶颈，当你规模变大的话。

王长田：首先我们不是家族性管理，所以不存在瓶颈的问题，而且我认为不管哪种管理方式都有可能遇到瓶颈。比如说职业经理人管理的公司，最大的问题是职业经理人不负责任、不投入，不像家族成员这样珍惜自己的声誉和财产。现在我们要引进高级管理人的时候我都会谈到这些问题，我会问你是怎样定位你自己的。如果对方说自己就是一个职业经理人，那我就会打一个很大的问号，我觉得这样的人往往是不太可靠的。对方要是讲我没有考虑那么多，我就是想好好做事情，我做好了公司不会亏待我的。这种人往往是我们想要的人，就是把事情而不是个人利益放在第一位。我们之前引进过职业经理人，事实证明后来都很难做下去，因为他跟你的文化不符。我们还是一个创业型的公司我们也许还没有很多管理的规则，但是我们的生命力和开拓能力特别强，这是在目前阶段我们需要的。要是今后我们变成了几十亿、上百亿的公司，我们的管理风格将会跟着调整，但那是下一步的事情，而不是现在收入几个亿的公司现在要做的事情。

我不愿意辜负员工。

课题组：我在网上看到有人说光线的管理模式下，底层的工作人员收入比较低。在去年进行过一次改革对吗？

王长田：改革不是因为收入比较低。光线的员工收入在这个行业中一直属于中上水平，尤其是底层人员的收入在整个行业来讲是比较高的，问题恰恰是中层人员跟底层相比较是偏低的，我们主要是调整中层以上人员的收入水平。此外，光线给员工压力比较大的主要是工作的强度比一般的公司要大一些，因为我们节目制作是日复一日的连轴转，所以员工的压力肯定是比较大的。而且很多活动是集中式的，所以很多员工连续几天都睡不了觉，压力是比较大，这一点我是了解的。但是从另一点来说，很多员工受不了这样的压力而离开了公司，但最后又回来了，很多员工是“二进宫”甚至“三进宫”，现在都成为我们的管理者。他们觉得适应了以后要是没事做反而会感到无所适从，我一直跟他们讲，人是累不坏的，是会郁闷坏的。往往身体的问题都是郁闷所致，矛盾复杂、没有事做、没有前途的问题，而不是辛苦的工作。干的越多长的见识就越多，能力积累就越快。哪怕以后不在光线做了，打下这个基础非常重要，别人会重视这样的人。为什么我们的员工出去以后都会抢着要，要是光线松松垮垮别人不会要的，所以所有吃过的苦到最后都会得到回报的。很多员工都明白这个道理，所以我们员工的流失率是非常低的。多数情况是员工适应不了光线我们让他走。前些年行业竞争激烈，有人来挖我们的人，许以厚禄，加上员工压力比较大，确实有流失的现象，但是这几年已经有很大的变化。

课题组：能问一下平均光线底层、中层大概是什么样的水平呢？

王长田：收入很难笼统的去说，要从节目制作的角度上讲我们在行业中是中等偏上的，有些中层以上管理者甚至是偏高的。但我们还是针对传统的传媒娱乐业，我们可能还不能跟一些新媒体公司相比。更重要的是我们给员工其他方面的利益，我们现在马上要上市，我们会给公司的骨干员工股权，那他们就会成为公司的股东。别人可能会注重个别人，但我是整个的好几十人的管理层全都有的。上市之后，我们还可以继续发期权等。我们这次直接给员工股权，这是给员工更大的安慰和认可。

课题组：是中层以上还是高层？

王长田：不是中层以上，是骨干员工。

课题组：网上有人给您作过评价，说您是不负人、不畏险、不贪色，疏财仗义。

王长田：那是好多年以前的评价了，我确实是不愿意辜负我的员工，我一直觉得跟我的一个理念有关，我不希望这么多人跟着我这么多年最后什么也没得到。我一直在公司内部强调一个理念就是“名利双收”。“名”是说我希望他们是在一个好的公司工作，出去之后很有面子，当走到了中层或高层之后在这个行业很有影响力，出去之后会被别人尊重。“利”是说我希望他们把日子过好，当然不同级别的人会不一样，真的对公司作出贡献的话我希望能成为“百万富翁”，能过上很富足的日子。这是我心里一直的想法，实际上，上市跟这些都是有关系的。其实我完全可以选择不上市，这样很多东西就不用对外去讲，而且可以有很强的灵活性，但是不上市我很难解决员工财富迅速增长的问题。

我给自己的定位就是一个传媒人，加上一个生意人这样一种混合的角色。

课题组：现在您算是成功人士了，创业这么多年，当年扔掉铁饭碗很多人都不理解。您觉得当年很多理想性的东西在十年后的今天有发生改变吗?

王长田：我觉得我没有太大的变化，除了管理能力，对行业的认识等有一定的提高之外，我个人的性格是没有太大变化的。我给自己的定位就是一个传媒人，加上一个生意人这样一种混合的角色。传媒人是要有理想的，传媒不能纯粹当成一个生意，需要有一些社会责任感和人文精神，要有影响和改变社会的梦想。作为一个生意人，我必须保证公司的高速的发展，然后才会有能力去做我想做的事情，才有能力去解决跟随我这么多年的员工个人的生活和事业。所以我们做得很多事情，不论从纯粹传媒的角度还是纯粹商业的角度都是很难理解的。

我不愿意求别人，我不会把自己的命运寄托在其他的人或事情上面。

课题组：您在迈向成功地过程中，心中有没有一些信条、准则的东西。

王长田：没有特别地去总结。从个人来讲我不愿意求别人，我不会把自己的命运寄托在其他的人或事情上面，这是我的一个底线。如果非要去低三下四的求别人，或是使用一些让人很难接受的手段，那我就认为这件事做不成，我不会为这些事牺牲个人的原则。所以这么多年大家可能会觉得光线不是走的最快的，可能有人走得更快更猛。有时候我心理会有一些不平衡，但是要仔细冷静想一想就会觉得无所谓。因为我就是这样一个人，这样一个命。某种角度一个企业就是一个人，个人的风格也是企业的风格。如果一件事我们靠自己的力量能做，那我们就去做，如果做不成我们可以不做。

课题组：最后一个问题，今年经济形势不好，很多大学生找不到工作。您觉得就个人创业来讲，有什么样的经验跟大家讲呢?

王长田： 找不到工作这件事有社会的原因，也有大学生自身的原因，其中大学生自身的原因我认为以往是被忽略的。我之前去几个学校招聘，我发现大部分的学生关注的都是国有企业，觉得想找个稳定的、挣钱多的、工作轻松的工作，而不是找一个能增长自身见识、培养自身能力的工作，往往考虑的都是安逸的东西。一个刚出校门的学生如果都是这样的想法，那怎么可能把这辈子的人生搞好，这是其中的误区。这次我们有一个上百人的招聘计划，其中至少一半会给应届大学毕业生，但是很多的学生想的是正式的编制、户口等。光线450个员工里面大部分都没有户口，他们都干得很好，这并不是个问题。如果我们接受了四年大学教育后眼光还是那么短浅，要么说明我们教育体制的失败，要么说明大学生没能看到自己的未来。

课题组： 好的，谢谢您。

TOP 5 马国力

——影响世界体育的中国电视人

一、无法超越的体育电视人：马国力综述

1. 人物简介

马国力，1953 年生于北京，1969 年至 1977 年在中国民航第二飞行总队从事航空摄影工作。1982 年毕业于北京广播学院电视系，毕业后被分配到中央电视台体育部。马国力于 1984 年赴德国学习一年。1988 年任中央电视台体育新闻组组长，次年任中央电视台体育部副主任。马国力于 1993 年任中央电视台体育部主任。随后于 1998 年任中央电视台体育中心副主任，2000 年 1 月任中央电视台体育中心主任。马国力在 2004 年 11 月兼任 BOB（北京奥林匹克转播有限公司）首席运营官。2005 年 5 月底离开中央电视台体育中心，正式借调 BOB。2008 年马国力被正式任命为盈方中国首席执行官及总裁。

2. 主要事迹

1977 年马国力考入北京广播学院，攻读电视新闻专业，他于 1982 年学成分配到中央电视台体育部当记者，开始了马国力的央视体育时代。当时的央视体育节目，还仅仅局限于播报体育新闻和转播赛事。

1989 年马国力担任体育部副主任期间，他带领大家成功地完成了 1990 年北京亚运会各项赛事转播制作任务，展现了他的才华。

1991 年，他创办了《体育大世界》栏目。1995 年，央视推出了体育频道，在马国力的推动下，体育频道推出了《足球之夜》、《五环夜话》、《体育人间》等栏目，受到了广大观众的欢迎。2000 年马国力升格为体育中心主任，曾参与及领导了央视六届奥运电视报道。

2004 年马国力兼任 BOB（北京奥林匹克转播有限公司）首席运营官。在这期间由马国力负责，出色地完成了雅典奥运会的转播。2005 年，时任央视体育中心主任的马国力，离开了央视他钟爱的岗位，正式成为北京奥林匹克转播有限公司（BOB）首席运营官。2008 年 10 月 22 日马国力被正式任命为盈方中国首席执行官及总裁。

马国力在二十余年间，亲历采访，运作指挥了 11 届夏季、冬季奥运会，6 届世界杯足球锦标赛，6 届亚运会；欧洲杯足球和世界、亚洲若干单项、全运会赛事……马国力有着业内无人能及的电视体育阅历。

3. 业界影响

马国力是中国内地最早参加奥运会火炬传递的人。他对中国体育的热爱从来都没有中断过。1991 年，马国力大胆创办了央视体育的第一个板块节目——《体育大世界》，与以往单纯的体育新闻和体育赛事播出相比，这一栏目大大提升了电视体育的专业性、娱乐性、可视性，这种形式广受电视观众的喜爱，从而成为其他体育节目制作的模仿范式。而这个栏目从设计到操作，央视都遇到了从未有过的难度，正是马国力在德国的学习促成了这一成果。

随后，央视推出了体育频道，除传统节目体育新闻外，马国力主打推出了《足球之夜》、《五环夜话》、《体育人间》等栏目，这些节目都是编辑、记者原创的，体育频道自己独立制作，这些栏目使体育频道在多年间始终为央视最有影响、最受观众喜爱的频道之一。

作为央视体育频道的负责人，马国力深谙一些地方电视台体育节目将带来的愈演愈烈的竞争格局。20 世纪 90 年代初期，央视体育遭受了京、津、沪、粤等地电视台体育频道联手合作的“抗衡”，马国力没有端出央视老大的架子，而是主动与地方台洽谈合作，共同承办转播足球、篮球、排球、乒乓球、羽毛球、网球等国内赛事。并且在央视拿到奥运会、世界杯、世界女足锦标赛、欧洲杯、亚运会和单项世界一级赛事，以及历届全运会的转播信号或转播权时，都能分别与地方台合作而共享资源。马国力此举在业界获得了极高的评价，一方面博得了人心，又为央视赢得了自身发展的时间、空间。

怀揣满满的CCTV—5的情怀，马国力投身进入了BOB的工作，在积累了转播多次国际体育赛事的经验之后，他成功地完成了奥运会有史以来规模最大的转播。奥运会结束后，他迎接新的挑战，进入中国盈方继续为体育事业奋斗，履行着中国盈方对中国体育的承诺，也为中国体育继续发挥着自己的精力与能量。

马国力在中国体育传媒界的影响力已毋庸讳言，他的业界影响不仅限于国内，早已悄然的走向世界，2000年，英国《卫报》评选“对世界体育影响最大的50人”，马国力名列第47名，这在13亿中国人中是前无古人的。

二、“专断”的奥运功臣：马国力报告

业内人早已习惯了体育比赛，电视转播，CCTV—5，马国力，这几个要素的固定搭配。作为中国体育的公众人物，马国力有丰富的人生阅历。他17岁那年毅然从军，成为特殊兵种——航空摄影兵。马国力曾经这样评价这段经历：“当兵整整8年，对我一生的事业影响很大，不仅掌握了高难度、高精密的摄影技能，又培养了我对这项工作的热爱。”艰苦环境中的熔炼，造就了他的坚毅、严谨、一丝不苟和敢于冒险的性格。

马国力的生活中不乏机会和挑战。1984年，马国力第一次迎来了会使他的未来发生突变的难得机遇，他去德国学习了一年。那一年适逢德国举办慕尼黑奥运会。马国力在那里的语言环境中恶补英语，又学习德语；亲历奥运全过程，体验、学习先进理念、转播操作技能和相关国际规则，为他以后职业生涯中的迅速成长奠就了基石。

马国力对体育事业充满了热爱，对奥运会更是充满了向往。1992 年巴塞罗那奥运会，当时的中国中央电视台体育节目中心主任马国力，受奥组委邀请到东道国参与火炬接力活动。这是祖国大陆最早出现在奥运会火炬传递队伍当中的身影。2000 年的悉尼奥运会，马国力作为亚广联的代表再次受到邀请。参与了在澳大利亚境内进行的火炬接力活动。两年后的盐湖城冬奥会和 2004 年的雅典奥运会他依然受邀参加了圣火传递。2008 年的北京奥运会，马国力第五次参与了传递奥运圣火的活动。这样，他成为了国内现在参加奥运会火炬接力与传递次数最多的人。马国力与体育和奥运的缘分不仅影响着他的生活，也为他的事业源源不断地注入活力。作为体育频道的创始人，马国力拥有举足轻重的业界地位。作为央视体育中心的主任，马国力的耿直、严格、不苟言笑、工作第一是大家都领教过的；马国力的勤奋、谋略、心胸开阔、视野广阔也是有口皆碑的。他难得的人格魅力，他可贵的一块招牌，带出一支朝气勃发，不懈追求的团队，创办了受到全国观众欢迎的体育节目，在央视的荧屏上展示了马国力时代……

马国力作为央视体育频道的负责人，却从不摆老大的架子，他非常重视与省级体育频道或体育节目的合作。被称为“全国地方电视台协作会”的地方台联合组织每年都会定期开会，无论在哪个城市举办马国力都经常赴会。他说，你们开你们的会，我来看望大家，闲余时间我跟大伙一起聊聊、玩玩。

马国力珍视这种既是竞争对手，又是合作伙伴的关系，1996 年亚特兰大奥运会央视拿到几十个正式采访名额，在马国力的协调下毅然分给京、沪、粤等地方台 12 个采访名额。当奥林匹克公园突发“朱耳爆炸案”时，马国力给了地方台第一时间播出的播出渠道。为此，他在央视承受了很大的压力。但是马国力坚持认为：“有时地方台的作用、效能，不是我们央视都能起到的。”马国力是何等的聪明！这种果断与坚持，不只出自他的事业心，同时也来源于他对中国体育事业的真正挚爱。

马国力凭借他对事业的挚爱，成为中国电视体育的优秀制作人，在长期的国际交往合作中，马国力又以熟悉国际惯例和相关规则著称，成为这一领域中国内屈指可数的对外谈判高手。在马国力统筹体育报道的多年中，央视多次与国际奥委会、世界杯组委会以及有关国际组织，建立了良好的合作关系。马国力给自己下了这样一个评语——“非常强势”，他也确实在谈判中很好的落实了他的自我评价。在每一次的合作谈判中，马国力都有自己一定要坚持的原则，那就是中国是发展中国家，有我们自己的国情，有我们现有的市场规律。因此，在合作的利弊选择中，马国力总是能用我们能够接受的不高的价格赢得转播制作重要国际赛事的机会，使中国的亿万观众得到充分的享受。同时，他又尽力帮助对方在中国的广阔市场上运作，这无疑收到推而广之的效果。那一年，在英超的转播谈判中，由于马国力对英方苛刻要价的拒绝，英超失去了中国的庞大市场。也正是由于此，马国力在国际范畴里，是位可以信赖的合作者，又是个令对手憷头的有威信的电视体育人。

热情、勤奋、追求与机遇促使马国力的事业蒸蒸日上，理想得到升华。勤勉、智慧、奋争与超越则使马国力抓住了一次又一次的机遇和挑战。马国力深思熟虑，变得愈发地理性。一种使命感，一种责任感，油然升腾。过去，马国力和他的一群同伴们，成年累月夜以继日，为一个个画面、图像勤奋投入。马国力常常有个最大愿望：好好静下心来，踏踏实实努力，为一个更大的目标作新的追求。而到了 BOB，正给了他实现这一远大目标的完美舞台。

马国力坚毅的性格、果断的作风和对中国体育的热情成就了他事业的成功，马国力调任至 BOB 做首席运营官后，仍然有着浓浓的央视情怀，他仍然每天上班的时候都关注 CCTV—5，体育频道是他的心血，他时刻都在关注着体育频道的情况和动向，他的心也始终牵挂着中国体育事业的发展和进步。这位体育频道的前一把手，北京奥运的首席运营官一直对中国的体育事业充满信心，对中国奥运有着无人能及的执著。“2008 年，我们这一代人唯一的机会。”此话出自马国力之口，这也激励着他出色地完成了这次可以称得上史无前例的奥运转播工作，同时也抓住了他们那代人唯一的机会。在转播制作上，马国力也有着饥渴的奥运梦想，虽然BOB的工作对于马国力来说也是一个巨大的挑战，他非常珍惜这个机会，北京奥运会之后奥运转播经营取得的巨大成功，使其国际声誉日隆。他通过2008年北京奥运这次机会，成为了中国的一位新的国际化人物。

从1984年到2004年，央视每届奥运转播的工作人员名单上，马国力都赫然有名。作为中国奥运转播的“元老级人物”，“独断专行”的管理风格是“马氏管理”标志之一。这似乎说明马国力的领导风格较为“专断”，但是笔者则认为，评价为“果断”似乎更加贴切。马国力总是用非常直白的话语来阐明自己的意思，他进行指挥或做工作上的任何决定毫不含糊。他曾表示，无论是央视体育中心主任，还是BOB的COO，独断专行是必不可少的素质。马国力说：“尤其是承担着向全世界传播电视信号任务的BOB，将完全按照格林尼治时间和120分钟倒计时运行，倒计时60分钟、30分钟、10分钟，甚至最后10秒的传输内容都有严格要求，在半军事化管理中，我必须做出决定，容不得半点优柔寡断。对全世界电视台播出时间负责，就是对全球观众负责。”

马国力不仅仅善于作决断，同时也是个重视团队合作的人，善于以共同的奋斗目标将团队带向成功。2008年北京的奥运会的成功转播就是团队的努力成果。2008年北京奥运会的赛事转播可以说几乎没有获得什么负面的评价，马国力评价奥运转播成功与否的时候有一种很有马氏风格的判断，他认为，没有人说话就算是转播成功了。马国力认为“有人说话”就是挑毛病。如果没有人说话，就意味着转播中没有出现大的纰漏。他说，“我们整个团队都在奔这个目标去，希望能够做到百分百。”马国力用“马氏管理”成功地完成了北京奥林匹克运动会的转播，可以说获得了巨大的成功，向全世界交了一份完满的答卷。

奥运会结束之后，马国力就任盈方中国首席执行官及总裁，他与中国的体育发展继续着未尽的缘分，这个56岁头发花白但说话依然像连珠炮一样快速的人，有着无尽的精力与无穷的魅力，他进入一个以赢利为目的的体育产业领域，他的机遇与挑战并存，他的职业生涯还在征服着新的领域，还在攀登着新的高峰。

三、为奥运护航：马国力网络影响力分析

北京奥林匹克转播有限公司（BOB）的首席运营官马国力与北京奥运会开幕式总导演张艺谋一起当选“2008 年《综艺》年度人物”。这两个人对于2008 年北京奥运会的贡献无法分出孰轻孰重。马国力并不是从2008 年的奥运会开始才被人熟知的，他的职业生涯与中国的体育传媒事业息息相关，他的网络影响力也与他的职业生涯密切联系。

最开始，网民应该比较关注的央视体育频道的各类节目，央视体育频道当时的一些节目，例如《足球之夜》、《五环夜话》和《体育人间》等都有网上的讨论吧，当时受到网友讨论的比较热烈的就是节目本身，但是随着马国力的个人风格在节目中的表现越来越明显，网友也向这位央视体育频道的主任投入了更多的关注。马国力的“专断”作风不仅在业内很有名，在网友和一些关注体育赛事转播的人中也是很有名的。在一次转播火箭季后赛第 6 场最后一节时，央视临时将画面切换到世界乒乓球联赛，这成为了马国力“独断专行”的巅峰之作，网上甚至评价“火箭生生让马国力给切了……”马国力这样的作风自然在网友中引起了极大的讨论，当时的情况自然是贬多于褒，但是也有人对他的决断表示出敬佩。

与他在央视体育频道时受到的网民的关注相比，马国力从中央电视台体育中心主任转任北京奥林匹克转播有限公司首席运营官后受到的网民关注显然更加频繁，他的网络影响力也在不断的上升。可以这样说，是奥林匹克运动会成就了马国力今日的人气与网络影响力，在北京奥运会之前，马国力就曾经在网络上与网友就悉尼奥运会和雅典奥运会中的各种情况进行过交流，在 CCTV. com 与网友进行过在线交流，他与网友很亲切的交流，知无不言，言无不尽。还有网友在线上亲昵地称呼他为老马、马儿等，他虽然表示自己平时由于打字很慢，所以并不经常上网聊天，但是却非常喜欢用这种方式与网民交流。马国力直率、真诚的网上交流都使网民感受到了他的个人魅力，在与网民的交谈中，马国力表现得非常生活化，并且也有些调侃的语气，网友们觉得他是个可爱又认

真地电视人，并且从与老马的聊天中了解到了很多关于当时的奥运会转播的内容与情况，同时也对2008年北京奥运会的转播充满了期待。

在2008年的北京奥运会中，BOB的职责是要向全世界的广播电视台提供不偏不倚的报道。包括没有国家色彩、种族色彩、宗教色彩、政治色彩，是完完全全的一种赛事的客观再现。因为他们的用户是全世界的用户，他们的服务不能让人觉得，对全世界的某一个用户有所歧视，或者有所偏重。在2008年北京奥运会期间，马国力作为BOB的首席运营官，其领导的公司汇集了全球电视转播精英人士，以5400小时的直播电视信号完成了奥运历史上最大规模的一次电视转播，为全球40亿观众提供了一场体育盛宴，树立了奥运会电视转播的里程碑。这些成就不仅使这届2008年北京奥运会成为了将永载史册的一届奥运会，而且大大增加了马国力的网络影响力。

马国力曾经在杨澜访谈录中作为嘉宾谈到对2008年北京奥运会的一些转播时用到的技术层面的问题和一些个人的感受，从节目中，观众可以了解到很多北京奥运会的情况，比如转播中所用到的，是历届奥运会用过的最新的摄像机位、操作方式。这使北京奥运会期间在很多场合，如果不考虑现场气氛的问题，看电视要比在现场看比赛要看得清楚得多。并且这是第一次大规模地使用高清晰电视来全方位转播，效果也是历届奥运会中最出色的。很多网友在网络上寻找这一期杨澜访谈录的文字资料与视频，马国力的个人魅力和令人羡慕并为人赞叹的工作经历与奉献领域，都是使他的网络影响力不断提升的原因。

马国力的影响力绝对不止网络影响力这么简单，由于在央视体育频道中所做的工作，马国力名气很大，不少人说，我们就是看着马国力掌舵的“CCTV—5”长大的，也是看着央视体育频道爱上体育的。连北京的出租车司机提起马国力都只有两个字：“佩服”。这种现实生活中的影响力，由于奥运在网络的影响力而不断的蔓延到网络世界中。奥运期间，各家网站的网络电视台不仅转播全部电视内容，还原创了大量的视频类新闻及访谈节目，从而使互联网奥运视频资源总量远远超过了电视媒体。奥运期间共有72432条视频节目被访问。在奥运之前，就有两家机构作了《中国网民奥运媒体消费行为研究报告》，报告表明，网上直播已经成为部分网民的收看习惯。23.3%的网民表现出必看网上直播节目的习惯。这份报告基于双方合作的二次电话调查、一次网上问卷调查，一项主流奥运网站的广告监测和一项9家奥运网站的全流量监测等五项数据研究成果，对奥运网络传播效果进行了比较全面和精辟的总结。报告显示，北京奥运会的成功举办大大增强了网民的资讯消费能力，网络媒体充分竞争卓有成效。而2008年9月10日，中国互联网络信息中心（CNNIC）和国内最大的第三方互联网数据监测服务机构万瑞数据在北京联合发布的《北京2008奥运会（搜狐联想2008奥运、联想官网）互联网传播效果研究报告》证实了这一结果，从搜索引擎的效率来看，整个奥运期间，“奥运直播”成为网民搜索最热关键词之一，并在8月8日至8月12日，连续5天位于搜索关键词Top10之首。互联网奥运传播效果显而易见，马国力也随着奥运在互联网上不断扩大影响力而扩散得越来越快，越来越广。

互联网中充满了分享与互动，马国力的影响力自然也随着这种分享与互动越来越大，配合网络上的赛事播出与宣传，今年的奥运会与移动平台结合实现了真正的随时随地看奥运。马国力协助推动国际奥委会与中央电视台签订“2008年奥运会中国地区互联网和移动平台传播权”协议，央视国际（CCTV.com）成为唯一一家拥有中国内地和澳门地区奥运新媒体转播权益的机构，并将独家拥有北京奥运会共计3800小时的新媒体赛事视频版权。北京奥运会的影响力进一步扩大，传播效果进一步增强。事实证明，2008年奥运会期间“CCTV移动传媒”公交移动电视是人们获得奥运信息的第五大渠道。多个城市的地铁、城铁以及轻轨都实现了同时转播奥运赛事扩大了2008北京奥运会的影响力。2008北京奥运会成为新媒体发展的一个重要里程碑，不仅促进了网络的发展，而且还使大众和市场都注意到了新媒体的强大实力，网络和同步播出的新媒体势必会有这届奥运会为契机迎来前所未有的蓬勃发展。

可以说2008年北京奥运会的传播效果是远远超过预期的，这不仅仅增加国民对奥林匹克运动、奥林匹克精神的认识和理解、也为中国的传媒事业的新发展带来了契机，负责成功转播了本届奥运会的马国力自然就获得了很高的美誉度与网络影响力。马国力的热情和影响力都是源自他对中国体育的热爱，对奥运会的真正喜欢，就像他所说的："关于奥运会，各方面都很喜欢。从报道上来讲，这是一种对超越的追求，因为每一届奥运会都要有所不同，奥运会的报道永远都是我最重要的工作；从情感上来讲，运动员和观众的热情对我是一种非常大的感动，随着社会的发展，人与人之间的关系就越来越复杂，只有在奥运会上人们才能表现出那种非常简单和真实的热情。"也正是这种对于自己所投身的事业的深刻理解与发自内心深处的执著才真正造就了马国力本人巨大的影响力。

四、享受做实事，给人以天地：马国力专访

◎ 随着年龄的增大，我明白了这么一个道理：你喜欢的行业并不是你自己的财富，因为个人的东西它是发展不了那么快的，如果你想让这个行业快速的发展，就必须去掉个人的色彩。

◎ 做到了一定程度你就会觉得：在任何一个行业里，大事是一个人做不了的，它必然需要团队，但对于决策者来说，确实又需要有一些决断性。

◎ 篮球就是盈方中国现在对中国体育的承诺。

◎ 当然了，现在网络让人有名很快，但你有没有名得看你自己，我

不是去求这种“名”的人，而且这么多年了，我也不在乎外界对我怎么看，对我来讲更为享受的是做实事。

◎ 国外是把电视当作来做的，而我们是把电视当作喉舌来做的。如果在国外的经济基础上，像很多地方台的体育频道根本不应该存在。但是它不忌这个东西，它是省里边给你钱或者广告从哪儿拨出一块你就做吧。

他是个从不畏惧挑战的人，他是个追求“没人说话”就是最好的“专断”的领导者。他培养并创建了央视体育频道，但为了奥运转播的运营，他离开了钟爱的事业，协助举世瞩目的2008北京奥运会向世界交了一份近乎圆满的答卷。在奥运结束之后，他又接受了新的挑战。然而，自始至终，他都没有离开过中国的体育事业，他就是中国体育传媒事业第一人——马国力。

“中国体育的事情要慢慢来。”马国力说，“我不否认我的确是很卖力气、很投入地在做过去20年的那些事。”

一定要给有管理权限的人在他的管理空间里充分的权力。

课题组：我曾经看过一篇马洪涛写的采访您的文章，说您当年刚到央视的时候让您去体育部，您以为是去工会？

马国力：我当时不知道，在1981、1982年那时候是没有网络的，中央电视台因为受众的缘故，在社会影响力上要比广播电台差很多。那时候最主要的新闻单位是中央人民广播电台，所以像我们这些人虽然是在广院（北京广播学院）学习，但用的是60年代的教材，老师也不过是刚毕业个两年或半年的新手，实习拍片用的也还是16毫米的“红旗”摄影机，因此对电视的了解确实不多。所以当时我以为体育部是工会下边的一个部门，就像一般单位那样。真正到了里边才知道，原来体育部也是做电视节目的。在学校里的时候我们认为电视台大概就只有新闻部、专题部、对外部，然后就没什么其他的部门了，加上中央台体育部那时候也刚刚成立，所以是真的不了解。我是在1982年的1月1日、2日去上班的，那时候是部门的第九个人，这是真事。

课题组：那您是一开始就比较喜欢体育？

马国力：并不是，那时候大学毕业生都是由国家分配的，不是你由着兴趣选择的，因此我们都是先分配，一直做，然后再慢慢喜欢，都是这样。

课题组：您后来是在2005年的时候去BOB的吗？

马国力：从外界看来确实有一个确定的调任时间点，2005年5月30日是我最后一天待在中央电视台里，31日我就调到BOB去了，看似突然，但调任之前实际上是有相当长的一段时间作为过程的，所以对于我或者对于电视台来讲这都不是突然发生的一件事情。

这事要仔细算来大概在申奥之前就开始启动了。2001年初颁布了新的申办章程，规定任何申办城市必须同意国际奥委会负责奥运会所有的电视转播。我当时是申办陈述人，负责广播电视、新闻媒体这方面的陈述，所以当时国际奥委会最关心的问题就是：我作为中央电视台体育部主任，知不知道奥运会的广播电视制作不是由中央电视台来负责，而是由国际奥委会来负责的。我说“我知道，我也同意”，我当时是代表奥申委来回答这一问题的，所以实际上在那个时候我们都已经确定了奥运会转播的BOB工作模式。奥运的广播电视制作尽管是国际奥委会来管，但不可能完全抛弃当地的广播电视制作工作，这种工作模式会找一个当地的电视台人员来做首席运营官，就我本人来说，在那时候我就想到了一定会有一个中国的电视人员会来做这个事情，但还没事到临头，所以也没想那么多。

2004年合资公司成立以后，奥组委里就要选择人员了，CEO罗梅罗跟我也认识了很长时间，奥组委那边想来想去也觉得我比较合适，所以最终促成了这件事。其实从一开始他们就拉着我一起做了些筹备方面的事情，因此总的来说这是一件水到渠成的事情，2005年5月份也仅仅是一个交接的时间点而已。

原来的时候台里和奥组委还希望我能一直兼两个位置的职务，但其实这是不可能的。从规程上来讲，你东道主的体育部主管兼任首席运营官在利益输送上对其他的国家来说是不公平的；另外从实际操作上来讲，这也不可能做到，因为这两件事情都太大了。因此我在2005年3月份就正式跟台长说我不能继续兼任下去了，而台里其实从1月份开始也在物色新人选了。在那貌似“一刀切”的5月31日之后，其实还有许多交接的工作在继续进行着。

课题组：您把自己从1995年一手创办起来的体育频道交给了别人，放心吗？

马国力：（笑）如果这个事情放在2000年以前，我会把这个频道看得更个人化一点，因为那时候是处在创业阶段，想法还比较幼稚或者说不是特别的成熟，但随着年龄的增大，我明白了这么一个道理：你喜欢的行业并不是你自己的财富，因为个人的东西它是发展不了那么快的，如果你想让这个行业快速的发展，就必须去掉个人的色彩。如果说一个人开创的公司、事业或单位离了他一下就坍塌了，他个人可能会觉得很骄傲，但这是最不负责任的，因为他就没把所开创的这个事情真的当回事，只是把它当作自己的玩物或行头而已。

你要做电视，负责任的态度应该是使它在没了你以后还继续往前，在我走之前我已经做到了，体育频道不管谁来接任都可以继续向前发展。而且从接任人选的工作方式、能力各方面上来看，是没有什么好不放心的。

课题组：这种放心是不是也基于您对自己一手建立起来的体制的自信？

马国力：电视是一种团队工作，即使你不去搭建体制，到了特定的时候它也会出现特定的东西，可能会表现不一，但会是万变不离其宗的东西。当然，我并不否认自己对体育频道作出的贡献和投入的心血，但体制并不是我一个人就能搭建起来的。

课题组：您经常讲说“既要放权又要收权”，也有一个要“独断专行”的论断，这要怎么看？

马国力：没错！真的是这样。做到了一定程度你就会觉得：在任何一个行业里，大事是一个人做不了的，它必然需要团队，但对于决策者来说，确实又需要有一些决断性。用谁不用谁，做什么事情不做什么事情这是需要决策者做决定的，但也仅仅是这样而已，在决定完了之后，就不是每一件事情都要亲自过问了。

我只决定必需由我决定的事情，例如像制作的规模、制作团队和设备的租用等，因为我比他们要更了解情况，其他的事情都是大家一起做的。在体育频道的时候也是这样，我可以决定上哪个栏目不上哪个栏目，但是哪个栏目怎么做这是要由制片人说了算。一定要给有管理权限的人在他的管理空间里充分的权力。

课题组：您一直做的奥运会转播似乎更倾向于技术，内容部分的东西似乎比较少了。

马国力：对，你说得非常对，我现在不做内容。内容指的是播出，这是体育频道总管或各个台的工作，我现在只是在提供服务。

课题组：您那么有追求的人怎么就放弃了内容？

马国力：谁说做技术没有追求啊？如果没有 BOB 或 GAB，其他电视台是没有办法做节目的。体育最重要的是比赛，是比赛的直播，而只有像 BOB 或 GAB 这样的公司才能承担这么大型的制作。这些所谓的内容，95% 以上是 BOB 制作的，那只不过是在中央台的平台上播出而已。所以从这个意义上来讲，我们做的也是内容，只不过是不加上自己的任何评价的内容。再说，体育从内容上来讲最值钱的是报道权，报道权买什么呢？买的就是信号。信号只要播出去就是内容，没播出去之前是我的，但播出去就挂上了个电视台的台标。

课题组：BOB 的信号全世界有多少家电视台在使用？

马国力：全世界都在使用，要说多少家那就说不清了。像欧广联下有 98 家电视台，但对我来讲只是一个欧洲广播联盟，只是一家。像欧洲的话，捷克是捷克的播出，斯洛伐克是斯洛伐克的播出，丹麦是丹麦，瑞典是瑞典，但是它们播出的东西都是 BOB 出品，只是他们自己可以随意选择，如丹麦选择手球，瑞典的选择可能是游泳，捷克选择了曲棍球。

人人都有不同的追求、不同的能力。

课题组：您从央视到 BOB 后来又到了盈方，从事业单位到企业单位，越来越市场化。BOB 还算是与政府合作密切的，但现在盈方完全是一个就业公司制，很多像您这个年龄阶段的人是很难离开像央视这样一个平台的，大家都会认为您会回到央视。

马国力：是，我当然可以回到央视，而且也谈过这件事情，但是我这个人是比较喜欢操作的人，所以 BOB 完了以后我就不太可能回去了。当然，为奥运会干了 4 年，从整个体制来讲，再回去怎么样也会给我再提升一下，可是整天开会、整天去传达是我不愿意做的。加上那时候也有了亚运会这档事，而亚运会是我可以去操作的，是我能够做出来、看到效果的。至于体制是无所谓的，不过就是个保障而已。我有保障，照我的这个级别来讲，我从中央台退了休该怎么保障还是怎么保障的。

课题组：您是退休从央视出来的？

马国力：我提前退休。而且就其他方面来说我也会从社会上得到保障。所以保障对我来讲也不是什么太大的事。

课题组：您喜欢操作，可是您现在是不直接操作的高层领导了。

马国力：我在电视台的时候就说过：中心主任级是级别最高的操作者。我说的操作是指直接做决定。在中心主任之上的职务基本是要做决策的，要决策就要通过集体讨论、请示或者与下级协商等，这些就是我所谓的操作，而不是直接拿着摄像机去采访之类的。

课题组：是不是说您要是在更高层次就能发挥更大的作用？

马国力：那不一定，人人都有不同的追求、不同的能力，我做不到再大的官了。

课题组：您就这样一直往前走，从央视一直往前走，一直以来就是因为喜欢？

马国力：对啊，现在社会上的机会很多。你看我做了那么多年的体育电视，在前二十多年里边是做内容、做播出的时候最长，然后做制作、做BOB又做了4年。我前面20年基本上是围绕着体育在转，到了盈方呢，我确实希望能够直接再做一做体育市场，这样的话我的经历就更丰富了。

篮球就是盈方中国现在对中国体育的承诺。

课题组：您在不断地挑战自己走向未知领域。

马国力：其实你就是到那儿盈方去试试，而且像这种社会公司好就好在如果做得好大家就做下去，做得不好大家就拜拜了，对吧。

课题组：BOB完了之后您是怎么跟盈方这边接触的？

马国力：是他们找的我。当然基于我之前的经验，在他们找我之前我对这些公司的情况都是相对了解的，不能说了解内部的情况，但对于它是干什么的或它拥有什么东西我还是基本了解的。当时我在做着亚运会，他们让我接这边班的时候我就提了唯一的条件，我说他们必须同意我把亚运会继续做下去的，毕竟不能失信于亚运会。他们同意了所以就合作了。我上个星期还在忙这个亚运会。

课题组：BOB、央视和盈方的操作模式有什么不同？

马国力：不一样，非常不一样。盈方是要挣钱的，BOB和央视都是要花钱。在中国体育目前所处的环境之下，如果说盈方或我的团队能够挣到钱，或者挣到了钱能够支持中国体育的发展，能弄出一个比较成功的模式来，那我可能更倾向于这个挣钱的行当。

课题组：您现在的进展怎么样？离你的最终目标还差多少？

马国力：在盈方我只是个继承人，盈方不是我的创造，它在之前就已经存在了，我在这边也只有3个月的时间，不过我觉得现在进展还不错，比去年的情况要好，好很多，但具体怎样还要到年底看到年度财务报表的时候才知道，那时候才能知道你只是影响力出去了还是货真价实地赚到了现金。

课题组：您进盈方后是不是使它原来的发展方向、发展战略发生了变化呢？

马国力：变化肯定会有，但我不会使之发生戏剧性的变化。因为我尊重历史，我绝对不会说一上来就从人员、内容上全都推翻，原来的历史就是历史，我尊重它。我会延续它该做的活动，然后在这个基础上，可能会根据我的操作方式来做一些改变。由于我对中国体育的了解、对整个经济形势以及人员的看法，我可能会做出一些我认为合适的调整，但是没有戏剧性的变化。你看原来的各部门该在那儿的还在那儿。

像这种公司它是职业公司，它在这个岗位上做着这件事，不管你上面是谁来。说句实话，社会公司要比公家的公司或事业单位更专业一些，它不像一朝天子一朝臣这么明显，它主要还是看重能力。

课题组：您现在做得比过去轻松了吗？

马国力：不能算轻松，其实我现在比在BOB的时候压力大了，毕竟挣钱总是要比花钱困难一些，尤其是在不是很好挣钱的情况之下。如果让我当什么中国移动的头头儿，那我当然轻松，因为没人干什么钱就进来了。但是盈方你得去想主意、拉赞助而且还要履行过去的合同，所以这个比 BOB 要难。

课题组：那您来以后有什么是觉得很困难的？

马国力：这要看怎么说了，没有一件事情是特别容易的，（关键就是）你能不能承受。像我这个岁数和我这个经历，没有太多事情是不可承受的，如果说我真的承受不了了，那我会非常沉痛地说“对不起，这件事情我干不了，拜拜”，能有什么呀。

课题组：我看到公司的牌子是“中篮盈方广告有限公司”，这方面业务有什么？

马国力：这是盈方中国和中国篮球合资成立的一家（公司），等于是做 CBA 的赞助商。因为盈方中国还有其他的业务。对于篮球来讲，这主要是便于操作，和篮管中心合作。

课题组：那您来了是不是会把重点放到足球上？

马国力：不会。足球在我之前就已经没有了。

课题组：那现在的重点就是篮球？

马国力：对，就是篮球。中国体育的事情要慢慢来，我的意思就是先把前任签来的合同做好，然后再慢慢扩展其他的一些方面。关键是你要把你的承诺履行好，这样一个公司才能在社会上有信誉。所以说现在承诺的篮球就一定得做好，我的主要目的就是把篮球这一块儿做好。

课题组：那之后呢？

马国力：之后再看机会呗，一个公司想从不挣钱转为挣钱不是一天两天的事，它需要一定的时间。所以不着急，先把篮球这一块儿做好。

我只是在做我的前任承诺过的一件事情，所以说句实话，我还没有精力去琢磨开展其他的新的东西。而且我一定要让这个团队把过去的承诺百分之百完成，这样的话才有信誉，别人才会相信你而不是只看马国力的名气。篮球就是盈方中国现在对中国体育的承诺。所以先把这个事情做完了再说。

课题组：不论央视还是 BOB，都是处于别人来求你的这种状态，但现在变成我们求别人了。

马国力：甲方变乙方，很正常。我和体委、新闻中心的那些同事比较熟，所以常跟他们开玩笑。我说要拜见一下各个主管部门，他们当然都对我比较客气，常常是“你说在哪个地方，我们去”，我说不。在我当体育中心主任的时候，确实都是他们来找我，而我往往也选离我最近的一个地方去。但是现在，我从甲方变成乙方，你说什么时候有时间，你说在哪儿，我去。这种转变对有些人来讲可能是比较难的，但是我觉得很正常，你不能指望你不在这个位置了别人还像以往一样对你。你以为别人那时候尊重的是你马国力吗？人家更多的是尊重中央电视台体育中心主任那个位子，当然是朋友的还会是朋友。我对于这点早就看开了，因此我不在乎。我现在是看重你篮管中心主任这个位子，因此我去找你，很正常。这种甲方乙方的转变只要不将太多个人的因素放在里边，就不会觉得难受。

课题组：就说您没有失落感啊？

马国力：没有。那有什么呀，这是正常。但是从另一个方面讲，我也真正希望把这个事情做好。如果我们把中国的篮球市场做好、做大了，那其他中心也会到我们这儿来找我们呀。你就又会从乙方变回甲方的，这关键就是看你有没有能力。

这个行当就是这样，这个不是什么好炫耀的东西。

课题组：今年的《综艺》又把你评为2008年的年度人物，现在我们的网友也把你评为最具影响力的传媒人物，您觉得您这个影响力主要在哪里？

马国力：讲句实话，这么多年来我从没想过怎么去制造所谓的影响力。当然了，现在网络让人有名很快，但你有没有名得看你自己，我不是去求这种“名”的人，而且这么多年了，我也不在乎外界对我怎么看，对我来讲更为享受的是做实事。当然，同行要帮忙的我还是会帮忙，该接受采访的还是接受采访，但这毕竟是身外的事物，不能太在意，所以我基本上把这些事情当成是别人的事，没有把它当成是我自己的事。

课题组：虽然您自己不在乎这些东西，还是这么多荣誉都到您这儿来了。

马国力：不是，这个很正常。我这个人比较幸运，一开始就进电视台，还在中央台，而中央台又随着中国的经济发展而发展得更快。我过去又一直是在体育这个圈里，而体育在过去一年里比其他内容发展得更快，至少是更早一点，毕竟它是个深得老百姓喜欢的东西。所以在这块领域时间长了自然就这样。这个行当就是这样，这个不是什么好炫耀的东西。当然啦，从另外一点我还是得说，我不否认我的确是很卖力气、很投入地在做过去20年的那些事。

课题组： 那您觉得您带给体育频道的最大贡献是什么？

马国力： 最大的贡献就是体育频道呗。当年要不是我在体育部当主任，体育频道可能要到1998年才会有，当然了，那时候出来可能会做得更好，但也有可能已经落在别人后面了，你在人员方面可能就没有能那么从容训练的余地了。另外，我觉得在我过去的体育中心队伍里面，确实是培养了一批很有热情的制作人才，直到现在他们都还是体育中心的骨干。

课题组： 您是怎么培养骨干人才的？

马国力： 第一，你要给人以天地；第二，你要定规矩，这个规矩包括行为准则，包括制成品的标准。就行为准则来说，你工作要有热情、要努力；就质量而言，不能满足于我们只做中国第一。就在体育电视这个行业里面，我们对外的了解是比其他行业要多很多，因此做体育电视的人应该遵循的是国际标准。要说你是中国老大那很容易，但我们要看我们在国际上的排位。中国，由于是这样一个大国，它是一定需要变成发达国家的，是一定需要达到发达国家的资格标准的，因此谁走得早谁就能够占先机。我觉得作为中央电视台的体育频道，走得算是比较早的，所以我们在过去的一年里不断领先。

课题组： 那您觉得体育频道现在达到这个标准了吗？

马国力： 任何一个事物在创业和守业阶段是不同的。创业阶段你可以有很多的想法，可以犯很多错误，只要有热情，只要去闯，它就能行。而创业完了之后的时间，比如说10年了你还是这种状态那就不对了。要有一个守恒的、巩固自己、逐渐提高的阶段。我觉得体育频道在我离开之前已经在走向稳固发展的阶段了，就是说要经常地去反思自己，去比较，然后进行一些更加细致的，而不是像过去那样大刀阔斧的改革的阶段。

课题组： 您怎么看待除了央视以外的省级体育频道？

马国力：省级体育频道很难，因为体育内容是最难自己创造的。体育频道得以生存的最根本的内容是赛事直播，而由于赛事直播的特殊性、商业性，它又是独家的，是最有吸引力的，而独家在全世界来讲都是靠买来的，而买是靠你的实力的。因此，现在像奥运会也好世界杯也好还有什么欧洲杯也好，只有中央台买得起，而且就算中央台和地方台提出相同的价钱，哪怕是在中央台出的价钱还低一些的情况下，国际组织一定也会给中央台，因为它的影响力大。所以在这种情况之下，地方台的体育频道不联合没有出路，它不做特点，不做和中央台互为补充的事情，是没有可能成功的。其实，他们现在所谓的这个 CNBN 一成立的时候我就说这是一个非常正确的道路，但是这个正确的道路能不能走得下去又有很多外界的因素，如有没有那么多资金来撑住，有没有那么多台来参加，有没有一个非常合适的团队来管理，这都是很重要的因素。因此，在目前的中国来讲，如果说现今的电视体制服务态度不会有大的变化的话，地方台只能作为地方台，也就是只能作为一个补充。

课题组：这个和国外的情况相同吗？

马国力：国外的情况不一样。1986 年的时候我在俄国，那时候欧洲法律根本不允许有私人电视台，现在中国的情况和当时很相似。我们现在不允许电视行业里边有任何的资本进入，而且电视台是政府的喉舌，是意识形态，它不是一个产品不是一种商业，因此不存在商业竞争。但是在国外，电视台已经是一个生意，一个大生意，因此就有很多不同势力、不同来源的资金进入不同电视台，但是这些电视台是有相同覆盖和有相同竞争力的一个系统，因此它的报道权财政数字高，频道才能多。而咱中国不是，目前在相当长的一段时间里，我不认为中央政府会允许这种资金进入到电视领域。咱不说这个私有制，广电系统外的资金进入到广电系统内来组建新的队伍都是没有可能的。这是体制。

课题组：现在出版业中社会资本就可以进入，那您认为广播电视可以吗？

马国力：那是出版。国家把出版和广播电视还是分得很清楚的。随着广播电视影响力的增大，国家的控制力度也要增大。我可以这么讲，网络，如果照这么发展下去，影响力再这么扩大下去，慢慢、慢慢也会被国有化，至少在门户网上国有资本或者是政府控制力度会越来越大。实际上已经开始了。

课题组：那现在广播就已经有几分介入了，像北京交通台有台湾的资金。

马国力：你看吧，所有的国外的或者国内的资金进入到广播电视领域里面它都是曲线救国，没有一个是堂堂正正的，在这种情况下，没事就是没事，有事一个命令你就得去，这不是做商业的正经路。做商业的路应该是：我做的这个事情只要不违反合同我就能继续下去，而我们国家的广播电视领域没有一家是可以这样的。

课题组：那就体育频道来说，国外也没有像我们国家这么多的体育频道。

马国力：你说的也很对，这还是一个体制问题。国外是把电视当作生意来做的，而我们是把电视当作喉舌来做的。如果在国外的经济基础上，像很多地方台的体育频道根本不应该存在。但是它不忌这个东西，它是省里边给你钱或者广告从哪儿拨出一块你就做吧。

课题组：奥运会的转播后来受到很多的争议，您怎么看？

马国力：那时我一直跟我们的人在讲，你要是没有承受力千万别上网，因为网上有很多评论是不正确的，而且是很偏激的，再一个是没有夸你的。在网上发表意见进行批评的人都是以自我为中心的，他认为我是最强势的，我是最对的，但一般来说网络上的意见大部分都是批评的。在奥运会转播这件事情上，就我们内部的人员来讲，我们都不看，看完了就觉得那是很不了解情况的人发表的很不正确的言论而已。比如说比较中央台和 NBC，那是不可能的。有的人拿出几张照片在那儿哇半天，说这多好那多好，其实这些电视画面中都有。我可以这么讲，中央台播的95%是 BOB 的画面，而受批评的5%是自己做的。但是它能不播吗？这是我们国家的国情，领导出现有出现的规定嘛！网络之所以能在中国这么发展，就是因为中国平常正常的媒体不够狠，然而中国是政治大国，人民的知识水平随着经济的发展越来越高了，都有发表自己意见的愿望和权利，大家就选择了网络。所以说在网络上发表留言，中国比欧洲、美国要多很多，要多元化很多，这是个好事，但并不等于说在网络上发表的东西就是完全正确的。

课题组：那你如何看待从网络影响力的角度来对电视行业做一个评估？

马国力：我还是这么说，任何一个行当都有权做自己的事情，它也有权力去评价别人或别的事物。被评价的人或者事物可以去听可以去在乎也可以不在乎，谁也不要去强制谁，这就行了。网络影响力可以去评说五套篮球太多了什么的，但作为体育中心主任就要去客观的分析，到底说得对不对或者说从哪方面来说是对的，从总体上来讲是不是可操作，能不能实现。现在的社会逐渐多元化，而多元化的社会就在于包容，就是既能包容别人去批评又能包容别人去反批评。

课题组：那您觉得这种网络调查体系怎样？

马国力：有用啊，但千万不要把这种标准作为强制性的标准让别人一定要接受。实际上你的标准如果做得比较客观，别人是会来借鉴的。但我并不主张强行推行什么，只要你做大了，别人就会来响应的。

课题组：您曾经说过，在奥运会的时候没人说话就是您的最大目标，现在看来您的目标已经实现了啊。

马国力：非常好！可以跟你这么讲，奥运会的 BOB 工作各方面我们是可以看到的：一个是转播放，就是各个电视台的体育部门主管；再一个呢就是我的这些老板的职责，就是这些专业的制作团队；另外一个就是国家奥委会和组委会，主要是国际奥委会，因为一般当地组委会可能没有太多的时间来看电视，另外它也没有一个和过去的比较。从这几个方面来讲，在奥运会结束后的一个小型内部早餐会上，所有的人一致认为北京奥运会的电视转播是历来奥运会的电视转播里最好的。这是大家真心所想。

课题组：您主要负责首席运营？

马国力：COO，运营官，就是为了保证这个公司的顺利运营。

课题组：那和 CEO 有什么区别呢？

马国力：CEO 是主管。像 BOB 的 CEO 罗梅罗，它代表国际奥委会，所有大主意是他拿，像转播计划啊，整个制作方案啊，这些是他要来决定的。而我的任务就是在中国的地界上，把作出的这些大计划顺利完成。这就是我的事情。这包括的就多了，比如像政府关系、当地关系、人员安置、吃喝拉撒睡等所有的事情。

课题组：那您和中方西方的工作人员共事会发生冲突吗？

马国力：不，我从一开始就对所有的中西方人员讲这个道理：我根本就没去在乎你是哪个国家的人，我只在乎你是不是BOB的雇员，因为不管你是中国人还是外国人，你到这儿来的目的就是把北京奥运会这件事做好，只有这个目的。所以就我来说，在BOB的管理上不分国籍。

课题组：没有发生过这样的冲突事件。工作语言是英语？

马国力：对。

课题组：按照我们的理解，您那时候上大学英语对您来说应该还是挺困难的吧？

马国力：到现在英语也不是我的专业和强项，但我的强项在于我会使用。我能懂外国人想跟我说的事情，我也能把我想说的事情跟外国人说清楚。

课题组：那您的境界已经很高了。

马国力：在广播电视界里，体育和体育制作这些事，专业的英语翻译也比不上我。我比他们要听得明白说得明白。但是你要让我去读本英文小说什么的，那对我来说太费劲了。

课题组：您是自学的吗？

马国力：应该是吧，我从当体育部主任后开始的。但你说完全自学也不是，大学那几年毕竟打了点基础，但是更多的还是随着工作的进展（提高的）。

课题组：您那么忙，有时间学习吗？

马国力：不是，你把这当成工作了就必须学。你想想我当体育部主任的时候，每天的传真至少有个二三百页，那都得要我亲自看过啊。我要看然后还要回啊。那时候平常的会议我也不用翻译，听不懂我就再问问，然后再使点劲儿提前准备准备。算起来我是从八八年开始到现在的，那当然就不错了。

课题组：您觉得奥运转播对我们中国体育报道的理念有什么影响？

马国力：有非常大的影响。而这些影响在未来三五年就能看到了。其实这个影响就在于标准。奥运会转播的标准就是体育转播最适合的方式，包括人员的准备，整个准备的周期及整个的操作方式，现在中央台和地方台经历过奥运会（转播）的这批人做事的方法会规矩得非常多。这种现象马上就能看到，而且今后会越来越有影响。像亚运会就是一个可以亲见的实例。亚运会的主要制作力量都是国内的，以中央台和广东台为主，他们做起来会很规范。

课题组：像我们现在这种的体制能够像BOB团队做得那么专业吗？

马国力：可以，这有什么不可以的。这和体制没关系，因为这就是一种操作方式。

课题组：经常看足球转播的时候就想骂，看英超什么的都看习惯了。

马国力：这和体制真的没什么关系，和见识有关，和做不做有关。当然，如果一定要说体制，那就说现在的体制是事业单位体制，即使不专业的人员在需要专业人员的岗位上待着，你拿他也没有什么太大办法。但从总体上来讲，这真和体制没什么关系，也就是说在现在的体制内一定也能够做，而且还可以做得更好，因为现在相当一部分体制是不计成本的。

集中优势兵力打歼灭战。

课题组：您觉得中国体育未来走产业化道路应该怎么发展？

马国力：这个问题有点太大了。但从具体的操作上来讲，中国体育的体制在今后相当长的时间内会是两条腿走路。举国体制是保证没有市场价值的体育继续发展、良好发展的基础，而且也已经证明了是一个非常有效的方法，例如射击射箭体操游泳田径这些项目就是国家在投入，运动员不用担心没钱。在中国这样一个发展中国家，没有钱没有体制保证是做不成这么好的体育的。而从另外一个方面来讲，少数能够有市场价值的体育项目，包括篮球足球，恐怕也是应该用举国体制来把他们推到市场上去的。但是这点我不知道今后能不能很顺利地做到，因为主管部门一旦要把一个项目推到市场上去，那就意味着要丧失对这个项目的控制，控制力就意味着权力。我所希望的就是真正能够有比较看得开的、聪明的高层人士去仔细规划一下中国的体育市场。如果在中国这样一个大国没有几个成功的商业性的联赛的话，你拿再多金牌，在世界上也不能算是一个体育强国，你不过是用国家的钱来购置金牌而已。

课题组：广州的 GAB 有没有什么是和 BOB 的操作是相似的吗？

马国力：当然有啊，首先人员是 BOB 的中方人员，其次 BOB 的许多外方人员在做它们的顾问。我们既要坚持奥运标准但是又要了解广州的实际、亚运会的实际，这就是说我们在相当一部分的赛事上提供的信号提供的服务是奥运标准的，但是在另外的一些小的项目里面，我们不会去做无谓的投入。你不得不承认有相当一部分信号它不是全亚洲都需要的，所以我们要做到两者的结合。

对外来讲，所有的体育都是应该被一视同仁对待的，但实际上来讲体育和体育还是不一样的。就拿体育项目来说，奥运会的 28 个体育项目对于 BOB 来讲都是要一视同仁的，都要坚持一样高的电视制作标准，但其实还是不一样，足球和手球它就是不一样，田径和铁人三项可能也不一样，这些项目在奥运会的电视制作上是没有任何区别的，因此奥运会的电视制作投入就会很大。但亚运会没有可能投入那么多，所以我们一定要从内部来区分一下哪些体育项目要重点来做，哪些体育项目我们要按照实际的使用量来做。但现在我不能跟你说哪个重哪个轻，这得人家亚运会组委会做决定。

课题组：没有像奥运会那么多的钱奥运会标准能实现吗？

马国力：当然，主要项目我们都实现了，这就是毛泽东说的“集中优势兵力打歼灭战”，你要有轻有重才行，能做。

课题组：现在我们这个团队 GAB 有多少人？

马国力：目前 50 个人。

课题组：那 BOB 呢？

马国力：整个 BOB 在奥运会期间 6200 人，但在 2 月份也才 200 人。我们现在是打算 GAB 在明年 8 月份之前不要超过 200 人，亚运会期间大概 2500 人。转播公司之所以要比较早的成立就在于要做好所有的事情，因为没有一个事情是会像这样在短时间内突然膨胀起来的，从 100 多人 200 多人一下膨胀到 2000 多人。之前所有的事情都一定要计划得非常好，新增加的人员都是临时类的，他们是按照我们给他们提的要求来做事的，因此这些要求就必须在之前做好。而确定这些要求需要时间需要调查需要讨论。

课题组：怎么管理这么庞大的团队？

马国力：这就靠体制。靠国外发达国家长期以来形成的电视转播体制的帮助。

课题组：您也算是成功人物了，这么多年来您心中坚持的信条是什么？

马国力：我当然能算是一个成功人士，毕竟这么多年了，但是，（对于年轻人我要说）第一，你要有一个目标；第二，你不要整天去想着成功。你的目标可以是宽泛的，如“我一定要干些什么事情”，不管在哪个位置上都要尽自己的努力去干，但不要每天都想着“我一定要成功”，因为成功不是那么快就能看到的，如果一个人每天都想着的话，那么他每天看到的都是不成功，这是会使你的人生信条受挫的。我也不断跟我的员工说：你不要想着今天一进来明天就能赚钱，或者后天就马上能挣到钱，你去做你的事情，也许你做完这个事情后不是马上就有成果，但是你毕竟做了事，如果你一直保持这种做事的态度，那么总有一天你能做成大事，所谓成功不就是你正好赶上机会做了件大事让别人知道吗？不就这么回事吗？因此你恐怕要耐得住，你耐得住才能成功。我们现在的社会过于浮躁，有很多人都希望一夜成名、一举成功，我们现在面对面坐着，你可能会觉得我是一个成功人士，但我想的是我用了30年的时间呀。你要是真正耐得住，30年，用不着30年，你就能成功。

课题组：您觉得以后想进入体育领域的年轻人应该具备一些怎样的素质和能力呢？

马国力：讲实话还真没有什么固定的标准。社会越来越多元化，越来越不需要你有一个固定的东西才能获得成功，关键是看你需要什么，这个平台需要什么，或者说你能够利用平台做什么。若只依靠一些固定技能是很难获得成功的。

有一点一定要说，现在的人比我们那时候的人难很多，因为我们那时候人少，广院才99个人，你现在这一批恐怕990人都不止了。而且现在的选择真的很多，不是选择让你挑花了眼，就是别人也把你挑花了。我们那时候不用想那么多，进了大学就好好学习，根本不用去考虑以后干什么，国家分配你到哪去就到哪去。

现在的人与我们那时候相比要难，这个“难”可以作两种解读：难，就需要你多投入，而多投入就能和你的产出成正比，而且产出也可能很快；当然也有可能由于难而产出不了，你就被埋没了。所以你非要我给你谈什么标准我还真是从来没想过。

课题组：谢谢您接受我们的访问，希望您能在6月份参加我们的颁奖典礼。

马国力：谢谢。

TOP 6 汪文斌

——试水新媒体　任重而道远

一、央视国际掌门人：汪文斌综述

1. 人物简介

汪文斌出生于1965年，湖北人，汉族，高级编辑，毕业于北京大学经济系。1985年到中央电视台工作，历任中央电视台经济部记者、编辑、制片人、主任，中央电视台经济频道总监；中国广播电影电视集团综合办公室副主任、大型活动办公室主任；中央电视台办公室副主任；2006年至今，任中央电视台网络传播中心主任、央视国际网络有限公司总经理。

2. 主要事迹

汪文斌在中央电视台《经济半小时》工作期间，作品连续5年获得中国广播电视新闻奖特等奖和一等奖。1998年《98“3.15”行动》创造了中央电视台二套节目直播长度和白天收视率纪录。2001年12月，在汪文斌的带领下，中央电视台经济频道首次举办《CCTV年度经济人物评选》大型活动。1999年开始推出《幸运52》、《开心辞典》、《对话》等名牌栏目。

2006年4月28日，网络传播中心成立，央视国际成为全面负责运营CCTV网络电视、手机电视、IP电视、车载电视等新业务网络新媒体平台，汪文斌出任央视国际网络公司的总经理。在北京奥运会期间，为了将央视国际网站和中央四套国际频道区别开来，央视国际网更名为央视网。从汪文斌任央视网总经理以来，央视网日均发稿量从1000条增加到8000条；日均页面访问量增长近3倍。2007年，央视网原创的“我有问题问总理”和“给总书记捎句心里话”等专题受到了中央领导同志和网民的高度评价。而“十七大”会议期间，央视网首次以中、英、西、法四种语言网上传播“十七大”内容。2008年除夕，在央视网全球直播春晚5小时期间，其手机电视访问量近千万，网络电视访问量2252万，页面访问量达到1.14亿。

为了实现北京奥运会转播效果的最大化，汪文斌带领央视网同新浪、搜狐等多家门户网站和视频网站组成了联合转播体。同时在奥运会比赛期间，央视网进行了一些原创节目的尝试，比如网民解说、手机观察员等，获得了非常强烈的反响。根据CSM研究中心的数字表明，8月8日到18日，以央视网为首的9家奥运转播网站的日均不重复独立访问用户达到了1.38亿人。在整个奥运会期间，央视网总共提供了16000小时的赛事报道，不仅提供了所有关于奥运赛事的点播服务，同时还提供了200多个小时左右的奥运历史视频，以及中央电视台相关的栏目，如《荣誉殿堂》《全景奥运》等，甚至包括央视网自己制作的视频，实现了奥运传播效果最大化的目标。

同时，在汪文斌的带领下，央视网也开始尝试进行网络直播，如在汶川地震期间，央视网派出了网络记者，开辟了“我在现场”专题，实时发回地震灾区的第一手资料，并直播了奥运火炬登顶珠穆朗玛峰的全过程。汪文斌还注重央视网博客平台的建设，如影响比较广泛的“小丫跑两会”“柴静两会观察”，充分依靠中央电视台丰富的主持人资源，发挥了网络的互动优势，得到了网友的支持和赞扬。

3. 业内影响

从2006年开始到现在，汪文斌执掌央视网已经有三个年头，央视网的影响力已今非昔比。在网络媒体的世界中，虽然央视网还无法超越新浪、搜狐等门户网站，以及百度、谷歌等搜索引擎，但是在这个过程中，汪文斌已经比较熟悉互联网的媒体市场，开始注重发展央视网的互联网属性。央视网在2008年北京奥运会所取得的成绩有目共睹，有88%的网民对央视网的表现感到满意。2008年12月28日，央视网乘胜出击，对央视网进行全新的改版，突出显示了央视网视频资源的优势，同时将与网友互动作为改版的重要方面，明确提出“网友原创内容是央视网内容的重要来源和支柱”，号召网友在央视网上开通博客空间，上传原创视频、展示个人风采，引起网友和业内人士的广泛关注。作为互联网媒体中的一颗新星，以汪文斌为首的央视网开始显示其影响力，从央视网在2008年获得的各个奖项可以看出这一点。

2009年1月8日，央视网在中国传媒大会2008年会评选中获得“2008年中国十大最具影响力传媒”奖项，汪文斌则获得了“2008年中国传媒年度人物”的称号。央视网首次利用新媒体对奥运会进行了转播，并成功对2008年一系列重大事件的成功报道，获得这个奖项实属众望所归，而带领央视网获得如此成就的汪文斌成为“2008年中国传媒年度人物”，也是实至名归。

随后，为了实现奥运传播效果的最大化，以汪文斌为首的央视网同新浪、搜狐等网站组成了联合转播体，在奥运会开幕之前，就网友关心的网上收看奥运赛事问题进行了交流和宣传，获得了广泛的关注。根据网络知名度、美誉度、被关注度等几个客观数据显示，汪文斌入选“2008年最具网络影响力的十大媒介人物”，充分说明汪文斌以及央视网在业内的影响力和号召力。

二、脚踏实地的开拓者：汪文斌报告

翻开汪文斌的简历，你会看到这样一串闪光的事件：

1981年至1985年，求学于北京大学经济系

1985年至1996年，任中央电视台经济部记者、编辑、制片人

1996 年至 2001 年，任中央电视台经济部副主任、主任

2001 年至 2002 年，任中央电视台广告经济信息中心副主任

2002 年至 2005 年，任中国广播电影电视集团综合办公室副主任、大型活动办公室主任

2005 年至 2006 年，任中央电视台办公室副主任

2006 年至今，任中央电视台网络传播中心主任；中国国际电视总公司董事、副总经理；央视国际网络有限公司副董事长、总经理

2007 年 6 月至今，任央视市场研究公司（CTR）董事长；央视－索福瑞媒介研究有限公司（CSM）董事长；央视公众资讯有限公司董事长

只看这样一份简历，你也许会认为汪文斌是一帆风顺、平步青云的幸运儿，但是掌声背后的道路，是通途还是弯路，是泥泞还是平坦，只有汪文斌自己一个人知道。进入北大之前，汪文斌是一个怀揣文学梦想的优等生。一心想考进北京大学中文系的汪文斌阴差阳错进了经济系，从文学的阳春白雪走入了经济的现实世界。但是他并没有像时下浮躁娇气的大学生一样扔掉经济，继续文学之路，而是踏踏实实地学习了经济，并获得了“三好学生”的称号。

人的一生，面临很多选择诱惑，有的人在千条路万条道之中优柔寡断，迷失了自己；有的人没有选择的退路，反而有置之死地而后生的勇气。汪文斌好像游离于两者之外，他相信顺其自然，就像顺其自然读了经济系一样，大学毕业之后，汪文斌也顺其自然地进了中央电视台。那时的电视行业虽然经历过了创建初期筚路蓝缕的艰辛，但是同国外的电视媒体相比，还有很多空白区，好在还有一批真正希望实现电视梦想的人在不断投石问路，可以让汪文斌不断学习、不断反思，乃至磨炼成为一个成熟的电视人。于是汪文斌从最初的经济部的记者开始从头学起，慢慢接手编辑工作，通过不断地反思和学习，成为制片人，乃至成为中央电视台经济部的主任，成为经济频道的总监。在汪文斌担任经济部主任之前，经济频道的发展进入了瓶颈期，很多栏目的收视率不高，无法满足观众的需求。汪文斌受命于危难之间，他走马上任之后，没有进行

大刀阔斧地改革。而是找到了国外一些备受欢迎的经济类节目，和中央电视台经济频道的同事们日夜研究讨论，找到这些栏目的闪光点，理解这些栏目的精髓，然后反思经济频道栏目存在困境的原因，据此提出解决问题的新办法，开创了《开心辞典》、《幸运52》等一系列备受欢迎的栏目，拉动了整个经济频道的发展，取得了辉煌的成就。

2006年，央视网整合网络资源，成立了央视国际网络公司，由汪文斌出任总经理。对于从事电视行业近20年的汪文斌来说，互联网是一个全新的领域。在此之前，他甚至不会发电子邮件，每次收到电子邮件的时候，只能紧张地给别人打电话回复。但是出生于荆楚之地的汪文斌，身上既有一种“筚路蓝缕，以启山林”的开拓进取精神，也有“不鸣则已，一鸣惊人”的求变创新精神，虽然他不善于选择，但是善于抓住身边每一次做事情的机会。所以接手央视网的时候，汪文斌只能从头做起，先向人民网、新华网的总裁学习互联网的经验，不断向技术人员询问相关的技术问题，以前从来不上网的汪文斌，现在每天必做的功课，是上新浪、搜狐、人民网、新华网等网站，关注这些网站的新闻，了解这些网站的新闻建设情况。

对于从事电视行业将近20年的汪文斌来说，网络媒体是一个全新的领域，尤其网络为人们提供了海量的信息和互动的快感，这些都是传统媒体无法望其项背的。但是对已经习惯电视思路的汪文斌来说，做网络要学习的东西还很多，以前在经济频道只要搞好经济这一个内容就行，但是做网络还要了解体育、影视等各个方面的知识，同时还要懂得技术，懂得市场营销，否则无法在激烈的竞争之中立足。虽然这是一个比较大的挑战，但是务实求进、脚踏实地的汪文斌还在努力地学习和掌握。

承担北京奥运会的网上转播，对于央视网来说，是一个发展机遇。但是汪文斌没有想到，这条路走得如此艰难，因为国际奥委会第一次将新媒体的转播权和电视的转播权分别销售，央视网要拿到新媒体的转播权，还要进行艰苦的谈判。虽然中央电视台这个传统的媒体很强大，但是央视网还处在发展的初期，面临新浪、搜狐等强大的新闻媒体的竞争，央视网获得奥运会的转播权道路愈加曲折。凭借脚踏实地、实事求是的敬业精神，汪文斌不仅带领央视网签下了奥运会转播权的协议，而且为了达到奥运传播效果的最大化，首次联合新浪等媒体组成了联合转播体，完美地转播了奥运会。

“路漫漫其修远兮，吾将上下而求索”，虽然央视网取得转播奥运赛事的圆满成功，但是要将央视网做大做强，汪文斌和他领导的央视网还有很长的路要走。如何有效地抓住互联网用户，为他们提供服务？如何有效地利用央视已有的视频资源？如何更好地提升央视网的影响力？如何有效发挥央视网的互联网特性？这些都是汪文斌要思考的问题，也是他最希望解决的问题。

每一位成功人士的身上都有属于自己的特质，汪文斌虽然看似被动地进入电视台，走向新媒体，但是他勤干务实，谦虚谨慎，所以能够带领央视网连续三年实现盈利。汪文斌不仅成功带动了经济频道的成长，拉伸了经济频道的栏目品牌，而且成功地试水新媒体，扩大了央视网的影响力，无疑与他脚踏实地、兢兢业业地做事心态是分不开的，他珍惜身边的每一个工作机会，没有对领导指派的工作挑肥拣瘦。同时，时时刻刻反思每一件事情的价值所在，进而找到了每一个事情的优势，并有效利用这些优势，最终能够带领央视网不断超越，越走越好。

三、网络成就影响力：汪文斌网络影响力分析

汪文斌是一个虚怀若谷、谦虚谨慎、脚踏实地的人，不喜欢宣传自己。但是为了实现奥运传播效果的最大化，为了能够让更多的网民在奥运期间通过央视网收看北京奥运会，汪文斌在奥运比赛前期，通过各种渠道向网民介绍央视网，以及央视网转播奥运会的优势。具体看来，在奥运期间，汪文斌对央视网的宣传，主要从以下几个渠道入手。

首先，利用有影响力的互联网平台，有效地和网友互动，通过讲解、澄清、介绍等多种方式介绍央视网转播奥运会的优势。接受新浪网的专访，及时解答了网友关注的北京奥运视频转播的网站选择问题；接受新浪、网易、腾讯等网络媒体的采访，解答了有关奥运赛事视频的问题。由于北京奥运会转播权的问题备受关注，因此新浪、搜狐、网易、

腾讯等网站都非常关注相关方面的消息，因此会及时采访汪文斌，了解视频转播权的问题。

其次，借助传统的电视优势，有效地利用电视传播。央视网原本就脱胎于中央电视台，拥有丰富的主持人资源、栏目资源、自然也具有明显的电视渠道优势。如央视网改版的过程中，汪文斌就请来了李咏、董卿、朱军、张斌、鲁健、管彤为央视网做宣传推广的短片，在央视网的各个频道播出。从而使得央视网在电视频道的宣传声势浩大。

再次，广泛利用各种论坛资源。在北京奥运会开始之前，汪文斌就应各大论坛的邀请，参与发言，不断宣传央视网的奥运传播策略。如汪文斌曾经参加《综艺 variety》第三届新媒体论坛，发表了演讲，阐述央视网如何依托传统资源打造新媒体平台。根据自己在央视网的实践，讲述了互联网的新特征，以及央视网在北京奥运会的转播计划。随后，汪文斌在论坛上的发言就被网易等网络媒体转载，延伸了央视的传播效果。

最后，通过完善央视网，引进新技术，满足网民对互联网的需求，从而在网民之间进行口碑传播。现在打开央视网，你会看到一个简洁明了、信息海量的页面，由搜视、新闻、娱乐、论坛、博客、点播、经济、体育、电视剧等多个栏目，点击每一个栏目的速度都非常快。而且可以在央视网进行点播，收看直播，视频的连接速度也非常快。现在的央视网不仅提供一些新闻信息资讯，也有主持人的博客，有娱乐八卦，生活常识等方方面面的内容；还可以把自己原创的视频上传到央视网上共享。网友登上央视网，很快就可以消除对原有央视网死板说教的刻板印象，那些央视网视频网速慢的谣言也不攻自破，以此实现了对央视网的有效宣传。

四、奥运会是一个苦差事：汪文斌专访

◎ 作为 CCTV 新媒体平台，央视网应该有更大的知名度，现在的知名度是不够的，之所以不够，是因为平台本身的影响力不够。

◎ 从某种程度上说，互联网是供给创造需求，不一定是需求拉动供给。

◎ 应该由央视网来承担奥运会的转播，因为我们是电视转播机构的新媒体平台。

◎ 整个奥运期间，中国的盗版网站最少。所以后来NBC总裁访问中央电视台的时候，说北京奥运会反盗版为美国提供了一个范本。

◎ 只有cctv.com可以联合新浪、搜狐等网站，形成以一个联合转播体。只有我们有这样的号召力和凝聚力。

◎ 这是一个越来越实体化的社区，我们必须要在网上构建这个社区，而不是仅仅提供一个观看的平台。

◎ 实际上，央视网和央视不同，我们还在起步阶段，奥运会仅仅是一个事件，可以集中精力打一场歼灭战，现在关键是一年365天，是一个持久战。

◎ 做任何一件事情都不要挑肥拣瘦，因为任何事情都是一次机会，因为任何事情都有利有弊。

最重要的不是知名度，而是美誉度。

课题组： 汪总，恭喜您入选2008年最具网络影响力的十大媒介人物，我们的网络影响力主要根据网络知名度、美誉度、被关注度等几个指标统计出来的，虽然这是根据可观数据得到的结论，但是您觉得您为什么能够入围十大媒介人物？您认为您个人的影响力主要来自于哪里？

汪文斌：从你提到的几个指标来看，我认为知名度并不重要，重要的是美誉度。作为CCTV新媒体平台，央视网应该有更大的知名度，现在的知名度是不够的，之所以不够，是因为平台本身的影响力不够。因为CCTV是中国现在最为强势的媒体机构，在电视方面的影响力已经达到了不可逾越的高峰，但是央视的新媒体平台才刚刚起步。大家知道cctv，但是不知道cctv. com，我记得在2007年年初，我们去和国际奥运会商谈购买2008年国际奥委会新媒体的版权，转播权问题。国际奥委会的委员，甚至包括中国的代表，都不知道央视网，他们只知道搜狐、百度、网易、新浪等知名门户网站。

课题组：他们真的不知道央视网吗？

汪文斌：真的不知道，我们的知名度实在太低，连中国代表都不知道。但是最重要的不是知名度，而是美誉度。所以作为新兴媒体，互联网、手机给用户带来的是一种全新的感受和体验，新媒体的新功能、新产品、新服务，都会给用户带来一种新的感官刺激和惊喜。即新事物开始的时候还很粗糙很原始，人们感觉自己还没有准备好、新事物自身还没有完善的时候，它就出现了。它的出现给大家带来新的惊喜和刺激，正像人们刚开始可以在网上收发邮件、用手机发短信一样，人们从新事物的使用中得到一种新的满足和感激，这种感激与满足一定会带来美誉度，这是最重要的。正如孩子出生时，虽然样貌丑陋，但是会给人们带来新奇的感觉，他的第一次哭叫、动作、表情，都让人感到新奇，新的媒体就应该给用户带来这种感觉，应该具有新的美誉度，包括新鲜度、满意度。指标里面的影响力，如果是指知名度的话，我觉得是远远不够的，如果是美誉度的话，如果用户认为上央视网很新鲜、很有意思，我会很高兴。

为了顺利拿到转播权，我们进行了艰苦的谈判，这本身就是一个苦差事。

课题组：去年增强提高您的影响力的主要还是奥运，你如何看待央视网去年对奥运会的转播情况？

汪文斌：奥运是个苦差事，我现在都没有从奥运的疲惫之中解脱出来，因为举办奥运会是中国的首创，转播奥运会的时候，我们没有可以参考和借鉴的东西，不知道新媒体和传统的电视媒体的差异在哪里，不知道用户的需求在哪里。从某种程度上说，互联网是供给创造需求，不一定是需求拉动供给。用户也不知道自己有什么需求，不知道在互联网上看奥运会和电视上看奥运会有什么区别。现在我们有新媒体技术，要为用户提供新的服务，要根据新媒体的特点，利用自身拥有的资源，帮助用户创造他们的需求，这些都要我们来考虑。虽然不知道用户到底喜不喜欢，但是我们没有足够的时间，因为那时我们还没有拿到新媒体的转播权。电视的奥运转播权早在 1998 年就签下来了，直到到 2007 年 3 月 21 日我们才正式和国际奥委会谈新媒体的转播权问题，签完协议是 2007 年 12 月 28 日，那时离奥运会开幕还有短短的 8 个月的时间。

课题组：在北京奥运会之前，新媒体的转播权应该是和电视媒体的转播权捆绑销售的吧？

汪文斌：对，北京奥运会之前是捆绑式的，但是在北京奥运会奥组委首次把新媒体转播权单独拿出来销售。国际奥运会要把新媒体的转播权单独拿出来招标，但是 cctv. com 知名度不高，而新浪、搜狐等网络媒体大名鼎鼎、实力雄厚。所以谈判的过程很艰苦。但是应该由央视网来承担奥运会的转播，因为我们是电视转播机构的新媒体平台，但是央视网还比较弱小，如何实现奥运传播效果的最大化，也是我们要面临的一个难题。

课题组：刚才您讲到国际奥运会都不知道有 cctv. com，但是最后为什么签给央视网？奥委会在评估的时候应该也考虑新媒体的影响和收益协调的问题吧。

汪文斌：国际奥委会在全球的主要收入来源是电视转播权的收益。由于新媒体迅速的发展，现在具备媒体传播价值，但是相比于商业价值的发挥来看而言，奥运传播价值要小的多。所以不能因为新媒体的商业价值转播，而冲击了它最主要的部分——电视转播权。如果由另一家新媒体来持有电视转播权，那么它很有可能对电视转播权造成剧烈冲击。这也是国际奥委会在 2004 年的时候就考虑新媒体的转播权，但是没有拿出来单独招标的重要的原因。但是 2008 年将奥运转播权拿出来单独销售，也有非常重要的原因。因为中央电视台早在1998年就拿到了2008年的电视转播权，那时还不知道奥运会要在中国举办，也不知道中国的经济发展如此迅猛。10年前中央电视台拿到了电视转播权，10年后，综合考虑上述两点因素，奥委会觉得这个价格过低。由于互联网是高速发展的媒体，出于战略上的考虑，为了同其他竞争者之间获得优势地位，很多机构愿意出高价获得转播权，价格就水涨船高。

课题组：是不是有比较强势的网站参与竞争？比如说新浪、搜狐？

汪文斌：对，很多网络媒体都参与了竞争，希望通过自己的努力获得转播权。但是央视网有非常多的优势来获得转播权。首先，从央视整体来考虑的话，中国转播奥运会的历史就是cctv转播奥运会的历史。从1980年转播冬奥会开始，中央电视台转播奥运会有二十多年的历史，是中国转播奥运最有经验的媒体机构。其次，央视也有专业的转播奥运会的队伍和技术设备，其他机构无法望其项背。只有央视能够实现电视和新媒体的联合。在互联网发展初期，最需要有传统的强势媒体的带动。只有央视才能实现一加一大于二，实现奥运会在中国可以随时随地、无所不在的目标，其他任何媒体结构都做不到这一点。新浪、腾讯、搜狐不可能有电视的优势实现电视和网络的联合。对我们来说，新媒体和电视是一个方案、一个队伍。所有的电视节目的制作队伍都可以为新媒体所用。如果从记者这个角度上来说，央视可能有550个记者站，新媒体有50个记者站。让其他任何一个媒体购买，也只能买50个记者站，只有cctv可以达到600个。所有记者随时都可以说，我是cctv的记者。也是cctv. com的记者。再次，还有一个合法性的问题，商业网站在中国是没有记者的，它只是一个商业机构，不是一个新闻机构。而cctv. com是国家重点建设的新闻网站，同人民网、新华网一样，是真正的新闻媒体。而新浪和搜狐等门户网站不可能派出新闻记者，因为他们没有记者站。

课题组：和奥委会商谈转播权的最大障碍是什么？是转播权的价格问题？

汪文斌：核心就是这个问题，国际奥委会有自己运作的模式。电视转播权是国际奥委会得以生存和发展的重要来源和基础，现在他看准了新媒体的市场优势，于是把新媒体的转播权单独拿出来招标，这可以理解。

关键是对市场的分析怎么样更加实事求是，国奥委会的数据都没错，但是我们关注的数据的背后，在深入到视频等专业领域会发现，现实状况是怎样的。所以谈判的过程很艰苦，要以实事求是的态度对互联网进行评估。互联网的发展都是建立在雄厚的资金支持上的，奥组委拿到的数据虽然都是客观数据，但这些数据都是从市场上招商的角度来说的，而且这数据又给外界形成了一种印象：互联网的收益很好。我们不能助长这种泡沫。奥运会的转播权价格就像一个标杆一样，如果上涨的话，其他的转播权的价格就跟着水涨船高了。那么还有世界杯、NBA 等也跟着飙升。因此要实事求是地看待中国的互联网市场，要了解它的前景。因为互联网太容易让人头脑发热了，大家都在往里投钱。

这个市场是什么样的？我们如何来维持这个市场？有那么多网络用户不意味着有那么多网络视频的用户；有那么多手机用户并不意味着有那么多的手机视频用户；有那么多互联网的广告并不意味着有那么多互联网的视频广告。不能说中国的互联网用户是世界最多的互联网用户，那中国的互联网收入就是最高的。即使互联网的广告收入多，并没意味着广告的视频收入是最高的。中国的手机用户是世界最多的，已经达到了6.7亿，并不意味着手机视频用户全球第一。在对新媒体市场进行实事求是的分析之后，各方达成了共识，新媒体的转播权应该由央视网以一种相对合理的价格来获取，才能实现奥运传播效果的最大化。为了顺利拿到转播权，我们进行了艰苦的谈判，这本身就是一个苦差事。所以新浪总裁曹国伟说："你谈奥运转播权不容易，你拿到了之后更难。"

拿到奥运转播权是一个苦差事，组成联合转播体也是一个苦差事。

课题组：你也同意这种观点吗？实现奥运转播更难？

汪文斌：当然，拿到奥运转播权是一个苦差事，组成联合转播体也是一个苦差事。我们付出了成本，也要获得商业收益。但是我们也不能完全从商业利益的角度考虑，而要平衡各方以实现奥运转播效果的最大化。纯粹为了商业利益就会影响奥运转播效果的最大化，纯粹为了转播效果的最大化，有可能影响商业收入。为了平衡各方，我们有三个目标。第一目标是实现奥运转播效果的最大化，第二目标是版权保护，商业利润是第三目标。

课题组：将所有的奥运比赛都搬到网上毕竟一个大规模的事件，即使我们拥有电视台的传统优势，但是网络毕竟是一个新媒体，您和您的团队采取了哪些措施完成了奥运转播？

汪文斌：电视的记者不能将做电视的经验生搬硬套到新媒体上，但是总比一点经验都没有要强，至少他们见过奥运会。而有些网络媒体还不知道奥运会的基本规则。转播奥运会的时候，我们要组建队伍，制定各个方案，包括应急的方案，保证各方面都不出现问题，即使出现问题也是小问题，同样的问题在平时可能就是小问题，但是在奥运期间可能就是大问题。我们主要从以下方面着手运作：一要组建联合转播体，这是非常艰难的工作，中国是奥运会转播历史上第一个组联合转播体。第二，实施版权保护。央视网获得2008年奥运会转播权之后，国际奥委会拿了全球100个盗版网站的名单，中国占了85%。

课题组：这个版权保护也必须由我们来执行吗？

汪文斌：两个方面，国际奥委会肯定要保护版权，因为他是版权的持有者，我们只有使用权，但是国际奥委会无法根本解决问题，实际解决问题的还是我们，互联网的版权是按照地域来出售的，但是互联网本身是全球性的。如果美国的用户在中国的网站上收看奥运会，还侵占美国NBC的权利，因为美国转播权的拥有者是NBC。一旦发生侵权情况，我们就是最大的受害者。但事实上90%的盗版都是来自美国，而不是来自中国。这与奥委会事先的预期大相径庭。在整个奥运期间，中国的侵权网站是最少的。

课题组：央视网是如何做到的呢？

汪文斌：首先，我们取得了政府的支持。国家知识产权局、国家广电总局等政府部门一起来支持版权保护。其次，联合转播体也组成了一个反盗版联盟。再次，我们建立了相应的机制，随时监督各个网站。随时发现问题、解决问题，查处相关违法网站。国家广电总局给相关的电视台和网站都发了通知，从监管、宣传、监看、法律等角度多管齐下，提前预警警示。从而使整个奥运期间，中国的盗版网站最少。所以后来NBC总裁访问中央电视台的时候，说中国奥运反盗版为美国提供了一个范本。

课题组：组建联合转播体，实施版权保护，第三个方面的工作是什么？

汪文斌：第三个方面是平台的建设，央视网内部要有转播平台。奥运会这场如此大规模的视频转播必须要有大规模技术最先进的网络视频平台的支持。我们过去没有做过这个平台。开始时国际奥委会的信号就是40路，后来发展到46路。为了进行大规模的视频转播，在奥运会期间，我们组建了中国最大的视频平台，投资两亿多。

课题组：这个视频平台满足了大家的需求了吗？

汪文斌：整个奥运转播效果非常好，这是一个众所周知的事实。首先组建联合转播的成员都很满意，因为奥运转播实现了转播效果的最大化。有89.9%的中国互联网网民通过互联网观看奥运会。如果单独一个网站来转播，不可能满足89.9%的中国互联网的网民需求。在奥运版权保护这个方面，奥委会高度赞扬中国反盗版所取得的成绩。奥运会结束之后，国际奥委会专门发函表扬央视所做的努力。因为中国总共只发生了不到10例的侵权案例。事前外国媒体号称90%的侵权案例将在中国发生。在北京奥运会期间，全球总共发生了4600例侵权案例，其中90%在美国。新媒体技术平台的转播非常成功，电视转播2715个小时，但是网络转播3800个小时，转播了所有的赛事，在奥运会的转播历史上，有史以来唯一在全球实现了对所有奥运赛事信号的转播。

课题组：数字电视也实现了对所有奥运赛事的转播了吗？

汪文斌：数字电视没有奥运转播权，只有世界杯的转播权，而且数字电视的频道是有限的，互联网是无限的。所以我们建立了中国最大最先进的两个视频技术影响平台。我们有一个覆盖全国的网络体系。可以说，央视是第一个开始在全球建立网络覆盖体系的。为了让人们方便快捷地登录互联网，央视网在英国、美国、中国的15个城市都部署了互联网的站点。现在上央视网，速度非常快，这是我们在实现奥运转播之后，获得的一个奥运遗产。央视网的下一个目标是保证在全球任何地方，15秒之内必须能够打开央视网和央视上面的视频。而视频转播技术，花的钱多，赚的钱少，所以商业网站不愿意投入。同商业网站不同，我们更关注传播效果，所以我们重视网站视频的建设。

课题组：您刚才讲到了报道奥运会如何和电视的报道不同，我们除了把电视的信号切到网站之外，最后央视网是如何实现互联网报道的特色？

汪文斌：我们有原创的东西，有些节目只在央视网上转播。比如我们征集了网民进行声音解说。这个我们叫互动直播，也就是边看边聊。网民在观看的时候，旁边有专门的聊天窗口，可以保证他们看的时候可以和好友一起评论赛事，分享观点，这个就是互动直播。我们让所有的节目以最快的速度实现点播，同时可以反复观看。除此之外，我们还征集了手机观察员，让他们参与奥运会的报道。最后我们征集了1000名的手机观察员。作为观众，他们可以用手机把自己拍摄的东西传上来，从而使我们能够看到赛场外的人们，看到观众和奥运会的关系。

课题组：这两种互动方式的传播效果如何？

汪文斌：满意度很高。有88%的网民对央视网的直播表示满意，有这么高的满意度是很不容易的事情。其中在开幕式一天，央视网的访问量就超过了5.16亿，在整个奥运会期间，央视网平均每天的访问量是3.05个亿，这是一个非常大的数字。

北京奥运会结束之后，所有的奥运转播的网站，都在对外界宣称，他们做的是最好的。这是我最愿意看到的结局，所有人都从中得到他们想要的东西。

课题组：北京奥运会结束之后，从收益上看，央视网还是盈利了？

汪文斌：我认为不能用这个标准来衡量奥运会的成功与否。因为我们最终的目的是实现奥运传播效果的最大化，从这一点上来说，我们做到了，电视和网络都做到了。只有cctv.com可以联合新浪、搜狐等网站，形成以一个联合转播体。只有我们有这样的号召力和凝聚力。而假设新浪拿到这个转播权的话，它可能就不会把转播权转售给搜狐。因为商业的机构更多要考虑商业的收益，而我们考虑的是奥运传播效果的最大化，而不是商业盈利。我们是国家重点建设的新闻网站，是以视频为核心的，我们实际上是国家队，代表整个国家。只有不从商业上考虑，才能连锁其他商业机构，形成联合转播体。如果是竞争对手的话，从战略上考虑，是不会做这么多事情的。有人曾经说，央视网鼠目寸光，没有从长远角度考虑到如何好好转播奥运会，而是忙于搞奥运版权的批判。网上也曾经出来这样一篇文章来指责我，说我把奥运转播权转售给了新浪、搜狐等网站。

课题组：关于出售版权的问题，国际奥委会没有相应的限制吗？

汪文斌：这是我们协议的组成部分。我们最开始谈的时候，就将所有的运作模式考虑清楚了。由 cctv. com 来获取转播权，并组成联合转播体，来实现转播效果的最大化，我们创作好了非常好的运营模式。一边联手电视转播领域最强大的 cctv，一边联手互联网新闻领域最强大的这些门户网站。我们在中间，连接两头，只有我们能做到这件事情，所以我们有这样的地位影响。当然，很幸运的是，我们的领导们有这样的远见卓识，主动提示并支持我们组成这样的转播体。如果纯粹从 cctv. com 的角度来考虑的话，转播权是不会分开的。因为央视网所有想看奥运会的人只能上央视网。但是问题是有这么多强大的平台，我们为什么不利用？他们也有自己的用户群体，他们也有很强的技术实力，他们也有强烈的参与意愿。所以央视网可以调动社会各界的积极性，动员大家一起来完成这件事情，这是一个非常完美的策略。

课题组：奥运期间，从数据上来讲，有没有联合转播体的其他成员抢央视网的风头？

汪文斌：我看到的是所有的奥运转播的网站，都在对外界宣称，他们做的是最好的。这是我最愿意看到的结局，所有人都从中得到他们想要的东西。大家确实是在各个不同的方面发挥优势。奥运会给中国网民带来了惊喜和体验，这是央视网自己无法完成的。在中国，央视网可以独家来做，因为它拥有独家转播权，但是我认为，在现在的中国，如果让任何一家独自来做，都不可能完美地转播奥运会，实现传播效果的最大化，所以大家一起来做，各自发挥自己的优势，才能给用户最好的体验。有的网站强于互动，有的网站强于搜索，有的网站强于用户，有的网站强于服务。央视网的作用把大家的优势发挥到最好，最后大家都认为自己做的是最好的。

课题组：不过有人说从收入上来讲，央视网是最大的赢家？

汪文斌：首先这是外界的传言，有人说央视网在中国获得了 10 个亿的收入，后来说 6 个亿，反正传言的数字越来越少了。这都是大家自己估计的，实际上和我们的收益状态完全不符合。我们无法计算央视网从奥运的转播权中获得纯收益。因为大家看到的是我们对其他网站进行了奥运转播权的转售。大家的数据印象来自于曾经明示过的招标价格。实际情况远非如此。首先，各转播网站要的东西不一样，不是都全。有的只要转播，有的只要直播不要转播，有的只要频道，而且只要几个频道。如果按照全部都要的价格来猜，大家预估的数据收入肯定是不对的。其次，央视网转售的不是公共信号，而是经过央视重新加工制作过的信号。在国外，这实际上是一比一的制作成本。央视网花钱购买的是公用信号，但是央视网转售的是制作好的信号，包括所有的字幕和解说。从这个角度来说，央视网肯定是赔的。再次，央视网转播了 cctv 自有版权的节目，如《荣誉殿堂》、《全景奥运》等栏目，这些不是公用信号，而是央视的金牌的节目，除了制作费之外，还有央视的节目版权费。所有的费用加起来。从这几个方面来看，我们付出和收益之间的比例，肯定是付出大于成本，肯定是赔钱的买卖。只不过，央视没有算这些成本。在奥运转播赛事上，一般新媒体和传统媒体的版权比例分配是 2 比 8。新媒体要承担 20%。如果《荣誉殿堂》花费了 100 万的制作成本，新媒体必须承担 20 万，而这些都没有算进去。所以非常感谢中央电视台对我们的支持，这也是我认为，只有电视和新媒体一起来转播奥运会的时候，才可以实现奥运传播效果的最大化。

课题组：如果不算这个成本的话，央视网的最后收益是多少？

汪文斌：从接受转播奥运会这个任务以来，不拿转播奥运去赚钱这是一个基本底线。当外界有传言说央视网赚钱盈利的时候，真正和央视网合作过的联合转播体都没有出来说话，因为他们知道真实的情况，外界的传言都不是真实的，我们也不愿意对外说。说的人都是不知道真相的，知道真相的都没说。不过从最后的传播效果来说，大家都非常满意。这是一个多赢的结局。从实际运作的结果来看，所有的机构的收入多于付出。从商业角度上来说，有的网站的实际的收入（从战略上后者商业上）可能不是很多，因为时间太紧，商业运作的时间不是很充足，没有获取那么多的广告收入。但是从战略角度来说，参与奥运转播对新媒体整个用户体制的重建意义重大，因为用户本身就是价值，甚至可以产出金钱，通过奥运会的转播，很多网站获得了大量的潜在用户。综合几点考虑，他们的收入应该大于支出。

我们现在的感觉是不走产业化的路子，央视网就无法做大做强。

课题组： 这是一个史无前例的事情，前无古人，后无来者。您刚才强调央视网不是为了实现盈利，而是为传播效果的最大化，这个可能也是国家电视台网站所应该坚守的目标追求。但是现在 cctv. com 相对独立于央视的公司，目标是以盈利为目的，应该如何平衡其文化属性和商业属性？

汪文斌： 现在国家在进行文化体制改革，希望能够发展文化产业，央视网是国家文化体制改革 33 个试点企业中的一个。文化体制改革的核心问题便是兼顾文化企业的文化属性和商业属性。实际上，我们现在的感觉是不走产业化的路子，央视网就无法做大做强。cctv. com 的路子证明了这一点，在 2006 年成立央视网之前，央视国际网也有 10 年的历史，央视每年对其进行大规模投入和建设，但是一直都没有做大。实际上现在中央电视台对央视网一年的投入就可以超过过去整个 10 年的对央视国际网的投入。

事实证明，进行产业化的运作之后，央视网的内容质量就提高了。往后发展，央视网还需要更多的资金支持，必须要通过企业的运作，逐步实现和资本市场进行对接，才真正有可能做大做强。现在看来，几大门户网站和视频网站都走这个道路。国家重点建设新闻媒体网站，如人民网、新华网等，近 10 年的投入加起来不及新浪网一年的资金投入。所以，如果按照事业单位的思路去做的话，是做不强的。但是要按照企业的思路去做，实现商业盈利也不是一件容易事。不能因为要追求商业利益，反而把其他属性丢掉，这不是我们的最终目的。实际上我们的目的是通过事业产业的方式和体制，将央视网做大做强。所以我们要占领新的阵地，要获取市场和传播方面的影响力。如果我们片面追求商业利益，和商业网站同质化了，很有可能会出现这种情况。

当然，在商业规则之下，要考虑商业的考核体制以及商业的推动力，文化属性和商业属性的矛盾依然会存在。怎么能够探索出一条路出来？这是我们时时刻刻在思考的问题，而且我们还面临传统媒体和新媒体融合发展的问题。我们现在 90% 的经历都是开各种各样宣传的会议，可是现在所有的部门都是靠我们赚钱才能生存和发展，进行投入和建设，天天忙着着宣传传播，今天是五一、明天是五四、后天是 H1N1，天天开这样的会，是没有足够的精力进行商业化操作的。

课题组：有没有这样的困扰，就是央视网想做，但是不能做？

汪文斌：当然会有。很多人写信给我们提过这件事情，现在央视网怎么能出现这样的内容呢？别的商业网站可以做，但是 cctv 不能出现这样的内容。因为 cctv 是党和政府的喉舌，应该是权威的，对各方面的要求都很高。

我们觉得现在是以视听互动为核心，集电视和网络特色为一体的产业化平台。

课题组：现在年轻的 80 后和 90 后，他们可能对所有的宣传说教类内容，有一种天生的抵触情绪。比如浏览网站，他们更愿意选择一些商业类的网站，互联网的主体可能就是这些年轻人。央视网如何调和自己的空间和用户？央视网的受众应该是哪些人？

汪文斌：我们也在考虑这个问题。首先应该这么来看，虽然说互联网的主体还是年轻人居多，但是现在互联网可能逐步走向了比较健康的道路，对互联网内容的规范和社会各方面的要求也越来越多。在此过程中，会有越来越多的人认识到，像人民网、新华网、央视网这样的重点建设新闻网站在这些方面有天然的优势。但是另外一方面，对我们来说，存在一个如何更加适合年轻人的口味问题。虽然网民的主体越来越高龄化，但是由于我们脱胎于日报、新华社、中央电视台，不可避免地要带上胎记。对我们来说，能够提供更新的产品和服务，使得产品的内容更加适合年轻人的口味。我们也正在考虑，采用哪种方式做什么样的内容，以满足年轻网民的需求。比如，人民日报社除了有《人民日报》之外，还有《环球时报》、《京华时报》。我们也可以办青少年的网站还有电视台，但是目前来说，这些只是在考虑的范围之内。

课题组：所以央视网的定位是信息、新闻、娱乐三位为一体？

汪文斌：对，我们现在定位是这样，但是我们更强调是与互联网的发展趋势同步。我们原来的定位是容视听新闻娱乐为一体的综合性的网站。我们觉得现在是以视听互动为核心，集电视和网络特色为一体的产业化平台。因为我们现在立足于以 web2.0 的技术基础的网络环境中，web2.0 是以视听化、社区化为主体的。而这恰是央视网优势所在。如果说我们以视听内容构建社区，视听互动，把电视和网络、手机等媒体整合起来。这是我们觉得当下的比较现实的一种提法。

课题组：有人曾说 cctv.com 来做内容，有天然的垄断优势。也有人说央视网再怎么努力都做不过新浪和搜狐，因为不是内容的问题，而是体制的问题，您同意吗？

汪文斌：这种提法是有它的道理的，但是并不是不可以解决。我觉得我们也有很多难题。首先不能用做电视的思路来办新媒体。因为新媒体是双向的互动。要构建设区，让用户到互联网上玩。互联网构建了一个虚拟社会，而且现实社会也有虚拟化的趋势。所以央视网必须要构筑一个可以让网民在网上生活的虚拟社会。不仅仅让用户获取娱乐，更要具有影响力，为网民提供交流的机会，让网民上传自己的东西，分享参与。所以新媒体有不同于传统媒体的特点，这是一个越来越实体化的社区，我们必须要在网上构建这个社区，而不是仅仅提供一个观看的平台。如果像传统媒体一样，提供一个观看平台，这是留不住网民的，也就无法构筑互动和参与的圈子，互联网的特质就无法发挥。如果是这样的话，那就将互联网办成了传统媒体。如果按照这个路子走下去的话，那新浪只能是网络媒体，虽然现在新浪也在尝试社区性的东西，如播客、博客等，但是他的底子和基础还是传统的网络新闻模式。

课题组：您刚才提到的一个视频空间一个社区空间，我们的社区有什么特色？

汪文斌：我们提出的是全网络的社区化和视频化，我们要打好互联网的基础，以此结合视频的优势。也就是说，所有的东西，不管是来自于传统媒体，还是来自于用户上传，都只是一个素材，社区中的人们如何使用这个素材才是最重要的。他可以把这些素材拿来看一看、评一评、聊一聊，甚至可以收费，也可以把好东西上传分享，还可以玩游戏。在这些社区中，每个社区都有自己的特色。假如这个社区是一个高端的社区，以机关干部为主，这个地方的文化就有自己的独特性。那个社区可能是一个农民工的社区，这个社区的特色和刚才的截然不同。我们要思考的是我们构建什么样的社区。视听是我们的核心资源。但是如何将视听资源和互联网技术有效整合是我们最应该思考和解决的问题。如果不做到这一点，办一个网站是很简单的事情，我只需要发几条资讯，放几个视频，用户来看一看，这和传统媒体有什么区别呢？这样是留不住用户的。至于视听互动的方式，当然有很多种，可以和视频里面的内容、和主持人等互动。很多主持人在央视网上开了博客，像刘芳菲每天晚上都要回复网友的留言；同样也可以和事件的亲历者互动，有很多方式我们都可以考虑。

课题组：网上有消息说，国家要拨款40个亿，筹备建设国家电视网，这是真实的消息吗？

汪文斌：这个是传言，所有没有对外正式发布的信息都是传言。目前我们也只是考虑国家电视网这个事情。对我们来说，下一步就是要做好央视网的视频。要带动为网民创作自主品牌的网络原创节目，这是必须考虑的问题，奥运会的时候，我们已经做了尝试，比如网民解说。同时我们也在尝试互动节目，我们现在也尝试制作一些节目在电视上播放也能在网络上播放、将电视和网络融为一体的节目。

课题组：按照我的理解，互动的必须是直播的，否则大家最想互动的是新闻时间里面的人。以后所有的节目会是这种直播的节目吗？

汪文斌：我们一直在做新闻直播，汶川地震时期，中央电视台对突发新闻的负责任的态度以及现场报道都取得了举世瞩目的成就，电视台突发新闻还有受到一定的技术条件、人员配备的限制，相比之下，新媒体可能有一定的优势。比如目前有一种新的技术叫做ME ON TV，那里手机可以直接直播。如果用手机直播的话，大家都能看到。自主原创的东西是肯定要做的，你不能说没有。未来网络会越来越强大，而不仅仅是一个转播平台。

课题组：这样的话，投入也会更大吧？

汪文斌：是啊，投入肯定要加大，而且我们现在的工作压力也大，既要赚钱，又要搞好宣传。

课题组：如何吸引用户是一个关键问题，今年的金融危机对央视网有影响吗？

汪文斌：当然有，原来大家都说新媒体的广告不会受影响，反而会更集中，实际上，这个判断是错误的。从整个第一季度的数据来看，实际上新媒体的损失是最大的。大家原来认为传统媒体的冲击会比较大，新媒体所受到的冲击会比较小，实际情况不是这样，央视的受到的影响小。实际上，央视网和央视不同，我们还在起步阶段，奥运会仅仅是一个事件，可以集中精力打一场歼灭战，现在关键是一年365天，是一个持久战。

互联网本质上是以新技术来驱动的媒体，我觉得是否能够综合利用网络的技术，这是非常重要的。

课题组：您觉得央视网未来的盈利模式是什么样的？

汪文斌：最早的盈利模式就是这几个，一个是无线增值业务，一个是网络游戏，一个是电子商务，还有网络广告。现在大家发现无线增值已经被打得落花流水，网络游戏的收入很好，电子商务也不错，而且大家已经看到了网络广告新增长点。网络媒体的功能在中国已经发挥到极致了，而在美国等其他国家，网络是实用的。造成这种现象的原因是网络媒体和传统媒体的差异化。中国用户可以在网络媒体上看到一些在传统媒体上看不到的东西。因此中国的互联网发展迅速。但是传统媒体更加规范系统透明。现在网络媒体越来越规范化了，低俗内容不被允许。所以现在大家越来越看好电子商务和游戏的盈利模式。对这一部分，我们要多点考虑。

课题组：这么说，央视网也会做电子商务和游戏了？这样做的话，是不是和国家给央视网的定位有偏差？

汪文斌：动漫与游戏也是媒体的一个重要的属性，是媒体的娱乐功能，我们要改变传统的媒体观念，互动媒体和传统媒体的区别或许就在这些。如果能够给青少年一种很好的引导性游戏，而不是韩国的、日本的甚至带有一些辱华的内容的游戏的话，我觉得这是一件很好的事情。

课题组：网络肯定是未来的新媒体，以后的从业人员也是网络记者，网络记者可能要比电视记者更多，同传统的电视记者相比，您觉得对两者的素质要求有何不同？如果您是面试官，您会更强调哪些方面的素质？

汪文斌：互联网本质上是以新技术来驱动的媒体，我觉得是否能够综合利用网络的技术，这是非常重要的。我们现在说的网络媒体上的很多的概念，都是把传统的媒体拿到互联网上来说，真正的有关新媒体的东西还有待于创造，还没有出来，要创作出这些内容就需要懂技术的人。他们知道有什么样的新技术能够实现人与人之间的交流。我记得 BBC 的新媒体的总裁曾经说过，在互联网和手机时代，BBC 的使命是交流，搭建一个全民交流的平台，意思是要做新的媒体平台，要做全英国人的平台。我们所构造的平台需要不断用新技术来改变新的交流方式，短信是一种方式，邮件是一种方式，播客是一种方式，博客也是一种方式，实现这些交流方式的技术都是技术。如果说过去的技术人员只是传媒的技术支持机构的话，在新媒体时代，技术是主体机构。我们这边最缺的就是技术人员。

课题组：那么央视网现在有多少人？

汪文斌：我们现在的机构是不合理的。我们一共有 700 多人，但是技术人员只有 100 多人。理想的状况应该是三三制，应该三分之一是技术人员，三分之一是产品人员，三分之一是营销人员。所以我们不再招编辑记者，而是明确提出只进技术人员和营销人员。

课题组：你觉得未来的央视网应该是什么样子的？在您心目中，您想把它做成什么样子？

汪文斌：我们还是一个以视听互动为主的社区性网站。我们希望能够在网上构建一个交流的社区。在这中间，视频是我们的优势，图片文字也可以使用。比如网民想看成龙的演唱会和姚明的 NBA，他们可以在央视网上建立成龙和姚明的粉丝社区，在社区中交流分享。任何一个媒体都希望所有的明星都到自己那里去，关键在你怎么实现。我们有非常好的优势，就是我们购买了最多的版权，第一个是体育，第二个是影视剧。传统媒体和网络媒体最大的相同处就是年轻化，最大的不同就是再现的圈子，就是社群。

课题组：有人说网络的红火是由于传统媒体很多内容不能说、不能报道，但是网络提供一个比较独特的平台。以后哪个媒体火了，哪个媒体就会受到管制，这样说来，网络媒体也会受到管制。

汪文斌：网络媒体的存在是源于它的技术特性，反复播放是它的比较显著特征。网络有三个特征，第一是可存储，这就意味着可以反复播放；第二是可集成，这意味着传统的是分页的，网络媒体可以继承所有的东西；第三是可互动。可以上传、下载软件，可以将自己的观点看法、图片文字、视频都传到网上去。可以下载软件，可以上到论坛（文字图片）、播客（视频）、博客（个人的日记），这就是网络的技术特性，决定了其存在的理由。

课题组：西方应该也同样存在这样的技术特性啊？

汪文斌：西方的电子商务运用的更加充分。网络游戏在中国运用的更加充分一些，这个和东方民族有关系，这是一个民族特性。可以说西方更多的是娱乐，东方更多的是搞笑。东方更加极致化，西方会有一个平衡，尤其是娱乐这一块，西方很多的东西是有底线的，东方的很多东西都打破了一种平衡。例如人妖就是一种极致化表现。在西方看来，这些都是非人性的东西，打破了人性的底线。

我觉得我不是属于因为激情而做网络的，而是在做的过程中发现了激情。我做任何事情，都会思考它的价值所在。

课题组：您现在的身份还是中央电视台的事业编制人员。很多人做电视的人认为做央视网都是出来做商人的，很多人都不愿意出来做，但是您为什么要出来做呢？

汪文斌：这是领导要求的，可能是从事业发展的角度上来选择的吧。搞电视的人很可能不愿意做网络，虽然网络的发展很有前景，但是电视的影响还是非常大的，两者不可同日而语。从这两个平台的影响来看，一个是主流，电视是主流，一个是未来的主流。但是真正去做网络的时候，你会发现自己在开拓未来，这是一个让人兴奋的事情。所以做网络的人需要有激情，如果没有激情的话，是做不来的。因为这是一个开创性事业，我相信从现在的角度来讲，大部分人并不会主动去做网络，但是有一部分特别有激情、对未来充满希望、不断憧憬的人，自愿去做新媒体，而放弃电视这个很有影响的平台，这是难能可贵的。但是还有一种情况，就是你在做的过程中会产生激情，我觉得我不是属于因为激情而做网络的，而是在做的过程中发现了激情。我做任何事情，都会思考它的价值所在。

课题组：在很多人看来，您是一个成功人士，您觉得您成功的原则是什么？做事情的底线和准则是什么？什么东西在激励着您？

汪文斌：首先要珍惜。对你来说，无论做什么事情都是一次机会。一个可以认真做事情的机会不是很多。只有达到了所谓天时地利人和，才能做好一件事情。有些事情是环境不允许你做，有些事情环境允许，但是由于其他方面的原因，你不一定能做。而正好你想做，而各方面的环境也支持，尤其是当领导还很信任的时候，这个机会就很难得，所以要珍惜。做任何一件事情都不要挑肥拣瘦，因为任何事情都是一次机会，任何事情都有利有弊。把你放在一个非常重要的岗位上，你会觉得很好，可以发挥自己的能力；但是从另外一个方面，你没有时间去思考，没有时间去学习。把你放在一个相对清闲的岗位，你觉得自己没有可发挥的余地，但是你可以去学习、去旅行、去学英语、去上 MBA。我常常去发现每件事情的益处，回避它的短处。如果你做某件事情时，你想的只是它的弊端，想着别的事情，你就抓不住机会。之前清闲的时候，可以去读读书，可以去学习；很忙的时候，你就不能想着我要去读书，去修 NBA，这样你的想法就有偏差。而应该想这样可以充分发挥自己的能力，可以实际做点事情。想反了，就会失去机会，对于每一件事情，都要想到它的益处，并把这个益处用起来。从而把这个事情做好，这就是机会，就是抓住了机会，我觉得这个很重要，可以理解为脚踏实地、敬业。只有这样才能全身心做这件事情。

课题组：你现在是不是觉得每天都很累，每天都很疲惫？

汪文斌：是啊，我刚才说每件事情都是苦差事。做互联网是很辛苦的事情，既要做宣传，又要赚钱。如果我还是经济频道总监的话，基本上只要考虑到花钱就行了，做好经济就行了。而网络还要做娱乐、体育。所以相对于电视而言，央视网的工作领域比较大，很多方面我都感到力不能及，这也是我比较累的原因。

课题组：您什么时候会比较兴奋，高兴，什么事情会让您开心？

汪文斌：网络在现阶段，要做强大不是很容易，尤其是我面临着强大的竞争对手的时候。所以只要有一点点小成绩让我看到，我都会特别高兴；哪怕领导特别小的一点肯定，我都会很高兴。对我们来讲，在现阶段得到一点肯定都是很不容易的。有一句肯定的话，有件事情让领导批示了，这事办成了，只要能得到网民的肯定，说央视网办得很好，我都会特别高兴。尤其是我无意听到网民的赞扬的时候，我会特别高兴。

课题组：您认为当时领导为什么会选中您做这个事情？

汪文斌：我现在也不知道领导为什么派我到央视网。可能领导认为我觉得原来是搞业务的，总要继续搞点业务吧。将电视和网络资源整合，这是一个很难的事情。在两者都比较强势的情况下，更需要有一个人来平衡一下。选中我确实是因为工作需要，我理解。

课题组：您现在做的开心吗？

汪文斌：无论在什么岗位上，只要能作出一点成绩，我都会很开心，这三年来，领导很支持，这事还有前景，大家合起来也做了不少事情，想起这些事情还是很开心，但是想起面临如此激烈的竞争，还有那么远的路要走，那么多的任务要做，有时候也会不开心，腾讯今年的收入都有100个亿，相比之下，央视网的收入还是比较少的。

课题组：现在如果让您回到经济频道的总监的位置上，您还会回去吗？

汪文斌：我是觉得，人在江湖，身不由己，只要有做事情的机会，我不太考虑主动地选择问题，更多的是考虑领导的安排。你是一个职业化的人，这就意味着哪里的职业需要你，就要去哪里，只要职业化的操作能够做成事情，我都会很高兴、开心。

课题组：做央视网的压力也会很大。如果腾讯做到了100个亿，大家觉得它很棒，可是如果央视做到了100个亿，大家可能还会骂你，他们认为你们依靠央视这么多的资源，才做到和民营企业一样大的规模，您会不会有这样的压力？

汪文斌：很多人都这样想：在电视领域，央视是最强大的，那么在网络领域，央视网理所应该做到这么强，我们的电视都做的这么好，为什么网络做不好呢？问题就在这里，压力也在这里。cctv是1958年第一个创办电视台，地位是国家电视台，有那么多年的发展历史，也有那么多的经验。网络不是这样的，我们没有独特的地位，电视领域和新媒体领域，环境是不一样的，但是大家的期待是可以理解的，因为央视聚集了一批最优秀的传媒人员，把电视做得很优秀，那么网民理所当然地想，做网络也应该很优秀，这是可以理解的，但是至少我们认为将央视网做大做强，还是需要一定时间的。

课题组：央视网一开始做的时候就是一个独立的法人，是不是可以直接上市了？

汪文斌：对，我觉得应该走这条路，但是我们走这条路的难度会大一些，我们是全国重点文化改革试点单位，所以所有的这些东西都必须要拿到计划里面来。可能外来资金的融入等方面还有限制，要谨慎考虑。同时还要考虑周边的环境，已达到积极稳妥，则是由央视的地位所决定的，所以不是很容易。也有人说越是传统媒体做的越强势，新媒体做的越不好。有人下过这样的结论，也有他的道理。如果传统媒体做的很强势，所有的资金资源都会流向那里。如果传统的东西做得相对较弱，所有的资金、资源都会流入到新媒体领域。当然也不都是绝对的，我们也看到了太多成功的例子，所谓的百年企业，在这方面都做的很好。我们也相信央视网可以做到这一点。

课题组：感谢汪总抽出宝贵时间接受我们的专访，谢谢您。

汪文斌：谢谢。

TOP 7 闫爱华
——精打细算下的民生百象

一、打造“TV 地标”：闫爱华综述

1. 人物简介

闫爱华，1964 年 1 月生，祖籍山东商河县。1986 年 7 月毕业于山东师范大学地理系，1989 年 7 月在中国人民大学获经济学硕士学位并分配到山东省农业委员会工作。1993 年 2 月考入山东电视台，先后做过记者、编辑、制片人、部主任，1998 年 10 月竞聘为齐鲁电视台副台长，2001 年 11 月被聘为台长。

2004 年 7 月至 2005 年 1 月，赴美国密苏里大学进修，并在美国国家广播公司（NBC）的密苏里分台实习。目前还兼任山东师范大学传媒学院、山东艺术学院等高校的客座教授、研究生导师。

2. 主要事迹

在担任齐鲁台台长期间，闫台长把经济学理论和自身在国外电视台学习工作的经验相结合，在理论探索和节目创新方面，都走在了全国地面电视媒体的最前列。

首先，是节目创新方面，闫爱华同志担任齐鲁频道总监后，秉承

"或者第一、或者唯一"的理念，带领着齐鲁电视台，创新性地进行了电视节目的改革，2003年成功创办了全国第一档电视call in辩论栏目《齐鲁开讲》；2005年闫爱华又策划创办了中国首档曲艺新闻栏目《拉呱》，打造出了山东第一知名主持人——小么哥；而与山东省政协合办的《提案追踪》，创造性地把舆论监督和民主监督结合在一起，产生了巨大的社会效益，连续7年被写入山东省政协大会报告。这些节目都取得了高收视率，且都是全国首创，其崭新的节目形态在国内都引发了借鉴模仿的潮流，齐鲁频道也因此被誉为全国"TV地标"。

其次，是新技术和新理念的运用方面。齐鲁频道在整体的节目创新中还定位于做全国最具互动性的电视台，并为此开发了技术领先的大型多媒体互动服务平台，拥有先进的CIC客户互动平台、先进高效的电视硬盘监播设备、独到的CRM理念和创新的服务模式，能够把与观众互动过程、互动内容和互动结果实时反映到电视节目中，从而实现了独到的贴近性、互动性。

此外，在闫台长的领导下，齐鲁台也在全国率先实现了电视节目直播常态化。2005年起，齐鲁电视台在每日新闻中率先引进SNG卫星直播车，实现了对省内突发事件的快速反应、即时直播，并在全国发起成立了SNG协作体，吸引了包括台湾东森、TVBS、凤凰卫视等媒体在内的国内十多家电视台加盟，通过协作体内的成员合作，实现了对国内重大的新闻事件快速反应和报道，全方位实现了第一时间、第一现场的直播能力。2006年，齐鲁频道进一步实现了所有自办栏目的直播化，使电视直播成为齐鲁频道电视节目的常态。2008年，闫台长借鉴国外"break news"的新闻形式，带领齐鲁频道响应国家就突发公共事件新闻报道应急办法做出的具体规定，在全国率先提出"break新闻"的概念，并开始把"break新闻"系统化，常态化。

在电视台发展的同时，闫台长也没有忽视跨媒体合作的重要性。随着齐鲁频道事业的蓬勃发展，闫台长对齐鲁频道进行了新的战略规划，齐鲁频道开始强力触网。2005年，齐鲁频道率先和国内著名的门户网站新浪网建立了战略合作关系，目前，齐鲁频道已经和新浪、搜狐、腾讯、TOM等多家网站建立了全方面的战略合作伙伴关系，在多方面都进行了卓有成效的合作，有效地实现了电视信号之外的二次传播，并依托网络合作，极大地拓展了电视节目资源。2005 年，新浪网邀请闫爱华进入新浪网嘉宾聊天室，接受了新浪网的专访，这也是全国第一位受邀参加新浪网嘉宾专访的电视台负责人。除了和网络媒体开展合作，2005 年，齐鲁频道还独立开发创办了齐鲁网，经过近两年的快速发展，齐鲁网内容页面总数已达 60 万页，访问量稳定增长，2007 年网站已经形成了自己的盈利模式——视频节目销售和彩铃彩信，并已取得经营收入。2008 年，齐鲁台还与 3G 门户（http：//www. 1. 3g. net. cn/）签订资源置换协议，在手机用户中对齐鲁台的节目进行推荐。

好的成绩与好的管理是密不可分的，作为齐鲁频道总监，闫台长在频道管理中，引进现代市场 4P 营销理论，带领齐鲁频道迈上发展新台阶，比如有效的节目质量监管考评机制、不分身份和年龄的制片人竞聘上岗等制度的建立，都非常有效地激发了员工的工作热情和创新意识，使齐鲁频道的团队建设取得了非常明显的成效，齐鲁频道的团队协作能力、攻坚能力在全国的很多电视同行中都曾经留下了深刻的印象。正因为齐鲁频道出色的团队建设和管理工作，齐鲁频道先后被评为全国广电先进集体、两届全国青年文明号。

除了在电视实践中的成绩，闫台长在电视理论研究上也颇有建树。他探索并引领了电视发展“回归区域”的大趋势，提出“覆盖←→内容”交互作用理论和“曲艺新闻”概念，提出现代传媒“造星、造词、造规则”的品牌打造途径，并在实践中取得成功。他多年来在中央和省级以上刊物发表了多篇业务论文，并著有多部业务论著。目前还兼任山东师范大学传媒学院、山东艺术学院等高校的客座教授、研究生导师。

由于成绩突出，闫台长 1999 年被评为第一届省直机关“十大杰出青年”、青年标兵，省政府记二等功。2003 年被评为全省广电系统先进个人，省政府记二等功。被评为 2007 年、2008 年度“中国十大传媒创新人物”和改革开放 30 年“中国十大传媒创新人物”等称号。

3. 业界影响

正是由于闫台长在齐鲁频道的建树，他也逐渐成为中国电视业界的领军人物。在国内外电视界的交流中，闫台长多次受邀成为主讲人，2007 年全国地面媒体经验现场交流会、中国广告节、首届全国传媒广告论坛、全国 TV 地标论坛等多个电视峰会中，都受邀作为主讲嘉宾在大会上做主题演讲。2008 年是美国密苏里大学新闻学院建院 100 周年，这所全球最早最有名望的新闻学院也邀请闫台长同志作为中国电视界的代表，出席 9 月份的建院 100 周年纪念活动。

二、三入大学成就六年齐鲁：闫爱华报告

闫爱华台长学过化工、地理，最终毕业于中国人民大学区域经济研究生专业，毕业后担任农委。这样的经历看似与传媒毫无交集，可是，谁也想不到，正是这样曲折的求学经历，复杂的知识背景，锻造了闫台长超人的观察学习能力以及坚毅的性格，让他有了跳出传媒做传媒的视野、高度、勇气和魄力，在电视行业做出了一番事业：将现代市场 4P 营销理论引入电视台经营，覆盖、推广、节目、广告四个轮子一起转动，让齐鲁台的发展张弛有序；提出“曲艺式新闻”和“call in”的概念，创办了齐鲁台的招牌栏目《拉呱》、《开讲天下》并在全国开花；提出现代传媒“造星、造词、造规则”的品牌打造途经并付诸实施，使得齐鲁台的知名度、影响力、收视率、广告额大幅提升；金牛工程、SNG 协作体、与美国 NBC8 台结成姊妹台、与新浪、腾讯等结成战略合作伙伴，展示了他的全球视野；“全直播、全互动”TV2. 0 传播模式，被写入 2007 年中国广电蓝皮书，并在业界引发了齐鲁模式示范意义的讨论；探索并引领了电视发展“回归区域”大趋势……

齐鲁电视台的胡总编说：“我们把像闫台长这样的领导人看做我们的核心竞争力。”是什么造就了闫台长的成功，使他成为了齐鲁台的核心竞争力呢？我想，是他精算师的本领，审时度势的能力，刚毅果断的决策力，和“高调做事，低调做人”的原则。

精算师的本领

闫台长毕业于区域经济专业，他提出，作为一名传媒的管理者和决

策者，需要有精算师的本领。而通过查阅资料和访谈，我们便能够深刻地体会到这一点，因为闫台长的成功很大程度上正是得益于他的这项本领。

闫台长首先便将精算师的本领应用在了频道的定位上。齐鲁电视台自1995年建台起经历了三个阶段的发展，每个阶段都有其相应的频道定位，可以说，正是这三次准确的定位，奠定了齐鲁台蓬勃发展的基础，尤其是第三次定位，更是指引着齐鲁台大步的前进，取得了一次又一次的辉煌成绩。第三阶段的节目定位是："参与齐鲁，共享欢乐"，这一阶段，齐鲁台将视角更加专注地对准了普通人，对准了普通人的生活与诉求，力争打造中国最具互动特色的大众综合频道。这一阶段从2005年开始，现在，无论在省会城市还是在全省，齐鲁台的收视率和市场份额都以极大的优势位于第一，并先后获得"中国十大最具成长性创新传媒"，"金远奖"等大奖，为什么齐鲁台能做出如此准确的定位呢？对于这个问题，闫台长是这样解释的："相对纸面媒体的受众，就是读者和网络受众来讲，一般来讲都是有一定文化的，说白了都是识字的，电视观众相当大部分是不识字的，我们中国现在还有初中以下文化程度的，占全国人口的50%以上，高中以下程度的占全国95%以上，山东是96%以上，只有不到4%的是大专以上人口，……一个齐鲁台只覆盖山东省，有9000多万人在看。这9000多万人有95%是没有文化的人，所以面对这部分人的话，节目想做得很高雅，很宏观很国际的话会失去受众。"由此可以看出，闫台长正是在参考了相关数据并经过计算后才得到了他们最大的观众群，据此才确立了"参与齐鲁，共享欢乐"这样的定位，俯下身子面对中下层受众，从而在争夺受众市场的比赛中成为了大赢家。

电视市场的竞争是相当激烈的，对闫台长来说，仅拥有大的受众群体是不够的，于是这位精算师又在节目编排的时间上动起了脑筋。电视节目编排的重点一般是晚间的黄金时段，也就是晚6点到晚10点四个小时，真正黄金时间应是晚7点到晚9点两个小时。所以说，时间资源相当有限，而开发时间资源的最强有效的方法便是开发非黄金时间，使其变为真正的黄金时间。对此，闫台长带领齐鲁电视台总编室大胆地运用匹配策略（Compatibility），即把节目编排与人们的日常生活周期和社会文化心理特征有机地联系起来。在2005年把《拉呱》节目安排在了非黄金时段17：30，并把《每日新闻》也由原来的20：00改至18：00，与《拉呱》节目连贯在一起，紧紧地抓住了齐鲁受众的兴趣点，赢得了受众的开机率及参与度，产生了一个新的黄金收视段。2008年，又在此基础上开办了一档全新新闻栏目《新聊斋》，并且相应推出了《新聊斋》+《拉呱》+《每日新闻》的“新闻接力100分”理念，将黄金收视时段继续延展，取得了成功。

除了在频道定位和延伸黄金收视时段外，闫台长也将精算师的本领运用到各个细节上。齐鲁台对观众的把握上下足了工夫，甚至细化到观众每一分钟是否流入齐鲁频道。而作为一台之长，闫台长也亲力亲为，参与到调查中。他曾提到，回家路过农贸市场时，他常会把车停下来看一看，看看农贸市场里的人有没有看齐鲁的节目，如果看的不是齐鲁的节目，看的都是哪些台的哪些节目，因为这部分人恰恰是齐鲁频道最基本的受众，所以闫台长对他们对节目的喜好十分重视。除此以外，我们在进行访谈时，闫台长随口就能准确说出各组数据，包括收视率，广告创收量，网络点击量等，不仅仅是齐鲁台的，对于其他几大电视台的甚至是其他产业的数据也是了如指掌。所谓知己知彼，方能百战不殆，闫台长正是凭着他精算师的本领，掌握各方信息，从而做出各项正确的决策，带领着齐鲁台实现各项创优和创收目标，在330多个省级地面频道中脱颖而出。

审时度势的能力，刚毅果断的决策力

纵观近几年来电视行业的发展，我们会发现无论是宣传改革、广告经营，还是内部运行机制的创新，齐鲁台总是走在前列，这与闫台长审时度势的能力以及刚毅果断的决策力是密不可分的。

2005年，当互联网从Web1.0进化到Web2.0的时候，作为地面媒体的齐鲁电视台也进入到了“全直播、全互动”的TV2.0时代。相对于还在普遍采用单向传播的中国电视界，直播、参与互动、嫁接式创新成了齐鲁台有别于其他电视频道的独门秘诀。而揿动TV2.0按钮的，就

是齐鲁台台长闫爱华。因为，闫台长知道互联网最吸引受众的特点便是互动性，据此，他率先找到了电视的发展方向，所以，在2005年，闫台长为齐鲁台做了全新的频道定位——“参与齐鲁，共享欢乐”，力争打造中国最具互动特色的大众综合频道。这个定位使齐鲁电视台实现了在传播中营销，在营销中传播，凭此，齐鲁频道在山东众多的媒体中取得了令同行瞩目的成绩。

齐鲁台自建台起便被广电总局指定为中国电视改革的试验田，与其他电视台相比，齐鲁台受的约束力自然较小。作为电视台的决策者，闫台长很好地把握了这样的优势，大胆地进行创新，如领导齐鲁台开办《拉呱》、《开讲天下》等节目；制定更高效的SNG车的使用制度；与美国NBC8台结成姊妹台、组织进行金牛工程等。2008年中央出台了一个文件：对突发事件允许媒体第一时间报道。闫台长从这个文件中看到了SNG的春天，于是，他果断地做出决定，不久后便在齐鲁台推出break新闻，即《独家》，在中国首次实现了对突发事件进行第一时间的报道，《独家》得到了山东观众的大力支持，收视率情况也一路看涨。

低调做人，高调做事

在查找资料的时候，我们发现闫台长除了参加几个研讨会或者论坛以外，很少参加其他抛头露面的活动，包括齐鲁台节目里的颁奖活动，似乎闫台长总是刻意的减少自己的曝光机会。在我们问及原因时，闫台长笑着说：“我们的原则就是高调做事，低调做人，另外我注意到网媒一个特点，谁牛网友就骂谁，就看不惯谁。网民智商都很高的，你要想宣传自己什么，有意识的突出自己或者是宣传点什么，会被别人一眼看穿，所以我们就是老老实实地塌下心来，说话分寸上，宁可不够，也不过分……我觉得很多事实际上是水到渠成顺理成章的事情，你把你该做的工作，把你主业做好了以后有很多事就会顺理成章的做好了，相反的如果你只做了三分，说了五分甚至是八分的话，可能得到的就恰恰是你不想得到的东西。你真正为老百姓办事，口碑自然而然地就会有的。还是那句话，我们原则就是，宁可不够也不要过分。”闫台长就是这么一个淡雅的人，他不喜欢应酬，不喜欢露脸，每一次访谈，每一次发言，总是那么谦逊，谨慎，即使在工作中，也从不摆架子。

但就是这么一位做人低调的人，对待工作却从不低调，闫台长每天工作十四个小时，对台里的每一台节目的播出，包括网站的建设都严格把关；坚持秉承“或者第一、或者唯一”的理念，带领齐鲁频道创造了一个又一个辉煌，使齐鲁频道的综合实力连年取得跨越式发展。在被问及“给你足够大的权力，你觉得中国的电视应该是什么样子的”时，他毫不犹豫地说：“不比西方的差……如果大家在一个平台上，都有同等条件的话，我们不会输给美国人，齐鲁台不会输给哪个台！”对工作，他充满了热情，对齐鲁台，他充满了信心。

闫台长的座右铭是“天行健，君子以自强不息”，他坚信，任何时候都不能放弃自己的信念、追求，在各种阻力下取得的成功和成绩才更值得自己欣慰。我们相信，凭着这样坚毅的性格，有这样的视野，高度和魄力，闫台长及他领导的齐鲁台目前的成功仅仅是个序曲，他们未来的表现将会更加精彩。

三、借力网络，成就电视：闫爱华网络影响力分析

2005 年，走过 10 年风雨历程的齐鲁频道重新调整了自己的发展战略，在原有的“高山流水，知音无限”和“青春形象，新锐思想”的基础上，提出了全新的频道定位，打响了“参与齐鲁，共享欢乐”的频道称号，将视角更加专注地对准了普通人，对准了普通人的生活与诉求，致力于将齐鲁频道打造为“中国最具互动特色的大众综合频道”。而网络最突出的特点正是互动性，于是，闫爱华将目光投向了这一平台，开始实行与网络的合作，利用网络进行口碑宣传，节目传播，收效十分明显。自 2005 年起，齐鲁电视台的网络传播策略主要包括以下四个方面：根据地传播策略，播客传播策略，博客传播策略以及品牌传播策略，在这些传播中，闫爱华也参与其中，这都大大提升了他的网络影响力。

1. 根据地传播

齐鲁电视台网站（www. qltv. com. cn）于 2005 年 5 月 1 日上线。2006 年 5 月 1 日网站第一次改版，紧接着分别于 5 月 5 日和 6 月 16 日开通了社区和博客频道。2008 年 1 月 1 日，网站更名为齐鲁网，同时启动了新域名——www. iQiLu. com，其中，“QiLu”代表的是“齐鲁”，而“i”有三层含义，首先，“i”是 internet 的首位字母，寓意为网上齐鲁；其次，“i”是“爱”的谐音，代表爱齐鲁，爱生活，热爱齐鲁家园；最后，“i” = “I”（我），寓指齐鲁属于我，属于网络，属于每一个齐鲁人。2008 年 3 月 6 日齐鲁网新版上线，同年 11 月开通“齐鲁民生”频道。

齐鲁频道网站在风格建设方面整体按照齐鲁电视台的“参与齐鲁，共享欢乐”的宣传语来设计，突出齐鲁频道的品牌战略，比如首页首要位置的“四小花旦”“break 新闻”“四集连播”等，突出展示了频道的品牌特点。网站包括网络视频、图文新闻、博客、社区等频道，通过齐鲁网，网友们可以参与到其喜欢的节目中，可以和他们喜欢的主持人进行点对点的交流。而且网站中还设立了互动话题的板块，网友们可以参与投票，进行评论。在新增网站的频道页面上有越来越多的互动与评论和相关推荐，比如新改版的视频频道，每条新闻视频都有观众留言评论，并且利用 TAG 技术为视频点播用户推荐更多相关视频，增加视频延伸观看。而闫爱华也在网站上设立了一个台长信箱，回答网友们的问题。

2. 播客传播策略

2006 年，齐鲁台在新浪网率先开设官方播客，播客开设两年来，共上传了 2879 个视频，点击量达到 5309 万，在 600 多家机构博客中稳居视频合作媒体之首。其中，单条视频点击量超过百万的就有十几条。“奥巴马弟媳首曝光”点击量更是高达 2570561。此外，齐鲁频道还与新浪、搜狐、腾讯、TOM 等多家网站建立全方面战略合作伙伴关系，经过剪辑和筛选，优秀的齐鲁台的节目将会出现在这些网上，有效地实现了电视信号之外的二次传播，此外齐鲁频道与新浪、腾讯、网易、中国网、PPlive 等几十家国内主要门户和视频网站深入合作，将齐鲁频道的大型直播，首播电视剧通过合作伙伴的平台同步直播宣传，这对齐鲁频道的网络推广起到了非常积极的效果。

3. 博客传播策略

目前为止，以名人和主持人为特色的齐鲁网博客已发展成为山东第一博客，主持人书匀的博客点击量已经达到 80 多万。2007 年，齐鲁电视台四位当家女主持“四小花旦”的博客成为山东的博客之星；有 200 多位名人名家进驻齐鲁网博客，知名学者张五常、茅于轼、易宪容、张颐武、司马南、李银河，娱乐名人侯耀华、迪克牛仔、黄渤、杨坤、金巧巧，媒体精英杨澜、李承鹏、芮成钢、世界冠军楼云、杨阳和国内知名的期刊《三联生活周刊》、《读者》、《瞭望》纷纷在齐鲁网博客安家。同时，齐鲁台的编导，记者们也开设了“齐鲁台评论员博客圈”，采访到第一手的新闻后转化为博客形式，这也成为推广齐鲁台的另一途径。

2008 年“四小花旦”也在各大门户网站开设博客，在空间里，他们既讲述了台前幕后的故事，又展现了他们日常生活的点点滴滴，并且在博客上与观众进行交流，深受观众的欢迎。其中，救助汶川地震致残儿童的“天使之翼”系列博文之《我想要条左腿》，点击量达到 718876 次。《山东大白菜一斤三分钱》博文一经发表，立刻引起近 11 万网友的广泛关注，天南地北的热心人纷纷给山东菜农支招，甚至从山东大批量采购白菜，缓解菜农压力，使白菜身价陡增两倍。

自齐鲁网博客开设以来，就获得了近千万的点击量，以及超高的网站推荐频率，这体现了网友对齐鲁台的关注认可度和信赖忠诚度；而各大主持人在博客上的亮相，也大大提升了他们的知名度，从而对齐鲁台起到了很好的宣传作用。

4. 品牌传播策略

自 2005 年起，闫台长多次与网络合作，启动了一系列公益活动，从而更好的传播了电视台的品牌，提高了自己的美誉度。如：2006 年，齐鲁台以唇裂儿童为救助对象，启动《我要微笑》大型公益援助行动。此次活动首先以新浪网博客频道为网络宣传平台，短时间内，新浪网的几位著名博主：acosta、潘石屹等纷纷在博客中响应，并亲自到秦安看望救助的唇裂儿童小雨。2006 年 8 月，齐鲁台与新浪同步直播为小雨募集善款做唇裂手术。2007 年，齐鲁电视台联合《中国美容时尚包》、济南市中心医院、新浪网，共同发起“玫瑰行动”，寻找魅力受损女人，为全国 10 位容颜受损女性免费美容整形，帮助她们重铸美丽城墙。2008 年，齐鲁台还联合搜狐网、TOW 网等多家媒体，共同发起“爱心操场”大型体育公益活动，为全省贫困地区的乡村小学配备基础体育器材。闫台长也参与了多项公益活动，如“爱心操场”等，在网络上都有所报道，这也大大提高了他的网络影响力。

除此之外，2004 年，闫台长受邀成为第一位接受新浪网采访的电视台台长，在采访过程中与网友进行交流，回答了他们提出的问题。2008 年，闫台长在人民网接受访谈，访谈视频上传到人民网，并被许多网站转载，通过观看视频，网友们对闫台长有了更深的认识，他幽默的回答，缜密的思维和谦逊的态度深受网友的好评。

2009 年 5 月，“齐鲁电视台”在百度的关键词搜索指数为 339000，在谷歌的搜索指数是 552000。这个数字比某些上星的省级卫视还要高，这正得益于近几年齐鲁台重视网络的推广力度。目前，齐鲁台一条好的新闻线索不仅通过电视平台传播，还能做到论坛传播，博客传播以及高端的评论员传播，而且对网络影响力的考察也列入了齐鲁台的日常工作当中，随着齐鲁电视台在网上的信息越来越多，齐鲁电视台的领军人闫爱华的网络影响力也逐渐增大。

四、低调做人，高调做事：闫爱华专访

◎ 作为一个电视台，有了一定的收视率，一定的市场份额以后，就应该做公益事业，让老百姓感觉，这个电视台不只是节目不错，还在做好事呢。这样才会对观众产生黏着力。

◎ 网民智商都很高的，你要想宣传自己，有意识的突出自己或者

夸耀点什么，会被他们一眼看穿。所以我们还是老老实实地塌下心来做事，说话分寸上，宁可不够，也不过分。

◎ 生活上我喜欢平淡简单，做节目我要求越新越好，越有闯劲越好，越有冲击力越好。两回事，个人生活习惯和在工作上的追求不是一回事。

◎ 当然，在坚定不移地面向中下层观众群的同时，我们也绝不放弃争夺白领观众的努力。

◎ 现在做电视不只是需要有一个政治头脑，也不只是需要一个文学头脑，除了政策水平、艺术审美素质，电视管理者还需要一个精算师的头脑。

◎ 如果双方在一个平台上，都有同等条件的话，我们不会输给美国人，齐鲁台不会输给他那个台。关键是政策约束，技术条件的约束。如果没有这两个约束的话，我们不会比他们差。中国人很聪明，一点都不比外国人傻，甚至从某个角度来讲比他们更聪明。

◎ 自强不息，厚德载物。做任何一个行业的工作，在任何一个岗位上，都会遇到种种不尽如人意的事，阻力，压力，或者是各种各样的障碍，这都是正常的。在这种情况下，要勇敢地去面对它，越是在各种阻力下取得成功，取得一些成绩，那才更值得欣慰。

“我对齐鲁电视台还真没有什么政策上的支持，更没有什么资金上的支持。但是，我对这个团队很信任，尤其是对台长闫爱华十分信任。由他来率领齐鲁电视台的发展，我是很支持他的，对于这个团队，我非常敬佩。”山东省广播电视局局长刘长允说。

“为了抓住受众，”齐鲁电视台台长闫爱华说：“我们下足了工夫。”

如果拥有足够大的权力，闫爱华说：“中国电视不会比美国的差！”

电视在网络评选中获奖，就像中年人让孩子评选得了个奖一样

课题组：闫总，首先恭喜你当选由中国广播电视协会评奖办公室、中国传媒大学、北京师范大学和中央民族大学四家单位推出的，严格按照网络调查数据评选出来的“2008 年度中国最具网络影响力的十大电视人物”的称号。闫总，能跟我们谈谈此次获奖的感受吗？

闫爱华：知道入选网络影响力十大人物的时候，当时的感觉一是高兴，二是惶恐。你要说是不高兴，就比较虚伪和矫情了，确实是比较高兴。但也有一点惶恐，因为这些年电视在网络上正面的评价不多，挨骂的东西不少。

课题组：您指的您挨骂还是别人挨骂？

闫爱华：就是电视界的人和事吧，所有的人和事。举一个不太恰当的例子，今年正月十五那场大火，你看网络上一片幸灾乐祸声。这说明什么？说明电视圈在网民当中没有什么很好的形象。所以，一个电视人在网络平台上能得个奖，打个比方上说，就如同我这样四十多岁的人，让一些十七八岁的孩子评选得了奖一样。挺高兴的，但也比较惶恐，高兴的是，我觉得总体来说在新媒体发展的进程当中，在受这些年轻受众的关注，和我们主动去影响这些年轻人的进程当中，我们没有掉队。从这一点来说还是比较欣慰的，这是实事求是的一种心理感受。

课题组：中国电视网络影响力评估标准是在 2008 年 6 月份颁布的，这项标准的颁布可以说是打破了收视率作为唯一电视节目质量评估标准的局面，您如何评价这一全新的标准？您认为这一标准的出台对于中国电视的发展有怎样的意义？

闫爱华：过去对电视节目的评价，也有两个标准：一个是广受抨击的收视率标准，此外还有一个评奖标准，每年的省市级、国家级的，每年搞一些电视评奖，评奖就是侧重于节目的质量。如果说收视率更多是关注看节目的人有多少这个测量指标；而评奖应该是从质量和美誉度上去评价，但是评奖主要是从专家、领导角度上去评价的。从这一点上来说，网络影响力更多的可能是从普通受众——网民、年轻群体对电视的一种美誉度、口碑上去做的一个评价，而这一点确实是有突破意义的。不能说原来只有一个标准，原来也有过评奖标准，评奖标准一直是存在的，但是它更多的是从专家、领导，从那个层面上去对一个电视节目，对一个电视人去评价；这次的这个电视网络影响力的评价，我觉得更多的是从群众层面上，尤其是3亿网民这个层面上评价一个电视节目，我觉得有一种草根意义，从群众口口相传这种口碑意义上来讲，我觉得更扎实。不是有这么一句话吗，“金杯银杯，不如群众的口碑”。

课题组：您刚刚讲到的您由十七八岁的网友给你一个奖，实际上您不止在年轻人中有影响力。年龄层次还是挺广的，包括四十岁这个年龄，大部分人。

闫爱华：打个比方，好像青年人评中年人一样，因为我们电视算第三媒体，在中国真正的大发展也就是30年的时间，是改革开放以后。网络大发展则是十几年的历史，所以我说就像一帮年轻人评价中年人一样，被一帮小孩评选得了奖，这个感觉比较微妙。

本来是死心塌地要面向中下层，结果也得到了中上层受众的关注。

课题组：这很不容易，您想在同龄人中取得影响是很容易的事情，但是你想在你上一代人中取得影响这很困难，更困难的是在你下一代人中产生影响。

闫爱华：所以我觉得网络影响力评估这个标准的出台，对中国电视节目的评奖提供了一个非常新颖的、更扎实的、更有草根意义的尺度，我个人认为是非常有意义的。也不能说收视率是万恶之源，网络媒体和纸面媒体的受众，应该来说都是有一定文化的，说白了，至少是识字的。那电视观众有相当一部分不识字的，我国中学以下文化程度占全国的94%以上，山东是96%，就是只有不到4%是大专以上的人口。齐鲁台在山东省有9000万观众，这9000万人，95%中学以下文化程度的人，还有一半是初中以下文化程度的人，你面对这部分人的时候，你的节目想做的很高雅、很宏观、很国际的话，就会失去受众，所以，我本人经常感觉处在一种被撕裂的状态当中。我好歹也算个读书人（笑），希望自己把节目做的有文化一些，能够有品位一些，但是我们受众结构是这样的。能做到雅俗共赏，老少皆宜当然最好，但是大部分节目是做不到的。在这种情况下你就要做一个取舍。在2005年之后，我们齐鲁台定位就是扑下身子死心塌地地面向我们最大多数的受众。今天让我高兴的是，齐鲁台确立这么一个定位的情况下，还能让相对高端的网络受众所关注，挺不容易的，本来我们是全心全意的要面向中下层，结果也受这个中上层的受众的关注。

课题组：我们的网友的含金量肯定比电视观众的含金量要高的，至少会使用电脑，您刚刚说的，齐鲁台是死心塌地的面向中下层群众，但是却能够在中上层群体中有这么高的影响力，您认为是因为这些人的品味降低了，还是我们台的定位其实并不低？

闫爱华：其实我们的追求是，报道一个事情，也许是发生在相对中低层观众当中的事情，但是我们要尽可能地从文化层面上去解读它，去判断它，这是我们的一个立足点。再一个就是，我相信文化层次高也好、低也好，在人性当中都有俗的一面，再高层的人也有俗的一面。看电视是一种家庭行为，在这种情况下你跟自己的爱人和孩子，跟自己的父母亲再去谈论国家大事啊、谈论宏观调控以促进增长啊，就不是很和谐。这时候大家都会谈论一些家长里短。在这种情况下，我觉得如果这个节目一旦契合了你家庭的老人和孩子的那种胃口，或早或晚也会影响中间力量，这也是我们这些年设计的路线图——“农村包围城市，草根包围精英”，先影响中老年和孩子两头观众，通过他们的嘴再来慢慢影响中高层的受众。因为中老年和孩子是电视最忠实的群体。像你我这个年龄段，30岁以上到50岁之间这个社会的中间群体，他们恰恰太忙，没有太多时间看电视。这时候他们对电视的印象往往是借助于周围人的口碑，口口相传的那种对电视节目的评价。他们自己恐怕很难完整的看一档节目，即使这个节目只有15分钟，也很难完整的从头看到尾，中间不知道要接多少个电话，对不对？

打造中国最具互动性的电视频道

课题组：如果我们以后跟踪数据，就是在一期节目出完之后在网上进行调查，然后对一些数据进行分析，并且归纳网友发表的言论，最终得出一个结论来，您觉得这种方式对中国电视具不具有意义或者价值？

闫爱华：当然是有非常积极的意义的。其实2005年我们确立眼睛向下，俯下身子面向普通观众的时候，我们也有一个口号叫“打造中国最具互动特色的大众频道”，您看齐鲁台现在所有的节目都是直播的，都是互动的，互动就是借鉴了网络的特色。过去电视的传播是单向的，现在你看，我们的新闻播出的时候，一个主持人在那播新闻，另一个主持人在那儿回复观众短信。观众看了这个新闻以后马上就可以发表评论，我们在另一个后台主持人可以回复这条评论。而且我们每天新闻都设立一个话题，观众可以对这个话题进行投票表决。昨天讨论的是中国社科院的绿皮书，它总体评价中国农民的生活水平比城市落后了10年，我们就把这个题目放在这儿进行讨论，设置了两个选项，一个是“没有这么多”，第二个是“不只10年”，让观众来投票。最后投票结果是，认为没这么多的是1000多票，认为超过10年的是5000多票。

还有一个，人民大学的校长纪宝成提出计划生育应该放开二胎，节目设置了两个选项，一个是“应该放开”，第二个是“还不到时候”，结果认为应该放开的是9000多，认为还不到时候的是1000多。

课题组：我们的节目播出一个小时以后就上网了？

闫爱华：对，这是我们的要求。

这些年齐鲁台发展了，拿出一定的资金来做公益活动回馈社会，既有可能，也有必要

课题组：回顾2008年，齐鲁台都取得了哪些成绩？哪些活动或者栏目的表现最为出色，让您最满意？

闫爱华：传统来讲，评价一个电视台，是二创，创优，创收，这是我们最基本的，现在看来也是基本的指标。从创优情况来看，去年中国广播影视大奖收缩了评奖数量，每个省每年只能有一个拿奖，我们去年合作的一个现场直播节目获得了去年全国广播影视大奖；至于全省的奖，我们送出了11个，10个得了一等奖，一个得了二等奖，因为只有一个频道，所以我们送选的节目数量受限制，但是中奖率还是比较高的。从创收这个角度来看，一般衡量一个地面频道就两个标准——市场份额和收视率，齐鲁台占的市场份额在济南市和山东省都是第一，而且领先的优势非常大，奥运那两周不是第一，但奥运结束的四天就又是第一了，这说明山东省观众对齐鲁台的忠实度是非常高的。还有一个情况需要解释一下，全国现在上星的频道是40来个，有三十几个省份，有的省份是两个上星卫视，但是不上星的地面频道有300多个，在这300多个地面频道当中，能够在省网和省会城市都是第一的，全国大概只有湖南经视综合和齐鲁。

说到2008年的成绩，我觉得去年我们成效比较大的是与山东省红十字会联合做的乡村卫生站，今年国家才开始搞医改，过去的医疗保障主要是面向城市的，农村没有什么医疗保险，这也是今年国家推出医改的一个动因吧。但是我们从去年开始，就和山东省红十字会在山东省各地建设乡村卫生站，一个是建设一个像点样硬件设施，进行培训，组织专家和博士下乡去义诊，然后配备一些基本的药物保健，这个是非常非常受欢迎的。第二个是相对集中，相对来说辐射的人口比较多。上到领导，下到普通老百姓评价非常好，实际效果来看也是非常好的。

课题组：我们知道，2008年是齐鲁电视台的公益年，在这一年里，齐鲁台举办了许多大型的公益活动，如赠送环保购物袋，爱心操场等，都非常成功。公益活动这样的一些平台是否能够帮助您获得网络影响力。

闫爱华：我本人是学经济学出身，管理学上说，做企业应该先把自己的产品推销出去，当占领了一定的市场以后，就应该做美誉度了。前几年，我国温州的鞋商在西班牙被抢劫，一些暴徒把他们的商店也烧毁了。这其中当然有经济的原因，但是另外一个因素也不能忽略，就是这些鞋商在当地几乎不赞助任何公益活动，形象不佳。作为一个电视台，有了一定的收视率，一定的市场份额以后，就应该在当地做公益事业，让老百姓感觉，这个电视台不只是节目不错，还在做好事呢。这样才会对观众产生黏合力。

我们去年同步开展了十几个公益活动，发放环保袋、建乡村卫生站、爱心操场、留守儿童活动站、天使之翼、还有美丽受损女人——就是为由于各种原因毁容的那些女孩子义务整容。当然肯定要有投入，但是我觉得值得。这些年齐鲁台发展了，拿出一定的钱来做公益活动回馈社会，既有可能，也有必要。

两只手来做工作

课题组：阎台长，我们知道，齐鲁电视台在2005年开通了网站，并且与新浪合作开始在网上播出齐鲁的节目。您认为网络的利用在齐鲁电视台的发展中起到了怎样的作用？为什么会发挥这样的作用呢？

闫爱华：与新浪的合作实际上起到倍增器或放大器的作用，2005年跟新浪结盟，当时汪延亲自到济南来的，那天是儿童节，他开玩笑说相对于电视节目来说，网络是个儿童啊，所以就选儿童节来，在济南签了战略合作伙伴协议。那时候我们还是比较早的，现在看来光我们在新浪的播客浏览有5000多万了，这在几个播客里面的浏览量是最高的，我们给他增加了浏览量，齐鲁得到的是在全国放大，这是一个双赢的合作。

课题组：我国网民的数量正在迅速增加，截至去年年底已达到2.98亿，而且目前一个现象是电视观众特别年轻观众开始渐渐流向网络，可以说网络的受众资源是日益丰富。您在电视媒体的角度是如何看待这些资源的，又是如何挖掘这部分资源的呢？

闫爱华：现在网络的这种普及，对我们来说是相当可怕的，因为网络的这种普及抢走了电视，也就是说社会主体观众群。举个例子吧，在网络没有普及之前，过去就作为社会中间力量想获取国际国内最大的大事，一般都会等到晚上7点钟看中央台《新闻联播》，现在还有多少人去通过《新闻联播》去获知？中央台的《新闻联播》的收视率在10年以前有30多个点，30%的点，现在看中央一套《新闻联播》的大概只有3、4个点，相当于原来的十分之一。互联网的普及对信息传播渠道，尤其是电视的这种精英观众群来说，是个非常可怕的一种掠夺，我觉得是一种掠夺。不由分说就把这部分人拿走了，确实是非常可怕的，就是把电视观众压向中低端了。

在这种情况下我觉得电视有两个思路，一个是我们还要跟网络努力争夺这个中国电视观众群，比如说一些频道，就是定位于白领、高端，中央二就是这样的，但是中央二比10年前的市场份额也降了非常多。第二个就是我们齐鲁台的做法，既然网络目前控制了精英白领观众群体，既然电视处于弱势，那么就承认这种弱势，我们就俯下身子，做普通观众的节目。一位广电局局长也说过，他说俗人做俗节目，可气；俗人做雅节目，可笑。比如我们电视的编导主持人，就本科毕业，但是想做一个读书节目，你自己别说文学大师了，连一个文学博士也不是，你想做读书节目，你自己就是个大学经济系刚刚毕业的大学生或者研究生，你就做财经点评，这样真正的行家看起来会很可笑。但他说雅人办俗节目，可怕。当然我们坚定不移的面向中低下观众群的同时，我们也绝不放弃这个争夺白领观众的这种努力。我们做好自己的网站，然后再通过跟其他门户网站的合纵连横，来扩大我们的影响力。实际上我们是两只手来做工作。

课题组：是啊，我们电视的潜力还是很巨大的。

闫爱华：尤其是报突发事件，是电视的强项。

课题组：现在有的网站已经取了视频制作的许可证了，如果网站同样也具有采访权的话，再PK的时候，就是大家所有的权利和义务都是一样的时候，您觉得电视还会具有优势吗？

闫爱华：短时间内还会有优势的。我为什么说短时间内啊，第一个是覆盖面的问题，电视在中国的普及率现在90%几的样子，而网民数量是有个上限的，在初始阶段每年递增的非常快，到了一定的阶段以后，我估计大约在50%—60%的时候就会趋于平缓了，再增长就很缓慢了。中老年的受众，文化层次相对比较低的这部分人，没有上网习惯的人，可能这一生都不再上网了。从普及率上说，网络可能永远都赶不上电视，这是第一点。

第二点，从获取信息的“舒适程度”来讲，网络不如电视，上网要用鼠标去点击，眼睛比较吃力。而看电视呢，你可以躺在沙发上、躺在床上，怎么舒服怎么看。从人性的终极发展来看，人性是趋向于懒散的，休闲的，不受约束的去做一些事情。为什么傻瓜相机、自动挡汽车普及，它比较简单啊，不用费这么多脑筋啊。如果一个东西复杂，需要受过训练或者是需要一定的知识水平才能干这个事的话，那么它一定赶不上那种傻瓜都能干的那种普及程度。

课题组：那么对于未来的这一代人来说呢？毕竟在网络上可以做的事比

电视多啊。比如可以在线聊天，在线视频等。

闫爱华：我觉得往后的发展趋势，电视跟网络不会像现在这样壁垒森严的，它应该是相互融合的趋势，可能电视机的屏幕同时也是电脑的屏幕。现在很多人说手机电视对电视会有很大冲击，我说不会的。第一手机屏幕太小了，要做成很大就不是手机了，对不对？即使是折叠，也是好大呢。看手机屏幕，你连续看五分钟试试，眼睛就会疲劳得受不了，除非发生很重大的事件。自己正好在外面，身边没有电视机，又特别想知道这件事，比如说一个突发事件啊，像“9·11”，或者哪一场球怎么样了，要知道结果。但让你连续看一场球赛试试，45 分钟半场，眼睛会受不了的。所以说我觉得，通过手机看电视，不能作为一种常态，舒服的，符合人性的东西才能长久。

SNG 的春天到了

课题组：接下来这个问题是关于 break 新闻的，当时是怎么想起来做这种形式的新闻的？

闫爱华：去年 10 月份，我在中宣部怀柔的培训中心参加中宣部的一个研讨班，李东生副部长说的，说中央准备发一个文件。核心是接受 2008 年的经验教训，要对突发性事件公开报道，第一时间报道。2008 年他说几个喜事，几个坏事，坏事就是拉萨事件、三鹿奶粉事件，都是第一时间想捂没捂住，结果造成中国在国际上的形象非常差。但是地震、奥运会我们都是第一时间发布的消息，第一时间公开报道，西方媒体没什么可说的了。到地震报道后期，西方媒体都不来人了，回去了，说直接用中央台的信号就行，你像我们的这个地震的报道，还有奥运会的报道，中国在国际上都是正面形象。所以，鉴于这正反两方面的教训，李部长说中央准备出台一个文件，对突发事件以后允许媒体第一时间报道，先抢占高点，先发出我们的声音，不要给国外媒体可乘之机，要争夺话语权，掌握主动权。在这个会上听着李部长的话，我就拿手机给我们台里发短信，说森骥的春天到了！结果，我还没回来，这个 break 新闻就开始播出了。break 新闻的名字这样取的：当时我们想好多词，国外叫 breaking news，我们叫什么呢？要是直译过来，叫打断新闻，打断新闻等于新闻没了，把新闻给打断了。中插新闻？插播新闻？感觉都不好，干脆，不翻译了，就叫“break 新闻”。break 新闻实际上是我们在圈内起了这么一个名字，实际上在电视上播出的时候叫《独家!》。这就是刚才我说的两手，给观众看的时候我们叫独家，在网上推出或者在平面上推出的时候我们叫 break 新闻。

课题组：收视率怎么样？

闫爱华：很好，当时还有一点顾虑，就是说把正常播出的节目打断了，观众会不会流失啊？后来发现不是，它比原来的节目收视率还好。

课题组：是不是都来看，出事了，出事了。

闫爱华：一点都不错，就是这样的，大呼小叫，把其他人都叫过来，家庭或者是周围的邻居朋友什么的都叫过来看，就是这么一个过程。

电视管理者需要一个精算师的头脑

课题组：听说您的经历比较传奇啊，跨学科读研，跨学科就业。

闫爱华：我是 1977 年，13 岁那一年参加的恢复高考制度以后的第一次考试，之后又换过几个大学和专业，1992 年底考电视台，开始干记者，后来竞争上岗，大体上就这么个经历。你说跨学科，是因为前面那个学科总是学不好（笑）。

课题组：闫台长很幽默，对于别人来说，在那个年代能够上大学就不错了。您认为，掌握多个领域的知识对于您的管理工作有怎样的影响？

闫爱华：我觉得这么多学科学出来，有一个实在的帮助，就是能够让你能够经历一种理性思维训练。比如说我到山东某地去出差，会去一个普通的居民小区，到居民家里去看看，到农村去，我也到农民家看看，你家能看几个电视频道，几口人啊，都做什么工作，你们家平常谁拿遥控器，等等。而且我也有这么一个观点，现在做电视，不只需要一个政治头脑，也不只需要一个文学头脑，除了政策水平、艺术审美素质，电视管理者还需要一个精算师的头脑。你这个频道覆盖多少人口，你的受众是什么样的作息习惯，什么样的风土人情，你这个频道哪几十分钟强势，哪几十分钟弱势，应该非常清晰。

课题组：你觉得金融危机对咱们有影响吗？

闫爱华：肯定是有。首先是广告投放更谨慎了。但从另一个角度来看，出现了经济危机之后，经济活动减慢了，在家的人多了，看电视的人更多了，时间更长了。广告客户投放更谨慎了，在谨慎的前提下，一般来说客户会选择更保险的媒体，什么是更保险？就是强势媒体，影响力比较大的媒体，这也是一个媒体优胜劣汰的过程。顶过这几年去之后，可能强势媒体的步伐会更快的，金融危机淘汰的是弱势媒体。

课题组：前一段时间提出了一个收视率的通货膨胀的概念，就是说收视率在提高，薪水在提高，看电视的人也增多了，可是另一方面广告收入却在下降，也就是说每个收视率点的含金量在降低。

闫爱华：可以这么说。但是齐鲁台一季度比去年同期增了。

课题组：你们一季度还增长了？好多台还在下降。

闫爱华：去年我们纯广告是3.2亿，今年争取3.6亿。

课题组：为什么呢？为什么一些经济发达城市都会受到一些影响，咱们为什么还增长了呢？

闫爱华：比原来更努力地去做工作！没有什么诀窍。我们今年加大了线下的推广活动，刚才说星期八，不光是我们主持人进社区，跟观众联欢，跟群众沟通感情，同时这个栏目的赞助商，他的产品也是跟着下去的。再一个齐鲁台还有超联和常青藤高校两个媒体，给客户增值回报。

如果大家在一个平台上，我们不会输给美国人

课题组：您对咱们频道未来的规划是什么？如果在省里这个范围之内做增值，再怎么也不可能做到100%，全省人民全都在看。那以后您觉得这是不是咱们频道未来的瓶颈？以后我们有什么战略发展思路？

闫爱华：分开说吧，单从节目来讲的话，齐鲁台是山东广电系统的改革试验田，我们不断提高节目创新的力度，这样观众可以不断地从这个频道看到新的东西。第二个是在一些体制改革上，我们还会想办法，尤其是跟新媒体的结合和融合上，借助新媒体的这种影响力扩大我们的影响力。现在可以说初见成效，要不然你们三个也不会来了。从总体的市场份额来讲，所有电视台都会慢慢下降的，也可能一段时间会上升，但是总体上还是会下降的，这个趋势难以逆转。但是如果做得好，影响力会上升的，这就看做的工作怎么样了，能不能做到点子上，而且做的力度怎么样。

课题组：给您足够大的权力，你给的中国的电视应该是什么样子的？

闫爱华：不比西方的差。我在美国电视台实习过三个月，美国的NBC，就是国家广播公司实习过三个月。2005 年在新浪访谈的时候我就说，如果大家在一个平台上，都有同等条件的话，我们不会输给美国人，齐鲁台不会输给他那个台。关键是政策约束，技术条件的约束，如果没有这两个约束的话，我们不会比他们差。中国人很聪明，一点都不比外国人傻，甚至从某个角度来讲比他们更聪明。

低调做人，高调做事

课题组：您的网络影响力与您领导的齐鲁电视台的影响力是密切相关的。齐鲁电视台作为地方台，虽然电视受众有限，但在网上却是广受好评，而且在这次网络影响力的评选中您也是脱颖而出，跻身前十。能否给我们介绍一下，您是如何取得这么显著的成绩的？

闫爱华：我觉得是因为山东网民多，捧场的也多吧（笑）。我看了数据，山东省网民占了全国的不到十分之一，十二三分之一的样子，中国是两亿多个网民，我们山东也有两千多万网民。像胡总书记去年五月份在《人民日报》说的是要遵循传播规律，要面对受众做节目，写文章，齐鲁台在这一点可以说执行得比较坚决，就是说死心塌地的研究受众，面向受众，研究受众喜欢什么样的节目，喜欢什么样的口吻，包括主持人的形态。主持人要走到观众当中去，我们从这个方面下足了工夫了，不自夸的可以这么说。说我本人吧，我们一个新节目上档的时候或者一个新电视剧上档的时候，我回家路过一个农贸市场，我会把车停下来走到农贸市场去看一下，因为农贸市场当中很多摆摊的人是有一台电视机的，他们是不是看我们的新闻节目，是不是看我们的电视剧。这部分人恰恰是电视最基本的受众。在这个方面，对观众细化的每一分钟时流入我们的频道还是流出，这方面可以说我们下足了工夫了，一点都不自夸的说，其他媒体很少像我们这么下工夫。

课题组：就您个人来讲，就是有没有一些比方说我们说的类似于其他人的包装自己的形象，会采取一些技巧或者是有意的突出一下自己的这种，让自己的曝光率增加一些啊，就是您在这方面是不是也增加了您的影响力？

闫爱华：这么说吧，一年之内，我除了参加几个研讨会或者论坛以外，

求。刘长乐对凤凰进行了差异化定位。在新闻的制作与选择上，他强调不光追求与内地新闻宣传模式不同的另类表达，更看重针对内地电视新闻的“拾遗补缺”功能。

要超越政体、国界和意识形态，凤凰必须通过抢夺硬新闻，借助重大事件打造品牌。在这种理念的指引下，凤凰抓住机遇，迅速成长。1997 年邓小平先生去世、香港回归、黛安娜葬礼等一系列直播和报道，给凤凰卫视中文台带来了良好的社会反响。

2000 年 6 月 30 日，凤凰卫视在香港创业板上市，集资 9 亿多港币，从开播到上市仅仅历时四年多的时间，这在香港是破天荒的事情，在国际媒体界亦极为罕见。因为一般而言，卫星电视要做到收支平衡至少需要 7 年的时间。当日，香港证券交易所内媒体云集，刘长乐笑眯眯地与前来道喜的客人频频碰杯，这一步走得要紧。

他更加坚定了自己的判断，并于 2001 年 1 月 1 日，开办了凤凰卫视资讯台。这个当时世界上唯一全天候 24 小时滚动播出时事、财经新闻的华语卫星频道，由于对新闻事件快速的反应以及信息量大、立场客观，被外界称为“华语 CNN”。说到凤凰卫视这个“里程碑”式的动作，刘长乐说：“如果要我说这些年哪些事情对我比较关键，那就是打造凤凰、凤凰上市以及资讯台的开播。”然而，资讯台开播之初却让刘长乐着实感到了困扰。巨大的损失使得凤凰集团“财务紧张”的传闻甚嚣尘上。“我们也经历了两年非常痛苦的、没有达到经营目标的阶段。”刘长乐坦率地说，“也许今天看来，资讯台的推出有点过早，开播两年后才被批准在内地有限落地，这也许是个经营错误，但是这个台必须推出。”

2001 年 9 月对“9·11”事件的迅速持续的报道，2003 年对伊拉克战争的直播，2004 年 3 月对台湾“大选”的深入报道，改变了凤凰的尴尬局面，从此它声名鹊起，扬名海内外，成为具有国际影响力和公信力的知名媒体。

凤凰人的专业主义激情

凤凰人一直以“专业主义”激情做新闻，归根到底，是一种对新闻职业的强烈认同。刘长乐认为，所谓“专业主义的激情”，与媒体的职业操守有很大关系，或者可看作受众本位以及公众知情权的问题。这十年，凤凰卫视是在夹缝中求生：地缘的夹缝、政治与资本的夹缝、收视率与雅文化的夹缝、剪子与票子的夹缝，我们是在逐利商业的恣肆汪洋中寻求新闻传播、价值弘扬的平衡。专业主义的最大干扰与压力，不是商业意志而是传媒的媚俗化倾向。专业主义代表着一种风范指标，比如道德的引导、文化的追求、文明素质的提升，这方面对专业电视人影响非常大。

这十几年来，凤凰一直在困扰中挣扎、徘徊，比如收视率、道德与专业诉求的平衡。他们也曾在晚 8 点黄金时段播放过电视剧，和香港无线以及内地电视台一同陷入恶性拼杀之中。好在凤凰及时反省，撤下电视剧，改成内容严肃的专题纪录片。拿黄金时段进行“专业主义”的“赌博”，投巨资和电视剧抗衡，这在当年没人看好，包括投资人。然而，刘长乐坚持专业主义，同时坚持专业主义带来的激情。在这种历练中，他用一场“豪赌”提升了凤凰的性格、修养，更重要的是他们强调的“专业主义”带来了积极回报，丰厚的广告费让凤凰人坚信这一选择是英明的。

如今，电视媒体的竞争越来越激烈，娱乐节目和电视剧迅速成为各个电视台争夺收视率的法宝，在大家在娱乐和电视剧的“红海”中厮杀得不亦乐乎之时，刘长乐始终坚持凤凰的精英意识，在文化领域开辟出一片广阔无垠的“蓝海”。“中华文化曾经断层，也受到破坏，凤凰就应带头拒绝‘媚俗’，关注重建道德和文化。”他认为，华文媒体可尽自身的努力，不为收视率而去推动文明的发展。

新媒体打开另外一扇门

2006 年，中国移动入股凤凰卫视，在此次股权变更后，持有 37.52% 股份的刘长乐摇身成为凤凰的最大股东，中国移动以 19.9% 位列第二，此前一直与刘长乐在股权上平分秋色的新闻集团则退居第三。

这一纸合同的签订，必将深刻地影响未来中国传媒的发展。凤凰和中国移动都深感未来的传媒世界将是媒体运营商、电信运营商、手机流媒体结盟合作的格局，这种模式在很多国家已经形成。随着手机 3G 业务如火如荼地发展，中国移动需要优秀的内容支持，而凤凰卫视借助中国移动的网络，可以有更多的作为空间。通过联合开发、销售及提供创新的无线内容、产品、服务及应用，互相协助，双方在移动通信和传媒行业的领导地位必将进一步提升。

通过与中国移动的合作，凤凰卫视为自己在新媒体的领域里预留下一个 VIP 席位。而在这场被称为三赢的交易里，在其中穿针引线的刘长乐，彻底巩固了自己在董事会的控制地位，还开启了新业务的另一扇门。

业界影响

刘长乐对中国传媒总结过四句话：办传媒不是技术而是艺术；媒体竞争不像赛跑更像舞蹈；媒体管理团队不是交响乐而是爵士乐；媒体经理人不仅是企业家，而且更像是政治家。为凤凰制定了智慧游戏十六字令：你无我有，你少我多，你慢我快，你板我活。他经营的凤凰从“蹩脚的娱乐台”摇身变成可与主流媒体“华山论剑”的大侠，修炼的秘籍也许就在这看似简单实则难懂的几句话中。

凤凰“说新闻”的方式引发了新闻播报方式的巨大变革，几个其貌不扬的老头子评论员颠覆了主持人的刻板形象……很多人企图复制凤凰模式，甚至照搬凤凰的节目形式，连主持人的语气、穿着打扮等都如出一辙，然而，创新是凤凰的灵魂，对市场的洞察和剖析是凤凰节目成功的基础。领会不到理念层面的东西，仅在表面做文章是不行的。刘长乐常说，凤凰是不可复制的。也许它诞生的条件和机遇，它形成的企业文化和理念在其他人那里无法再现，然而，凤凰带给中国媒体行业的触动和改变却极其深刻。

刘长乐说，作为华文媒体，凤凰为了使自己迅速进入世界传媒的主流，提出了三个必须实现的目标：大事发生时我在场；大事发生时看凤凰；给我半小时，给你全世界。当华文传媒真正担当起自己的新角色，从而建立起世界传媒新秩序的时候，占世界总人口五分之一的华人，将以强者和友善的形象屹立于人类的视野。

可以说，凤凰卫视的出现，引领了电视媒体的潮流。它改写了中国电视运营模式，改写了中国乃至亚洲媒体的竞争模式，点燃了中国媒体界的“硝烟”。往大一点说，它改写了城市与企业的经营理念。有评论曰：“凤凰卫视在华语世界中正在形成一个完整的资讯传播与评论带，这个评论带显然正改变着中国的新闻格局。”

CNN在2004年初对刘长乐进行专访时评价他：一位由记者成长为企业家的人物，他的辉煌业绩使他成为亚洲的一位受人尊敬的传媒大亨，他是中国的传媒巨人。刘长乐这个“凤凰传奇”的缔造者，给中国电视行业带来了新的眼界和视角，他经营凤凰的理念和模式，他对中国传统文化的敬重和弘扬，他在节目中体现出来的人文关怀和社会担当，他一直强调的专业主义和精英意识，他对未来传媒发展格局的远见和策略，都给中国媒体人带来了值得深思的启迪和有力的敦促。自刘长乐开始，华语媒体开始向世界发出独立的声音，这一意义超越任何商业利益，足以使他彪炳史册。

二、佛商的智慧：刘长乐报告

一个疯子和五百个疯子的故事

有一句话在凤凰流传甚广，“女生当男生使，男生当牲口使。”刘长乐过生日的时候，凤凰的主持人集体送给老板一台榨汁机作为生日礼物。他自然深谙其意，自言自语道：“都是好汁，还得再榨。”这个故事在坊间广为流传，然而年轻的传媒人还是按捺不住心中的渴望，争先恐后地成为饱满多汁的鲜橙，心甘情愿地被他们的刘老板“压榨”。这位慈眉善目的“榨汁机”究竟有什么魔力?

刘长乐的办公室在凤凰大厦9楼，可他总喜欢往19楼跑——那里是讨论节目制作的会议室。他特别喜欢和工作人员一起“头脑风暴”。伊拉克战争期间，他每天工作18个小时，整天围着伊拉克地图，亢奋地不得了，恨不得自己也“杀将过去”。刘长乐的内心深处始终有一种与生俱来的新闻冲动。他每天90%的时间都花在了内部管理、资金运作上，只有10%的时间来关心节目内容，但是就是这10%让他感到很亢奋，而且会很快地进入状态。

“如果你倾注心血的媒体能获得非常好的反响，能够掷地有声，甚至绕梁三日的话，这种享受不仅能激发你的热情，甚至对我来说就像是兴奋剂、强心针一样，所以我付出再多也是属于心甘情愿，自讨苦吃的。”他对媒体的激情点燃了凤凰的员工，他们像一台台永动机一样不知疲倦，对重大事件有抑制不住的激动和渴望，一走进演播室就精神亢奋，屡屡被同行们称为“媒体疯子”。

有人说，凤凰卫视就是“一个疯子和五百个疯子”的故事。刘长乐对这一评价相当得意。他说：“我们凤凰人就是一群‘疯子’，这群疯子有激情的原动力，因为我们的付出能得到非常好的回报，产生很好的社会效应和市场效应，这就能激发我们更多地付出，产生一种良性循环。”

的确，从年轻的记者到美丽的女主持，甚至年过半百的评论员，全体凤凰人都疯得不亦乐乎。炮火纷飞的伊拉克战场，“战地玫瑰”闾丘露薇“疯”得不顾生命安危；国庆50周年的直播中，凤凰典型的“小疯子”董家耀在人民大会堂高空俯拍四个小时不知疲倦……每每这时，媒体的同行都连连惊呼：“凤凰的人疯了！”

刘长乐解释道：“我们疯是疯在我们的情绪上，疯在我们的斗志上，但是在政治导向方面，包括在大局的时势把握、时政把握，包括对于经济运程的把握方面我们是非常理智的。”

“三名策略”

刘长乐在成本控制上，出了名的“抠门”。凤凰人之间流传一个说法，起初凤凰是拿相应的钱做相应的事，到后来做节目时成了拿别人的钱办自己的事，而到了现在则进化成花别人的钱办自己的事同时，还要赚别人的钱。

凤凰的节目也都是低成本的，几个人坐在一个逼仄的演播室里，唠唠叨叨，花不了多少钱。然而，收视率、美誉度却在业内遥遥领先。奥秘就在于刘长乐的“三名策略”，也就是，名主持人、名评论员、名记者。他把主持人、评论员、记者都当作品牌来打造，从最初的吴小莉、陈鲁豫、胡一虎等俊男靓女，到后来的杨锦麟、阮次山等年过半百的老头子，在刘长乐的眼中都是凤凰最核心的资源和财富。“要有名气的人去讲，才会有人去听，这是包装手法。”

他以主持人的特点为出发点来打造节目，于是，有了鲁豫风格清新自然的《凤凰早班车》，开创了“说新闻”的先河；于是，有了窦文涛油嘴滑舌的《锵锵三人行》，贫得不亦乐乎……长乐也是伯乐，他对人才的定义并不是传统保守的认识，他注重的是个性和特点。老骥伏枥，杨锦麟等形象不佳，普通话不标准的老头儿，完全不符合传统的主持人的形象要求。刘长乐看重他们身上千里马的潜质，老骥伏枥，志在千里，他们如今已经成为凤凰的“活商标”，观众的喜爱，同行的模仿，都是高度的认可和赞扬。

凤凰卫视的节目名字很多都是刘长乐亲自取的，五个字的居多。值得注意的是，他很少使用“新闻”二字。《时事直通车》、《时事开讲》、《时事亮亮点》……而以新闻为特色的频道他命名为“凤凰咨询台”。这背后，自然有他多方面的考量。他不愿意以“新闻”命名频道和节目，是因为不愿意背上有闻必报的包袱，同时，也给工作人员更多的自由发挥的空间。

不冒险的军人

刘长乐在兰州制药厂上班期间，家和工厂隔着黄河遥遥相望，然而，他每天必须骑自行车绕很远的路，经过一座大桥才能到达对岸。这样折腾了一段时间之后，他索性扔掉自行车，每天游过黄河去上班。黄河水流湍急，一旦遇到漩涡就有生命危险。有一次，他果真被漩涡给缠住了，水流的巨大力量控制着他，可这位不惧不怕的弄潮儿，愣是凭着一股冲劲摆脱了出来。时代的大潮面前，他同样如此，凭着胆大、心细，闯过一个又一个险滩。然而，刘长乐从不承认自己是个冒险家。他说：“我不是一个冒险家，我们做事情都是要经过很精确的考量的，都要靠数字来思索，靠数字来架构和计算。”他勇敢但不盲目，这也许与他的十年军旅生涯有关。

由于近视眼，刘长乐是走了后门才当上兵的，关于这一点，他从不讳言。然而，这个“后门兵”并没有选择热门的文艺兵和汽车兵，而是选择成为一名“逢山开道，遇水架桥”的工程兵。营口地震、唐山大地震……抢险救灾，他们永远冲在最前面，时刻面临着生与死的考验。一次工程爆破中，他朝夕相处的战友被炸成了碎片。一次次与死亡、天崩地裂和自然灾害面对面，刘长乐对世间所有的苦难都已看淡，不盲目冒险，但也从来不惧怕风浪险滩。军人出身的他，在硝烟弥漫的商业战场上，从容淡定，有一股铁骨铮铮英雄汉的霸气，也有运筹帷幄的计谋和策略。

刘长乐曾经说：“我把人分成四种，一种是情况明，决心大；一种是情况不明，决心大；还有一种是情况明，决心不大；最后一种是情况不明，决心不大。我是属于第一种，属于在下决心上比较到位的一种。”虽然这句话说得貌似不够谦逊，但很实在。刘长乐的确是明了情况才肯下决心的人，看准时机，决断果敢。

如今的刘长乐身宽体胖，富态得一看就是老板级的人物，然而当年在部队的时候，尤其是在唐山大地震的救援归来，他瘦得脱了相，十指磨得血肉模糊，指甲都磨掉了……那段艰苦的生活给了他后来面对困难时淡定的心态，那些悲惨的景象让他对生死、对人间大爱产生了特殊的感悟。

佛商的大爱　和商的智慧

2007 年 1 月 11 日，刘长乐来到位于台湾高雄的佛光山，与星云大师进行对话。话题从“凤凰与佛的缘分”、“包容的管理哲学”一直到“和谐社会”。他说，“凤凰”讲和美，佛教讲慈悲，有着同样的精神核心。让人有些恍惚，这个长得像弥勒佛的人，到底是传媒人，还是传道者？

形似弥勒佛的刘长乐素来被称为“佛商”。在他的办公室里，放着一尊弥勒佛像。弥勒佛是未来佛，其特点是向前看，不计前嫌，所以显得很大度。刘长乐喜欢用“禅”的智慧总结凤凰卫视的管理方法：管理的核心是管人，人的管理就是心的管理，真正成功的企业管理，来自对人心灵的关注，开发人心的力量，才能事半功倍。管理的目的就是要创造“佛性觉醒”的条件，让每个员工都有机会认识自身的能力与智慧，发挥自己最大能量。刘长乐认为，所谓“禅的管理”，就是从善、从心、从佛，使人本位的管理上升为心本位管理，把通过制度、收入等手段对员工进行外在控制转化为心灵的启迪和觉醒，达到自我管理和自我控制的境界。

刘长乐包容的管理哲学体现在日常工作的点滴之中。窦文涛的《锵锵三人行》是凤凰最老的节目，已经播出很多年了，他戏称“快赶上《老友记》了”。高层多次讨论是否要让这个节目“下课”。然而，很多观众写信来说，《锵锵三人行》已经成为生命的一部分，没有它就活不下去。虽然刘长乐本人对这档节目、对节目中的一些观点和态度并不认同，但他认为，有一个群体离不开这个节目，应该让它继续存在下去。因此，他从来都避开这档节目的播出时间，否则，听到让他不能接受的言论，他忍不住还是会说出来。窦文涛对刘老板的宽容极其感激，他清晰地记得刘老板曾经对他说，你的节目给我惹了不少麻烦，不过你放心做，有事儿我给你顶着。这样宽松、包容的管理，难怪凤凰人这么卖命地工作，不知疲倦，毫无抱怨。

刘长乐与佛的缘分早已开始。在他的生命中，有两件东西非同寻常。一本他少年时读过的书，前苏联作家卡维林的小说《船长和大尉》；一尊布袋和尚的塑像，布袋和尚笑口常开。他说：“布袋，也是不带，说的就是放下。”他每年都要到五台山礼佛，刘海若在美国发生车祸时，他也曾去那里为她祈祷平安。每年正月初一，刘长乐总要带凤凰的员工到雍和宫祈福。因为刘老板的佛心，凤凰卫视做过不少与佛教有关的节目。曾经有人提出质疑，认为电视台作为一个社会公器，转播了佛教就必须要转播其他宗教的活动，他回答道：“我们转播的并非宗教，而是文化。”细细想来，他所说的文化正是一种“和”文化。从“9·11”事件的全程直播到派记者进入硝烟中的伊拉克，从先后恭迎佛指舍利赴台、港，到促成李敖的大陆之行，人们感受到的是一个放眼世界、具有大中华视野和强烈使命感的太平绅士，为在两岸三地乃至全世界的华人圈营造“和谐”而努力。

凤凰每天有一个5分钟的节目，就叫“天地人和”，以和为贵、和气生财。用各种不同例子来讲“和”。“和”的理念，其实已经深入凤凰文化。一次采访，凤凰摄制队来到巴基斯坦的餐厅中，有一位外国人问他：“你们是什么人?”他答：“我们是中国人。”那人又问：“你们是哪部分的中国人?”他说：“我们是中国大陆、香港、台湾，还有海外回来的中国人。”凤凰卫视的员工和观众，正好覆盖了这完整的组合。

2002年，台湾佛教界从西安法门寺迎请佛指舍利到台湾全岛各地供奉，凤凰卫视全程直播，见证了万人空巷、至诚顶礼的场面，刘长乐被深深地震撼了：“在9·21地震灾区，我看见了受灾的乡村妇女流泪合掌，面容安详坚毅。我感受到即使在最苦难的人间，佛陀所代表的觉悟和慈悯，仍平等无碍地安抚着人最深的伤痛，触摸着人最深的希望。”

在他心目中，对于两岸三地民众来说，佛教文化的感召力在一定意义上也就是中华文化的感召力。“佛教是海内外华人思想联系的纽带，尤其是汉传佛教在两岸三地都有着完全相同的声音、完全相同的感情。而凤凰在两岸三地、在全球华人中间所追求的是求同存异，强调以和为贵。因此，大家都认同的东西也是我们所要宣传的东西。”他说，他更喜欢别人称呼他“和商”。

“关系学”的奥秘

“你到海外去办媒体，而且办得这么好，是不是因为你背后有人支持?”“你是有背景、有来头的，你是不是现在还属于某某势力集团? 你是不是现在还属于军方?”这样的疑问常常在刘长乐耳边萦绕，很多人质疑，他这个打“擦边球”的高手，是不是有什么背景和靠山。

CNN在采访他的过程中竟然把“关系”这两个字用音译的方式直接用在英文中间了。中国的“关系学”在西方已经成为被研究对象，刘长乐把这些言论看作是“善意的揣测”，但也少不了要解释一番：“中国有句流行的话叫‘八十年代靠胆子，九十年代靠路子，二十一世纪靠脑子’。关系学，在现在这个土壤里，不能说完全没有作用，但实际上它的作用已经变得相对比较次要了。特别是媒体，这种市场化的、非常透明的产业，它是赤裸裸地摊在光天化日之下让大家去评判，这个跟‘关系’几乎没有什么关系。”

"放眼香港，完全中资的机构和企业多得数不胜数，他们其中不乏有背景的，但很多企业都没有做起来，或者说都没有取得他们应该有的辉煌。相反，很多没有这种背景的企业却成功了。我觉得对凤凰来说也是同样的道理。"

"西方人对中国的市场化程度太低估了，他们以为中国现在还是靠关系就能够生存。其实从某种程度上来说，靠关系有暴富的可能性，但就企业的持续发展而言，越是靠关系几乎越是没有可能成功。"

刘长乐之所以深谙处世之道，根源不在于他有多少人脉和背景，而是在于他的精神世界与中国社会是完全相融的。他极爱中国传统文化，从凤凰的节目中可见一斑，《世纪大讲堂》、《秋雨时分》等等，一系列弘扬中华文化的优秀节目，为世界华人提供了共同的精神寄托和心灵家园。

他的身上也透露出中华文化的精髓，儒家的仁爱敦厚，道家的自然无为，佛家的大爱天下，在刘长乐身上完美结合，如同他的凤凰一样，天人合一。既出世，又入世，不同的精神力量让他在不同的环境中出入自由，和谐完美，这样的刘长乐不需要圆滑世故，也能够平衡各种力量，得到最大的支持和最好的机会。

三、凤凰背后的男人：刘长乐网络影响力分析

刘长乐在网络上知名度和美誉度都极高，不仅业内人士关注他的一举一动，更有许多年轻人把他当作榜样，钦佩他的成就，也羡慕他的机遇和成功。

刘长乐的身后有一个扬名海内外的凤凰卫视，还有吴小莉、闾丘露薇、陈鲁豫这一群著名"凤凰"美女，他作为老板，乐滋滋看着他的企业和员工得到众星捧月般的喜爱，却淡然地希望自己名气越小越好，很开心地做着"一群成功女人背后"的男人。

刘长乐打造了一大批名主持、名记者、名评论员，星光熠熠的背后，却对自己的宣传不甚在意。他在业内的名望是靠有目共睹的成就赢得的，在观众中的好评是凤凰的敬业和责任感铸造的。网络是最能体现

民意的媒体，在网上有这么高的影响力，不是刻意的宣传和炒作，而是因为切切实实地用实干、远见、智慧和责任感。作为一个“四不像”的境外媒体，凤凰卫视能够获得如此高的地位，是因为思想的高度；作为一个历经风雨的传媒人，刘长乐能够获此殊荣，是因为品格的高尚。

年过半百的刘长乐依然在传媒商海中弄潮，英勇不减当年。凤凰飞舞，光耀人间。刘长乐这位佛商长袖善舞，缔造了“凤凰传奇”的同时，更改变了华语媒在世界上的地位和话语权。不知足却长乐的他，必将带领凤凰继续创新发展，在一次次的涅槃中获得更加辉煌璀璨的新生……

TOP 9 黎瑞刚

——传媒少帅　颠覆电视

我希望我们这一代的新闻人，能给整个民族留下一些响亮的媒体品牌。

——黎瑞刚

一、"空降兵"的改革之路：黎瑞刚综述

上海文广新闻传媒集团（SMG）是在2001年由原上海人民广播电台、上海东方广播电台、上海电视台、上海东方电视台等广播电视播出制作机构整合而成的传媒集团，主营广播电视媒体及相关传媒娱乐业务（包括演艺、体育、技术服务与研发、传媒娱乐投资等）。旗下的广播电视媒体包括12套模拟电视频道，11套模拟广播频率，同时开办数字付费电视、宽频网络电视、手机电视和IPTV业务；集团还主办和参股经营《每周广播电视报》、《第一财经日报》、《竞报》、《上海电视》、《哈哈画报》等报纸、杂志和新闻网站以及音像出版等。

SMG的传媒娱乐产业群包括付费电视经营、节目版权销售、品牌衍生经营、新媒体业务开发、艺人经济、购物电视等内容。同时，集团也致力于通过资本运营的方式发展壮大，集团积极遵循融入全国、服务全国的发展战略，开放资源和市场，寻求伙伴和商机，正努力实现从为播出而制作转变成为市场而制作，从一个地方广播电视播出机构转变成面

向全国，乃至全球华语世界的内容提供商和发行商。

黎瑞刚，SMG 的总裁，正是这个庞大的传媒航母的船长。他给中国的传媒带来了一股强劲的变革驱动力，缔造了 SMG 这个庞大的、极有发展潜力的传媒集团。他出生于 1969 年，2002 年出任 SMG 总裁时年仅 33 岁，是名副其实的“传媒少帅”。此人年轻有为，却为人低调稳重，颇有几分神秘色彩。

黎瑞刚于 1991 年毕业于复旦大学新闻系，1994 获复旦大学新闻学硕士学位。研究生毕业后供职于上海电视台，从事新闻和纪录片的编导工作。1997 年开始创办《新闻观察》栏目并任制片人，同年被评为首届上海文化新人。1998 年至 2001 年，任上海广播电视局总编室副主任，并调往上海市政府工作。2001 年夏至 2002 年 4 月，在美国哥伦比亚大学担任访问学者，研究传媒管理和经营。2002 年 4 月至 10 月出任上海文化广播影视集团总裁助理。2002 年 10 月任上海文广新闻传媒集团（SMG）总裁。2004 年 8 月兼任上海新汇光盘集团董事长、总经理。2002 年 10 月至今，任上海文广新闻传媒集团（SMG）总裁。

从这简历般的工作经历中，我们虽然只能粗粗地勾勒出他的轮廓，远不能领会其神韵和特质，却可以清晰地看到这位被比喻成“空降兵”的少帅有着怎样敏捷的身手和速度。从编导到制片人，他用了三年；从制片人到总编室副主任，他用了一年；留学归来，从 SMG 总裁助理到总裁，他仅用了半年时间……他前行的速度极快，加速度更快，这背后有什么巨大的力量在推动着他？

市场化改革

2002 年，黎瑞刚掌舵 SMG，这艘传媒航母从此开始了一日千里的航行，形成了巨大的战斗力。他上任后提出“资源整合、品牌运营、产业链接、市场内驱、组织再造、合作共赢”的战略思想，倡导旗下的广播电视媒体全面介入市场竞争，建立现代企业制度。他对 SMG 进行了大刀阔斧的市场化改革和资源整合，不仅改变了集团内部的结构和经营，在很大程度上，还影响了中国传媒行业的产业化发展，为进一步推进中国媒体的市场化、集团化、国际化提供了宝贵的实践经验和发展思路。旗下“第一财经”、“CHANNEL YOUNG 生活时尚”、“东方卫视”等公司运作领风气之先，媒体品牌的商业化塑造与推广也一改传统媒体的形象，尤其是东方卫视的全新开播和“第一财经”的跨媒体运作，引起了业界的普遍关注。

黎瑞刚提出，“SMG 要实现两个转变。第一个转变，就是要努力实现从为播出而制作节目逐步转向为市场制作节目。第二个转变，就是要努力实现从一个地方广播电视播出机构逐步转变为一个面向全国、乃至海外华语世界的内容提供商和内容发行商。”这是他的雄心壮志，也是集团发展的指南针。

资源整合

作为政府管理之下的广电集团，SMG 的市场化进程自然有来自各个方面的压力和制约。初出茅庐，年轻的他最初并不被看好。然而，黎瑞刚心中的那颗种子依然在孕育、发芽，他对中国传媒发展趋势有着清醒的认识和远见，他相信，他的那颗种子一定能够在这个特殊的环境中长成参天大树，荫蔽后人。

上任后的两三年里，他着力对集团内部的资源进行整合，包括集团内部和外部两部分。SMG 成立之前，各电视台、广播台等都有各自前人奋斗留下来的优势资源，黎瑞刚非常看重这些资源的利用。然而，这些资源在集团内部分割，呈孤立状态，他面临的最大问题就是如何有效地以市场为内驱力进行资源有效整合，产生良好的杠杆效益。自 2003 年开始，他就默默地积蓄未来发展的力量，从资源的内部整合开始，同时对外积极开疆拓土。黎瑞刚认为，中国的传媒市场是世界上最大、最有潜力的，抓住了当下的发展时机是重中之重，一旦错过了这个历史性的机会，要整合这些市场资源，可能要花数倍、几十倍、上百倍的成本才能做到。因此，黎瑞刚清醒地认识到了这一必要性，努力成为中国媒体市场资源整合方面的先导者和领先者。

打造品牌

黎瑞刚有着强烈的市场意识和品牌意识，他认为品牌运营是媒体的核心问题。因此，他上任后十分看重传媒品牌的打造和培养。目前，SMG 旗下已经拥有“东方卫视”、“第一财经”等多个知名品牌，形成了各具特色、各有专攻的品牌化结构。

以“第一财经”为例，我们可以清晰地看出黎瑞刚在品牌经营上的智慧和成功所在。SMG 成立之前，上海分别有广播和电视两个播出机构在播财经资讯：东方广播电台财经频率和上海电视台财经频道。黎瑞刚上任后提出，这两个播出机构不是品牌，而只是集团党委领导下行政架构中的两个部门的称谓，与集团下属的总编室、办公室、公关部、人力资源部一样都是行政的称谓，而不是商业性的品牌。于是，他将这两个资源整合起来，推出了一个商业品牌，也就是后来的“第一财经”，这个名字得名于上海电视台的一档财经播报节目。

有了“第一财经”之后，他充分运用了这个品牌的价值，开发品牌下的业务，进行跨媒体运营以及对衍生业务的开发。黎瑞刚对“第一财经”品牌的理解，就是要通过同一品牌来整合不同资源，开发延伸业务。如今，“第一财经”作为中国首家跨媒体专业财经资讯平台，旗下拥有目前中国唯一一家将收视对象定位于投资者的财经专业频道“第一财经频道”，国内最具影响的专业广播“第一财经频率”，以及一份深具决策参考价值和投资指南价值的报纸《第一财经日报》等多个跨媒体业务，在统一的品牌下发展的各种业务都称为“第一财经”，在这个平台上，通过信息和资源共享，降低运营成本，增强知名度和美誉度。另外，还可以通过开发行业分析报告、行业数据库，金融产品的终端服务产品等衍生增值服务。

透过“第一财经”，我们可以了解黎瑞刚对品牌运营的理解，以及品牌化运营之后如何整合媒体资源的问题。SMG 的娱乐资源、儿童节目资源、影视剧资源、体育资源等也都沿着这样的模式运营，有的以统一品牌整合资源，有的是通过多种品牌在不同层次整合资源，方式不同，结果却是殊途同归。这种品牌化的经营模式企业中屡见不鲜，然而，在中国的传媒行业，黎瑞刚是先行者，也必将是最早的获益者。

打造产业链

在黎瑞刚的带领下，SMG从为播出制作节目转向为市场制作节目，从一个单纯的播出机构转向传媒内容提供商、发行商，日渐形成一条完美高效的产业链。

打造产业链是进行产业运作的一个基本出发点。SMG与环球唱片的合作之后并没有很快进入唱片制作领域，不急于生产唱片和举办演唱会。黎瑞刚认为真正有价值的是艺人资源，他说："在整个娱乐业的产业链中，艺人经纪环节是金字塔的最高端。有了艺人可以办演唱会，赚取票房收入；可以制作MTV，有很多音乐电视频道，音乐广播频率；可以做手机铃声服务，赚取电信营业商的收入。CD可以被拷贝、复制，但艺人资源不可能被拷贝、复制，拥有这些就拥有了产业链的核心，启动娱乐产业链，首先要掌握艺人核心资源。我们和世界最大的唱片公司进行合作，就是要先起动产业链最上层，逐步把整个产业链都打通。"SMG的上腾娱乐是艺人经纪公司，他们希望通过国际化的品牌，国际化的艺人经纪经验和媒体嫁接之后进行艺人的包装、签约。

黎瑞刚认为，打造产业链是获得增值效应的重要前提条件。传媒集团不能像单一的播出机构一样，生产的内容产品只在一个播出平台上获得一次利润，而要打造多重对外的播出渠道和发行渠道，产品在产业链上不断增值，利润不断再生，成本不断分摊。这也是打造产业链的重要理念。

打造产业链也是改变盈收结构的一个非常重要的举措。中国大部分媒体依赖广告非常严重。黎瑞刚认为SMG的盈收结构不合理，广告收入占集团销售比重太多，这是非常危险的。他通过产业链迅速改变了这种盈收结构，在广告绝对收入每年稳固递增的同时，使广告收入在集团销售收入的比重不断地下降，使盈收结构趋于均衡，版权销售收入、付费电视收入、新媒体收入、其他相关领域的投资带来的收入等，使得利润来源更加多元和灵活。

备战新媒体

黎瑞刚的危机感来自于信息产业的飞速发展。从技术方面来看，IC芯片能容纳的晶体管数量每18个月增长一倍，无线带宽容量每3年增加1倍，单位带宽成本每年减半，高密度存贮设备能力每年增加1倍，但价格不变。信息技术的飞速发展提醒广电从业者必须得关注这个同样具备传输音视频能力的产业。

黎瑞刚说："这些技术的飞速发展使得我们今天电视的传播方式和制作方式发生了深刻的变革，忽视这种变局是极其危险的。"中国移动等电信运营商增值业务增长迅速，3G等业务轰轰烈烈地铺展开来；网络日渐成为主流的传播工具，相对自由和灵活的个性吸引了年轻人的注意力……在朝气蓬勃的新媒体面前，电视显得有些老态龙钟，缺乏活力。

美国宾州大学沃顿商学院的教授凯文·韦巴赫认为："未来，人们不一定非要打开电视机才能收看节目；今后10年，视频内容仅限于单一的时间段和特定的硬件设备的概念将逐渐成为历史。"黎瑞刚在美国做访问学者的时候就意识到了电视行业所面临的危机，他说："对于我们广电人来说，我们今天握有电视这样一个强大的武器，但是着眼未来，着眼脚下迅速发展的变化，必须正视新技术，也许它正在底下瓦解传统广播电视根基性的东西，这一幕也许不会发生在明年后年，但未来一定会发生。"

黎瑞刚是一个具有前瞻目光的传媒领袖。在很多人还没有意识到新媒体给电视行业带来的冲击时，黎瑞刚已经从中看到了巨大的潜力市场。SMG的网络宽频、IPTV、手机电视等新媒体业务纷纷上马，黎瑞刚酝酿了几年的计划全面铺展开来。他曾在内部会议上表示，由于新技术的发展，表面看来发展迅速、潜力广阔的广电行业隐藏了不少的危机，电视人必须能够反思乃至颠覆过去电视行业固有的思维模式。

黎瑞刚通过与广电高层的大量沟通获得了国内第一张IPTV牌照。SMG旗下的东方宽频传播有限公司推出了广电行业第一家专业经营网上视听项目的东方宽频网站，该网站与中国电信、中国网通旗下的互联星空以及天天在线合作推出了“东方宽频”网络电视。另外，SMG 拿到了国内第一张手机电视牌照、第一个正式通过验收的数字付费频道集成平台。这为 SMG 发展手机电视、数字付费电视等媒体业务开了绿灯。手机业务方面，黎瑞刚成立了上海东方龙移动信息有限公司，专门经营移动增值数据业务。他说：“新媒体的诞生、新技术的变革对上海文广来说，是一个很好的机遇，把握好这个机遇，上海文广就可以得到更快、更强的发展。”

黎瑞刚的远见不仅体现于集团的内部管理和结构调整上，更体现在对外部传媒环境深刻而有远见的认识、正确的判断、果断的行动。勇敢却不盲目，这位热爱电视却有“颠覆电视”的传媒少帅，将新媒体带给电视的危机转化为机遇，必将带领中国电视行业走向新的征程。

二、另类电视人：黎瑞刚报告

上任 SMG 总裁后，黎瑞刚带领下的传媒集团内部结构日渐合理，资源充分共享，市场化的运作方式有力地带动了 SMG 的快速发展。业界对他高度的评价和赞赏，老百姓对他旗下的品牌的喜爱和认可，是黎瑞刚最高的荣誉，也是他最大的梦想。然而，这位在传媒领域叱咤风云的领军人物，最初的梦想与传媒相距甚远。

少年的梦想

曾经，他被神秘的墓穴、千古的谜团以及那些尚未被发现的文明所吸引，他想去考古；上个世纪 80 年代末，各种思潮兴起，他也赶时髦似的听讲座、旁听哲学系的课，立志做学术研究；再后来，他想去拍纪录片，自认为可以成为一名出色的纪录片导演。年少时的梦想，缤纷多彩，唯独不曾料想到如今的这种可能性。然而，一切似乎冥冥之中有种缘分……

黎瑞刚从小就是一个以与众不同为荣的孩子。他的父母都是上海人，支边去了兰州，他在上海与祖父母一起生活。他像一只坚强的候鸟，每到寒暑假就一个人坐火车到兰州与父母团聚。在上海孩子的眼里，黎瑞刚这样的人只是“插班生”，同班的同学里像他一样的有好几个，他们常常因为自己不是“上海人”而自卑，黎瑞刚却以此为骄傲，他说：“我跟他们不一样。”

黎瑞刚所在的上海复旦附中，是有名的素质教育学校，教师对学生非常宽容和谅解，标新立异的他很幸运地得以保持自己的个性。当时，高中语文课本上有一篇《路标》，主要内容是关于雷锋精神的，老师要求写读后感，黎瑞刚的作文交上去，非但没有信誓旦旦地表示自己愿意做一颗螺丝钉，反而写道：“如果每个人都做永不生锈的螺丝钉，那么整个社会就会把人的个性埋没掉，大家都在高度一统的集体人格之下，社会将无法发展。”那个年代，这样“反动”的思想在孩子们的世界里有些不可思议，但老师并没有批评他，只是，那个学期的语文他没有得到成绩。

“到了暑假寒假，要坐两天两夜的火车，硬板座，穿过大半个中国，在南方是山清水秀，过了河南、三门峡，就开始漫天黄土，视角完全不同。在兰州，社会风土、脾气性格、朋友之间的关系，跟这里截然两样。我很喜欢。”

从小就在江南塞北之间穿梭来往，他见多识广，比同龄人懂得多，思想成熟得多。高二的时候，他本来报考了理科，然而不同地域的风土人情，让他对人文学科产生了强烈的兴趣和好奇心。由于户口在兰州，他必须回去参加高考，高二下学期，他转学回兰州，趁机弃理从文，一年的时间他完成了华丽的转身，1987 年顺利考上复旦大学新闻系，重回上海。

大学时代试水经商

黎瑞刚的父亲在他初中的时候就去世了，兄弟俩的学费，家里的生活开销全靠母亲微薄的工资支撑，生活着实很不宽裕。然而，自尊心极强的他从来没有向学校申请困难补助，被“补助”的感觉他无法接受。上了大学之后，他开始寻找生财之道，挣钱贴补家用。

“当时做的生意，现在想起来都可笑了。那是 1987 年，港台流行歌曲刚刚在校园走红，童安格、赵传……”黎瑞刚发现了这个商机，于是跟几个朋友一起凑钱买了一台双卡录音机和一些空白磁带，做起了翻录磁带的生意。这个启动资金500元的项目在学校附近农民的房子里开始轰轰烈烈地发展。每录一盘一毛五，录音机昼夜不停地工作依然供不应求，生意红红火火，后来他们扩大再生产，买了第二台录音机，还雇了同学做帮工。按今天的话来说，黎瑞刚靠着“盗版事业”顺利地挖到了人生第一桶金。

拿着那笔当时对他来说不少的财富，他没有想怎么花，而是动起脑子，开辟新的致富路。同学中有来自台湾的，那个年代流行书信来往，鸿雁传情，黎瑞刚注意到他们的信纸很特别，设计精美，图案漂亮，配上诗意的语言，同一系列的信封。于是，他和朋友们觉得这个项目也是一个赚钱的好法子，于是找人设计、印刷……赚了点儿钱的他们，也像今天的企业一样，搞起了多元化经营。结果，由于规模小，他们生产的信纸成本高，质量低，自然不受欢迎。很快，信心满满的黎瑞刚和朋友们把翻录磁带赚来的钱都搭进去了。

黎瑞刚很快就意识到，盲目的多元化经营风险太大。颇具调侃意味的是，黎瑞刚接手上海文广新闻集团以后，他的资产重组改革中的一项，就是取消或整顿集团下跟文化、传媒毫无关系的形形色色的所谓“多元化经营”，他常常听说有些传媒集团今天在这里开发了一个楼盘，明天在那里投资了一个度假村，他认为这“非常可笑，很可能就此陷入泥潭”。

他多次在媒体上表示：“中国传媒业的投资空间非常非常大，远远没有到有了钱投不了或没有地方去投的地步，而是需要去投的钱还远远没有到位。今天中国传媒业的投资机会是一个历史性的机遇。为什么外面的资金都急着要进入这个市场，而自己的资金倒要往外跑?”很多人赞叹年轻的他不仅不张狂不冒进，反而如此稳重踏实，却不知道他是“一朝被蛇咬”的后遗症。

拼命三郎

读研期间，黎瑞刚由于一个纪录片《望长城》爱上了电视，从此与它结下不解之缘。“当时电视的影响力还没有现在这么大，那个时候，地位最高的是报社，人民日报社、新华社。但是我觉得，电视的表现力更为丰富，手段多样，而且，电视工作的团队特性，跟人打交道，特别适合我。”

1994 年，黎瑞刚硕士毕业，进入东方电视台，正式开始了他的电视生涯。工作第一年，他是栏目组最勤奋、最高产的编导。刚刚毕业的那个夏天，7 月、8 月，他做了 4 档 15 分钟的专题，做了七八档 8 分钟的专题和很多小片子。对工作，尤其是自己热爱的电视行业，他的热情和执著给了他取之不尽的力量。虽然那时候已经毕业，但仍然住在复旦，每天上班要骑一个小时的车，脚不沾地忙碌一整天，他说，全身都累得快散架了，可是年轻人的工作激情让他忘记了这一切。下班骑车回去的路上，他还是抑制不住地要考虑工作的事情，仿佛永动机一样不需要休息。人们都说“兴趣是最好的老师”，那么，热爱就是最大的力量吧，让人乐此不疲，孜孜不倦。

这个年轻人的优秀表现，所有人都看在眼里。很快，新的机会出现了。工作三年后，台里要成立一个深度的新闻专题栏目，他作为制片人一手创办了《新闻观察》。第一期节目，黎瑞刚亲自上阵，极用心，就是要给同事们树立一个标准。他在工作上追求完美。“直到现在，我做事情，还是会在心里设定一个标杆，尽力朝这个标杆去靠，不能往下掉，要是达不到，我会一直耿耿于怀。”同事们至今还记得他审片时的情景，所有人都紧张兮兮的，有什么硬伤，都逃不过他的法眼。对于不满意的片子，黎瑞刚会要求记者把所有的素材讲一遍，然后认真考虑，然后亲自剪辑，记者在旁边看着。这对于同事们来说，是莫大的鞭策和压力。其实，有些片子即使不改动，播出来也没什么问题，但黎瑞刚心中有个标杆，必须要达到才能让这个完美主义者安心。那个时候，他几乎每周都有两个晚上熬通宵，干到凌晨 7 点，在台里值班室的小床上打两个小时的盹，起来抹把脸，继续工作。

这样拼了一年，这个新创办的栏目在全国获了三十多个奖，在上海获得两个新闻一等奖，并被评为“百花奖优秀栏目”。出色的表现，为黎瑞刚后来走上仕途打下了基础，他很快升任上海广电局总编室副主任，调往政府机关工作。

进入机关后，他成长加速度更快了。当他像“空降兵”一样降落SMG任总裁的时候，很多人都感到惊诧，这默默无闻的年轻人是何方神圣。有人怀疑他有背景、有关系，然而知情的人都知道，他出身于普通的家庭，并没有传说中的强大后台。实际上，他的后台就是他自身的努力。黎瑞刚说：“像我这样一个刚走上社会的年轻人，虽然有点干事业的热情，但是同样有才华的人不知道有多少，领导器重你，给你更多的机会，你心里就觉得不能辜负别人。”心怀感恩，黎瑞刚拼命地工作，除了睡觉的时间，满脑子都是工作。

上任SMG总裁的时候，他三十多岁，被人称为“传媒少帅”，两年之后，他依旧精力充沛，头发却白了。几多辛苦，无需言说，所有人都能够明白。曾经，他是一个有很多爱好的活跃的青年，尤其喜欢游泳，现在，繁忙的工作已经剥夺了所有的时间，闲暇片刻能够在办公室听听音乐，是他唯一的娱乐。然而，黎瑞刚却乐在其中。这么多年来，工作的劲头从来没有衰竭过，对事业的思考从来没有停顿过。

一个现实的理想主义者

黎瑞刚在政府机关的工作经历使他很快地掌握了在体制内生存的能力，后来，他接手SMG，大刀阔斧地进行了改革，市场化、品牌化，他把自己定义为“职业经理人”，却从来没有踩过雷区。然而，这并不代表他是一个阿谀奉承、圆滑的人，相反，他身上的书生气依然浓厚，理想主义的情怀时刻体现在他的工作中。

“这些年媒体竞争风起云涌，但有几家是能感受它们精神魅力的？有的只是太多的随波逐流与自我放弃，有时甚至连最起码的新闻真实性的底线也放弃了。一个内心没有强大力量和人文理想的媒体，最终留给受众的只能是一地垃圾。”

“我们不能老是陶醉于国内几个兄弟台之间的收视率涨跌，打得不亦乐乎，而是要想想天下大事，要为国家和民族在世界媒体舞台上打出一片天地，不能想象一个在国际上失语的民族能够迎来文化的伟大复兴。”

作为SMG的上星频道，东方卫视的高品质定位，对新闻的重视和其中体现出来的社会责任感。2008年1月1日，SMG缩减了三分之二的娱乐节目，放弃了原有的音乐频道和文艺频道。缩减后的这三分之一娱乐节目也更符合主流价值观，更具原创性。腾出的三分之二版面，推出了艺术人文频道和外语频道。进行这番轰轰烈烈的改革之前，黎瑞刚就清楚地知道，此举将使SMG的年度广告收入至少减少1亿元。并且，放弃原来驾轻就熟的东西、另砌炉灶，意味着节目制作在整个路径上的颠覆式调整，于内采编思路和流程的重设再造，甚至是采编团队的重新构建；于外意味着新的观众群体和收视情趣的培养。

这是文化与娱乐的较量。黎瑞刚心中那份人文情怀，那种理想主义，始终萦绕心中，不曾离去。但这个理想主义者从来不是愤慨激动的，而是脚踏实地，他做出这样的决定，从来不是单纯的情感使然，背后还有更多基于对行业发展的判断。

黎瑞刚作为年轻的总裁，是非常成熟稳重的，虽然常常做出一些出乎人们意料的、甚至最初不被人看好的决策，比如手机电视、宽频电视等等，但他对自己的判断力充满自信，而结果也都证明他的选择是正确的。他说："我做决定是凭直觉的，我的直觉是有长期的思考和学习做基础的。我对中国媒体的经营管理，有自己的思考和专门的研究。决策之前我当然会听取各方面的意见，但最终的决策，我相信自己的直觉。有人说做事有算大帐和算小帐之分，我一般都是算大帐，小帐有很多专业的团队帮我算。"

三、低调的华丽：黎瑞刚网络影响力分析

通过了解黎瑞刚的成长经历、成就以及业界贡献，就不难理解他在网络上的影响力为何如此之大。

黎瑞刚是一个另类的电视人，他年少时就展露出的商业头脑，标新立异的思维，吃苦能干的品质，都为他的未来的成功打下了坚实的根基。在美国做访问学者的经历，开阔了他的眼界和视野，让他站到了一定的高度，俯瞰业界的现状，眺望未来的方向。毫不夸张地说，这位年轻的"智者"是一位预见了中国传媒未来格局的人，他的成就决不能用

SMG的规模和财富来衡量。在体制内寻找一条市场化运作的道路，充分激发集团的活力，前瞻性地意识到新媒体带来的危机和机遇，敢于最早试水新媒体，这样的魄力和胆识是他在业内声名鹊起的主要原因。而他身上的精英意识和人文关怀，让他更是深受人们的喜爱和认可。

实际上，黎瑞刚从来不是一个热衷宣传自己的人，他为人低调谦和，跟他接触过的人都深有同感。他上任初期，网上几乎找不到任何关于他的信息，在他才华日益展露的时候，他也很少接受记者的采访。黎瑞刚面对媒体，谈的只是媒体，只是他的工作，不愿涉及个人。然而，这并没有妨碍我们了解他的成长经历，了解他锋芒毕露的思维，了解他理想主义情怀。这是黎瑞刚的魅力，也是网络的魔力。

2009年，黎瑞刚40岁整。不惑之年的他，更加成熟智慧。这位“传媒少帅”日渐具有一种大将风范，挥斥方遒，从容不迫。祝福黎瑞刚早日完成从少帅到将军的华丽转身！

TOP 10

欧阳常林

——湖南卫视的舵手

一、“电视湘军”领袖的成长史：欧阳常林综述

1. 人物简介

欧阳常林，男，汉族，1952年12月出生于湖南省常德市，毕业于武汉大学新闻系，高级记者职称。历任湖南电视台新闻部记者、对外部副主任、湖南电视台华夏电视国际合作公司（湖南华夏影视传播有限公司前身）总经理和湖南经济电视台台长、湖南省广播电视局党组副书记、副局长兼湖南广播影视集团总经理、湖南电视台台长，现任湖南省广电局党组书记、局长兼湖南电视台台长。

2. 主要事迹

1971年，欧阳常林进入湖南广播设备厂工作，在工作期间，拜师湖南电视台常务副台长何共准，学习新闻创作。

1974年，欧阳常林进入湖南电视台，担任新闻部记者。期间（1984—1986年）被选派到武汉大学新闻系进修学习。

1989年，湖南电视台成立华夏影视制作公司，欧阳常林担任总经理。期间，欧阳常林与琼瑶合作了“六个梦”系列，其中的《还珠格

格》引爆了中国内地的收视狂潮，获得了前所未有的成功。

1995 年，欧阳常林竞选湖南经济电视台的台长，历经文化考试、方案设计、现场答辩的考验，竞争上岗，并对 1996 年 1 月 1 日开播的湖南经济电视台进行了大刀阔斧的改革，创办了《幸运 3721》、《真情对对碰》、《经济环线》等名牌栏目，并针对这些栏目进行了创意鲜明的包装。注重并实践电视台的娱乐化发展方向。

值得一提的是，1996 年湖南洞庭湖区域发生大洪水，欧阳常林接手湖南经视只有一年，整个经视还处于筚路蓝缕的创业初始阶段，技术和设备比较落后，同时缺少专业的新闻从业人员。但是欧阳常林却在条件极其艰苦的情况下，坚持对军民抗洪抢险的过程进行直播，观众的好评如潮，使得湖南经济电视台誉满湖南，经视一跃成为整个湖南收视率最高的电视台，打破了省级电视台竞争不过地方城市台的神话。

2001 年元月，欧阳常林成为以湖南卫视为主干的湖南电视台台长。此时，湖南卫视的发展出现短暂沉迷，欧阳常林上任后试行全员竞聘，大幅度调整栏目。随后，以欧阳常林为首的湖南卫视人确定了卫视的定位“以娱乐、资讯为主的个性化综合频道”。

2003 年元旦，湖南卫视改版，以欧阳常林为首的湖南台又提出三个“锁定”，即锁定年轻，兼顾资讯；锁定全国，兼顾湖南；锁定娱乐，兼顾其他。2004 年年底，欧阳常林再次提出“快乐中国”的概念，完成了对湖南卫视的品牌的升级和飞跃，从而使得湖南卫视的频道包装走向了比较成熟的阶段。

2005 年是湖南卫视大获全胜的一年。湖南卫视一手承办的“快乐中国，超级女声”已经超脱了原有的平民选秀节目，而上升为一个显著的媒介事件，引起了整个社会的关注和讨论，作为台长的欧阳常林事必躬亲，把关赛场中的每一个细节，引导了省级上星卫视开办选秀节目的热潮。

紧接着，湖南卫视乘胜出击，推出了《国球大典》和独播剧《大长今》，再一次点燃了全国观众的注意力。

2008 年，奥运会期间，湖南卫视推出了《奥运向前冲》以及《天天向上》等栏目，使得湖南卫视的影响力进一步扩大，稳坐地方卫视的龙头老大，被誉为“电视湘军”。

3. 业内影响

欧阳常林在业内的影响力是不言而喻的。从领导华夏影视制作公司开始，欧阳常林便声名鹊起，而风靡大江南北的《还珠格格》播出之后，欧阳常林的知名度迅速上升，整个业内无人不晓。具体来说，欧阳常林以及以他为核心的湖南卫视的业内影响力主要表现在以下几个方面：

首先，以《超级女声》的成功为契机，湖南卫视的影响力一路飙升。近几年来，虽然和中央电视台相比，湖南卫视的广告收入还有一部分的差距，但是遥遥领先于地方上星卫视，形成了所谓“一个西瓜，两个苹果，遍地芝麻”的局面。早在2007年，湖南卫视的广告收入便超过了15个亿。这个事实有力地表明，湖南卫视已经将自己的频道包装成为一个知名品牌，在省级上星卫视中的带头大哥地位无可撼动。

其次，从2004年湖南卫视打出了以娱乐立台的旗帜之后，湖南卫视制作出一大批拥有频道特色的电视节目，如《玫瑰之约》、《真情》、《谁是英雄》、《勇往直前》、《天天向上》等一批收视率比较高的娱乐节目。随后，地方卫视纷纷效仿，有的打出了同类的娱乐节目，有的尝试创作了自己的娱乐节目。这说明湖南卫视在娱乐节目制作方面的影响深远。

再次，欧阳常林和湖南卫视也获得了多个奖项。欧阳常林获得了2007年度十大广电创新领军人物，他的获奖理由是“从超级女声到快乐男声，他（欧阳常林）明确了打造湖南卫视成为中国最具活力的电视娱乐品牌的构想，提出新娱乐的全新概念，成功把电视节目转变为面向大众的平民电视运动。”这无疑是对欧阳常林和湖南卫视的肯定。2008年12月，欧阳常林获得了由品牌中国产业联盟和海南省三亚市人民政府联合主办的2008品牌中国年度人物，该奖项是对改革开放30周年来30位各行各业的有影响的人物颁发的，欧阳常林能够获得这个奖项本身就证明了他在传媒领域的雄厚实力和卓尔不群的影响力。2008年，湖南卫视紧跟奥运这个热点话题，动员全民族参与奥运中来，开创了《奥运向前冲》这档节目，稳坐同时间段的收视率宝座，参与制作《十全九美》，同时对以前隶属于湖南卫视的金鹰网进行大规模的改版，对内容进行重组，在网上的影响力越来越强。根据知名度、美誉度、被关注度等指标，欧阳常林入围“2008年最具网络影响力的十大媒介人物”，说明欧阳常林的影响力已经由业内扩展到互联网。

二、有实力自然有影响力：欧阳常林网络影响力分析

与其说湖南卫视是因为2008年推出的节目和媒介事件获得了影响力，倒不如说是湖南卫视形成了自己的频道品牌。早在担任湖南经济电视台台长的时候，欧阳常林便开始注重对整个栏目和频道的包装；所以欧阳常林接手湖南卫视的时候，率先给湖南卫视定位，重视电视的娱乐属性。于是湖南卫视使用青春朝气的橙色芒果标志，提出了“快乐中国”这个响亮的口号。根据这个频道定位，湖南卫视推出了《真情》、《玫瑰之约》、《谁是英雄》等一系列电视节目，满足年轻观众的需求。

2005年的《超级女声》获得了前所未有的成功。根据央视-索福瑞媒介研究公司公布的2005年《超级女声》节目收视的数据表明，在北京、上海、长沙等12个城市的调查中，超女平均收视率为8.54%，平均收视份额达到26.22%，决赛期间平均都有11%的收视率，不仅居于同时段收视首位，其平均收视率还超过中央电视台。尤其是在三强对决的尖峰时刻，湖南卫视个别时段的市场份额最高达49%。如果按照央视-索福瑞在全国范围内平均一个点的市场份额一般有580万观众来计算的话，那么当晚收看“超女决战”的观众则一度超过2.8亿人，直逼3亿大关。也就是说，每五个中国人当中就有一个看“超女”。超女所获得的巨大成功以及湖南卫视恰到好处的频道包装为湖南卫视的影响力奠定了基础，同时也为后来的卫星频道树立了榜样。

欧阳常林注重频道包装的同时，也注意培养自己的主持人。何炅、李湘、汪涵、曹颖、杨乐乐等一批主持人借助湖南卫视的平台走向了全国，有些人也形成了自己的粉丝团，往明星的方向发展。明星是娱乐内容的重要来源，湖南卫视利用这些主持人资源成就了自己的娱乐事业，

也为金鹰网的成功改版创造了条件。随着这些主持人知名度的提高，湖南卫视在电视和网络的知名度越来越高。

当然，仅仅靠宣传是不够的，欧阳常林更注重节目内容的创新和节目制作的创意。在奥运会期间，湖南卫视推出了《奥运向前冲》，既迎合了奥运会的主题，又符合湖南卫视的定位标准，也获得了高收视率。2008 年，湖南卫视推出了《丑女无敌》第一季，开始自己制作影视剧，动用了自己的主持人资源，将该剧做成一个有影响力的媒介话题事件，获得了广泛的关注。

虽然欧阳常林是一个低调的实干家，不喜欢在媒体上抛头露面，但是欧阳常林也会出席一些重要的论坛，与同行交流办台理念，而各大门户网站以及金鹰网等都会对这些论坛内容进行跟踪报道。如 2008 年 11 月，欧阳常林应创意中国论坛的邀请，介绍了湖南卫视的成功经验。

金鹰网原来是湖南卫视的大本营，但是在改版之前，只是作为湖南电视的网络延伸，更多的是借网络的平台将湖南卫视的电视节目放上去。2008 年，金鹰网进行改版，被湖南卫视打造为快乐中新媒体。湖南卫视力图将金鹰网打造成为以信息传播为基础，以视频节目为优势，以网络互动为特色，以“弘扬年轻，快乐中国”为宗旨，构建“新闻资讯 + 文化娱乐 + 电子商务”的内容体系和“个人空间 + 互动社区 + 商务平台”的功能架构，以“湖南卫视新媒体”、“快乐中国新媒体”的整体形象，构建全新的主流门户网站和媒体视听网站，通过三年三步跳，依次打造成为湖南广电和湖南卫视互联网总平台、青年形象和青春文化互联网新窗口、全国观众和全球华人互联网俱乐部（资料来源：http://baike.baideu.com/view/1739093.htm）。现在打开金鹰网，内含娱乐、综艺、电视、电影、音乐、女性等多个板块，为网民提供了海量的信息。

在向新媒体领域延伸的同时，欧阳常林和他的湖南卫视还关注了电影方面的发展。李湘和她的快乐星公司投资电影《十全九美》，湖南卫视作为重要的电影宣传平台，动员其麾下的《背后的故事》、《快乐大本营》等多档节目进行宣传，同时也发挥了金鹰网新媒体的宣传作用，整合电视台现有的资源，进行跨媒体宣传。由于李湘和湖南卫视的知名度，最终获得了网友的广泛关注。

三、湖南骡子——从工人到台长：欧阳常林报告

1952年，欧阳常林出生于湖南省常德市，19岁时他进入湖南广播设备厂工作。那时还处在动乱的文革时期，也是文学和艺术基本陷于停滞的时代，一切都向工农革命看齐。欧阳常林初中毕业之后，虽然爱好文学艺术和写作，但是在当时看来，文学是资产阶级的东西，不能为广大工农革命者服务，为了响应毛主席知识青年上山下乡的号召，欧阳常林被招工到湖南广播工作，他的师傅是何共准的夫人。何共准当时是湖南电视台的常务副台长。欧阳常林得知这个消息之后，非常兴奋，常常到何共准家里请教一些新闻写作方面的问题，坚持利用休息时间提高自己，不断学习写作的技巧。这一坚持就是三年，何共准看到了欧阳常林身上的执著和才气，于是1974年，欧阳常林进入湖南电视台，担任新闻部记者。

2008年10月22日，英国卫报传媒集团和IPCN公司联合主办的“创意中国”论坛在英国大英博物馆开幕。欧阳常林应邀做了《让创意更精彩，让大众更快乐——永远创造快乐的湖南电视》的主题发言。在发言中，欧阳常林解释湖南卫视凭什么能够创造中国电视的辉煌时认

为，湖南人身上有“超强的创新精神”、“超强的倔强品格”、“超强的决策能力和执行能力”。这句话也是欧阳常林自己的写照。虽然欧阳常林跟随何共准学习了三年的新闻写作，但是真正进入到电视媒体，那点新闻写作方面的知识积淀是远远不够的，但是勤奋好学的欧阳常林没有将自己局限于新闻写作领域，而是同时学习摄像、编导等，几乎学习了所有的节目制作环节。1984 年，考虑台内从业人员的学历普遍较低，湖南电视台决定选定一批人到中山大学、武汉大学等深造，因在台里表现优异，欧阳常林便是第一批被派往武汉大学新闻系学习的人员。

1986 年，从武汉大学新闻系学成归来之后，欧阳常林对电视有了更加深刻的认识。1988 年 4 月，台湾著名作家琼瑶回到大陆探亲，欧阳常林作为湖南电视台的记者前往采访，希望邀请琼瑶回到家乡湖南。由于琼瑶的童年生活不是很愉快，所以拒绝了欧阳常林的采访，甚至不愿意对镜头对家乡人说上几句话，那次谈话不欢而散。但是第二天，欧阳常林就出现在晴川阁下的码头，帮助琼瑶提行李，忙上忙下，跑前跑后，这时的琼瑶有些感动，没有拒绝欧阳常林的镜头，并最终接受了欧阳常林的采访。这个湖南人给琼瑶留下了深刻的印象：他“脸上有属于湖南的执拗，眉间眼底，戴着刚毅和果决，这是张有棱有角的脸，提出的也是有棱有角的问题”。后来，琼瑶要到大陆拍自己的电视剧，很快地就想到了这个执拗的“湖南骡子”——欧阳常林。

1989 年，欧阳常林代表整个湖南电视台和琼瑶合作。那时候的合作没有现在规范的公司合作模式，台湾方面主要负责出资，选派演员，提供技术设备和支持等，而派往片场的湖南电视台的工作人员的工资则由电视台出。那时还不存在电视剧版权的买卖问题，虽然湖南电视台获得了大陆的版权，但是只能将电视剧搬到各个地方电视台上播放，湖南电视台根本没有任何资金回报。随后，在湖南电视台的支持下，欧阳常林自筹 40 万资金开办了华夏影视制作公司，欧阳常林担任总经理。即使是在当时经济条件水平比较低的情况下，40 万也无法参与拍摄电视剧，这小小的 40 万只能维持公司的运转，虽然欧阳常林已经和琼瑶建立了比较好的信任关系，所有投资拍摄的钱全部由琼瑶所在的公司出，但是欧阳常林还需要精打细算，为了公司的运转，欧阳常林在每一个环节上都动了心思，他从家乡常德买了一辆旧邮车，改造为餐车，从节省伙食费上入手，对于演员入住的任何一家酒店，欧阳常林都尽量和酒店商量，争取拿到最低的价格。虽然初期步履维艰、筚路蓝缕，但是通过和琼瑶的合作，欧阳常林完成了《六个梦》、《梅花三弄》、《两个永恒》和《倚天屠龙记》等电视剧，并组织拍摄了《还珠格格》三部，取得了极大的成功。通过和港台方面的电视剧合作，欧阳常林见识了港台电视经营的先进理念，收益颇多。后来欧阳常林自己也说："因为和琼瑶合作，我在那几年中，较多地接触到港台电视的一些东西。我感觉，他们最大的特点就是市场性强，一切以市场为导向。相反，我们的电视完全不讲市场效应，不计成本。其次，就是港台电视强调娱乐功能，但我们却不重视。琼瑶多次对我讲，她反复研究过大陆电视，觉得大陆电视的教化功能太多，娱乐功能太少。她不是说文艺性作品没有或者不讲教化功能，只是一个节目，一个娱乐性的节目，更为重要的是娱乐。教化是寓于娱乐之中的。在理念上，台湾和我们区别很大，大到令我惊讶。在内容上，也是完全不同的两种搞法。我们的东西，强调真实，强调教化。她说，我们台湾拍戏，就是讲唯美，我们觉得美的东西才感人，中国的电视剧完全是受电影的影响，讲究一个历史的真实。老百姓看电视，完全是想看一种美的东西，只想看到娱乐、轻松。真实是考古学家的东西，是历史学家的东西。他们的管理方式，对我的影响也很大。和他们接触有七个年头，比较多地了解港台的一些东西尤其是管理方面的理念和方法等。在外面跑，我的视野很开阔，看到了外面发展的情况，从中学到了很多管理方面的新理论和知识。"由此看见，欧阳常林后来能够胜任湖南电视台台长的位置，以及满足受众需求的理念和走娱乐道路的理念都肇始于此。

1995 年，欧阳常林的华夏影视制作公司已经开展得如火如荼。面对省级电视台竞争不过地方城市台的尴尬，湖南电台的相关领导决定，开设湖南电视台经济频道，通过公开招聘的方式选择湖南经济电视台的台长。欧阳常林听从了魏文彬的建议，参加了湖南经济电视台的应聘。先是文化课考试，再者是对以后湖南经视发展的方案规划，最后是现场答辩。欧阳常林虽然不是每门考试的最高分获得者，但是综合能力最强的一个，最终顺利通过考试，由一个副科级干部升任为湖南经济电视台的台长。后来欧阳常林总结自己能够顺利通过的原因的时候说："我参加工作，在广电系统的广播设备厂，做装配车间的工人，最基础，生产无线发射机。技术方面我有基础。后来到电视台做新闻，然后做电视剧。除了文艺晚会之外，所有的部门，我都熟悉。做电视剧时的种种准备，像报批、找外景，演员的衣食住行，进海关出海关，所有事，都需要我管，是一个全面锻炼。跟台湾人比较，在控制费用方面，在大陆公关方面，我有优势。在湖南电视台，我搞了10年，当台长时，我已经有了20年的业务经历。其他和我竞争的人，相对而言要弱一些。"

虽然成功竞选上了湖南经济电视台的台长，欧阳常林还面临了资金、电视台办公地点、人才招聘及选拔等一系列的问题，但是精明能干、心思缜密的欧阳常林一一破解了。1996年1月1日，湖南经济电视台正式开播，开播后不久，湖南经视便遇到了一次机会。那时，湖南洞庭湖区发生大洪水，可能危及整个湖南经济以及数百万人的生命，引起了社会的广泛关注，但是电视台的报道方式还停留在录播阶段，欧阳常林明确提出了直播的方式。他说："我们要搞直播，要在第一时间，将抗洪前线的情况报告给全省民众。"但是当时的湖南经视设备简陋，欧阳常林和他的同事只能使用电话连线，老百姓从湖南经视的电视上看到军民抗洪抢险的第一手资料和画面，看到了湖南经视的新闻记者和抗洪勇士一起泡在洪水里艰难抗洪。后来这次直播报道不仅获得老百姓的交口称赞，也获得了业界的一致好评，此后，湖南经视成为老百姓了解湖南的首选频道。

深受港台影视制作模式影响的欧阳常林并没有满足自己取得的成绩，而是对经视进行了大刀阔斧的改革。他改革了人事制度，试行制片人制，同时注重电视的娱乐功能，兴办了一批以市场为导向的节目，如《幸运1997》系列、《南北笑星火辣辣》、《故事酒吧》、《经济环线》、《经视新闻》、《真情》等一大批节目，增加了湖南经济卫视的知名度，使得这些节目的收视率居于全省同时段的前列，实现了总创收近4亿元，固定资产达到1亿多元，几乎是白手起家的欧阳常林引领经视进入湖南收视率最高的电视台之间。

2001年，湖南经济电视台的发展已经初小具规模，但是湖南电视台的发展却进入了低谷期，恰恰这时湖南电视台可以上星，在全国范围内播出，即将面临同等省级卫视的激烈竞争。于是欧阳常林临危受命，于2001年元月出任湖南省广播电视局党组副书记、副局长、湖南广电集团副总经理兼湖南电视台台长。欧阳常林担任台长之后不久就放弃了新闻立台的观念，撤下了一批新闻节目，注重做娱乐节目。同时借鉴欧阳常林在湖南经济电视台的成功探索，培养自己的本土主持和本土笑星。同时利用自己以往在湖南经视的经验，开办了一批有特色的节目，如《谁是英雄》、《玫瑰之约》等等。用欧阳常林自己的话说就是："湖南卫视开办了大量的自办节目，不断推出特别节目，成为中国省级卫视中自办节目最多的一个省级频道。"

2004年，湖南卫视完成了"快乐中国"的频道包装，同时与蒙牛酸酸乳合作，开办了第一届《超级女声》，开始引起业内人士的关注，获得了一定的知名度。湖南卫视继续推出2005年的《超级女声》，点燃了整个地方卫视的娱乐风暴，欧阳常林亲自负责《超级女声》，观看每一场现场直播，甚至亲自到外地赛区，与当地电视台谈判，逐字修改合同。正是靠着这样的敬业精神，欧阳常林才能顺利平稳地带着"超女"走向了最后决赛。

欧阳常林在"超女"之后乘胜出击，相继推出了《国球大典》和独播剧《大长今》。《大长今》的引进获得了空前的成功，全国的大街小巷都飘着陈慧琳翻唱的主题曲。引进《大长今》的湖南经济电视台主任肖宁说："没有欧阳常林的支持，这部戏肯定不会到湖南。"由于事先看到了《大长今》在台湾所引起的轰动效应，欧阳常林开始关注这部电视剧，同时拿回该剧给肖宁看。肖宁从头到尾看了这部电视剧之后，认为该剧有非常大的潜质，于是同台湾方面商谈购买大陆版权的问题。但是当时的竞争非常激烈，包括中央电视台在内的几乎所有大陆上星电视台都参与了竞标。一向以节俭著称的欧阳常林，在购买《大长今》独播权的时候却毫不含糊，最终拿下了《大长今》的独家播出权。在举国上下关注超女的时候，湖南卫视对《大长今》进行了紧锣密鼓的宣传，引起了观众观看的欲望，引发了超女的连锁反应。一些观众甚至为《大长今》改变了自己的收视习惯，每天晚上 10 点准时锁定湖南卫视。可以说，2005 年是湖南卫视年，同时也是欧阳常林电视理念大获全胜的一年。

超女的风靡为欧阳常林和湖南卫视带来了广泛的知名度，但是也造成了湖南卫视平民选秀节目的小规模回落。在随后的 2006 年和 2007 年，湖南卫视推出的《超级女声》和《快乐男声》，虽然影响力仍在，但是由于平民选秀类节目内容同质化的程度越来越重，《超级女声》和《快乐男声》无法再引起之前的轰动效应。但是勇于创新的欧阳常林并没有局限于平民选秀的路子，而是大胆出新，不断增加新节目，同时在电视剧方面猛下工夫。

2006 年，通过和国外媒体以及港台媒体的频繁接触，欧阳常林也引进了“季”播出的模式。于是在 2007 年，湖南卫视对自己的频道重新编排，采取 4 + 3 的季播形式，趁势推出了一档全新的栏目《快乐新年》，应景新年，分为《乐在其中》、《快乐宝贝》、《快乐回家》三个子节目，有针对性地将快乐传播给不同的受众。此时，美国的《丑女贝蒂》受到了观众的热烈追捧，欧阳常林买断了该剧的版权，利用湖南卫视的自有资源，拍摄了《丑女无敌》的第一季，虽然采用了原剧的样板内容，但是湖南卫视将其内容改编的更加适合中国国情。同时，湖南卫视也在金鹰网上做了《丑女无敌》的专题，使得该剧的粉丝可以有一个畅所欲言的平台，将电视剧的营销旋转扩展到网上，一时间引得无数话题。《丑女无敌》之所以能够引起如此轰动的效应，和欧阳常林熟谙电视剧的制作是分不开的，欧阳常林对《丑女贝蒂》的版权买断以及翻拍，推动了湖南卫视的再次发展。

湖南卫视之所以能够站在省级上星卫视的前列，这和欧阳常林高瞻远瞩的眼光是分不开的。欧阳常林没有将眼光或者将目标死死地盯在湖南省这一个地区，或者说是娱乐这一块内容，而是对自己的频道有非常清晰的定位，在目标定位上不断创新求变，同时将视野扩展到海外和港台地区，虚心学习借鉴先进的经验，进行国际交流与合作，从而不断提高湖南卫视的节目质量，求新求变，乃至最终立于不败之地。例如，2008 年时北京奥运会，承担奥运会转播的中央电视台很有可能独霸天下，因为中央电视台拥有独家奥运赛事转播权。但是欧阳常林此时却能从平民立场上考虑奥运会的人人参与价值，推出了《奥运向前冲》，为每一位平民观众搭建了属于个人的"奥运"赛场，获得了一致好评，稳坐同时段的收视率冠军宝座。同时，欧阳常林也不再局限于湖南电视台自家的电视节目，而是走向市场化的道路，引进了杨澜的《天下女人》和鲁豫的《说出你的故事》等优秀的脱口秀节目。同时欧阳常林还先后和 BBC、ITV、Endomel（安德摩）、Fremantle（弗瑞蒙托）、TVB 等海外媒体、港台媒体以及制作公司先后合作了《名声大震》、《舞动奇迹》、《以一敌百》、《足球小子》等节目，丰富了湖南卫视的制作内容，使得湖南卫视具备了国际化的品质。

难能可贵的是，出身电视媒体的欧阳常林并没有局限于电视媒体，同时也注重新媒体的发展。在 2008 年之前，金鹰网只是湖南卫视的一个延伸，没有明显的互联网特征。但是 2008 年，欧阳常林对金鹰网进行了全面的改版，他认为："金鹰网要靠两条腿发展，一条腿是跟传统媒体融合，充分利用我们湖南广电特别是湖南卫视的娱乐优势，品牌优势；另外一条腿是必须跟产业相结合，新媒体就是新媒体，不是传统媒体，金鹰网要做好独立的产业新闻的开发。"在此基础上，2008 年，欧阳常林对金鹰网进行了全面的改版，同时提出了金鹰网是湖南卫视新媒体的口号，在电视、网络等多个媒体平台上进行宣传，着重于金鹰网作为互联网的特征。

从湖南广播设备厂的工人到湖南卫视的台长，欧阳常林用了三十多年，这条道路并非坦途，行进的过程之中也非一路畅通，而是阻力不断。但是欧阳常林用自己执著谨慎、认真踏实、任劳任怨、开拓创新的"湖南骡子"精神过五关斩六将，最终站在了制高点。也许是因为起点低，所以可努力的空间比较大，因此欧阳常林认真对待手头上的每一份工作。不管是记者、编辑还是摄影师，不管是电视剧制作还是湖南经视的台长，不管是新闻报道还是娱乐节目的制作，欧阳常林事必躬亲，任劳任怨。在同事们的眼中，欧阳常林是一个不折不扣的工作狂，虽然年届六十，但是欧阳常林仍然充满激情与活力。他对工作的认真态度也激励身边每一个工作的人，他用自己的行动和激情向周边的人传递这样一个信息：这匹"湖南骡子"肯定会在电视的道路上越走越远。

附　录

媒体报道

中新社：电视评价新标准出台 引入网络影响力新指标

发布日期：2008 年 6 月 22 日

链接：http：//yule. sohu. com/20080622/n257658920. shtml

中新社北京 6 月 21 日电（记者　王彤）　《中国电视网络影响力报告（2008）》今天在北京发布。由中国广播电视协会等三家机构组成的联合调查小组，为评价中国电视的影响力提出了“网络影响力”这一新的评价指标，打破了原来拿“收视率”当标准的陈规。

在中国，电视节目的存亡很大程度上是由“收视率”来决定的，随着当今网络的快速发展，互联网已经成为中国最具影响力的新媒体，它对电视造成的影响和冲击不可轻视。

专家认为，以收视率指标为主的评价已不能适应现在的社会现状，存在着很大的局限性和不足。网络影响力指标的诞生在一定程度解决了电视“唯收视率论”所带来的表面性和片面性等各种问题，为当前中国电视评价体系的尴尬现状找到了出口。

中国广播电视协会秘书长表示，网络影响力指标是中国首次从网络的角度对电视进行研究的报告，探索了从网络影响力的全新角度评估电视栏目、电视频道、媒体营销的成功经验。

据悉，网络影响力主要包括三个方面：知名度、关注度和网络收视度指标，三大指标的平均之和为最终的媒体网络影响力指标。

新华社：《中国电视网络影响力报告（2008）》打造新型电视评价体系

发布日期：2008年6月22日

链接：http：//news. xinhuanet. com/newscenter/2008－06/22/content_8417891. htm

新华网北京6月22日电（李桥　苏英）　21日，由中国广播电视协会、中国传媒大学和中央民族大学联合推出的《中国电视网络影响力报告（2008）》在北京颁布，报告在业界首度提出以网络 影响力为新型电视评价指标。业内人士认为，这种新型电视评价指标将弥补以收视率为核心的传统电视评价体系的局限和不足，同时也标志着电视节目有望告别收视率这一单一评价标准。

《中国电视网络影响力报告（2008）》共包括“2007年度最具网络影响力的十大电视事件”、“省级卫视频道”、“省级卫视栏目”和“CCTV栏目”四个子课题。从2008年开始，将每年发布一次。《报告》最大的创新之处在于首度以排行榜的形式提出了电视 网络影响力评价的全新概念，将弥补以收视率为核心的传统电视评价体系的局限和不足。就像《报告》课题组执行组长、北京师范大学李德刚博士说的那样：“收视率是观众在强制状态下做出的一种被动性反应，既无法反映观众的主动性要求，又无法代表观众的真实满意程度，更无法测量电视媒体的社会影响力。同时，收视率指标评价的是在看电视的观众总数中有多少人看某个电视媒体的节目，而对于没有看电视的人是否了解某个电视媒体以及所持的看法等却无法评价，这种评价具有较大的表面性和片面性。”

网络影响力这个指标的内涵究竟是什么呢？《报告》课题组组长、中国广播影视大奖评委、全国“十佳”广播电视理论人才李岭涛告诉记者，网络影响力的内涵归纳为三个方面，一是知名度指标，二是被关注度指标，三是网络收视度指标。所谓媒体知名度指标指的是由正式机构发布的关于某一电视媒体的信息量的总和，选取网络中主要搜索引擎的搜索结果的平均分作为最终得分；所谓媒体被关注度指标指的 是某一电视媒体在网络各大论坛中被讨论的量，被讨论次数越多表明媒体越受关注；所谓媒体的网络收视度指的是电视媒体生产的内容在网络中被收看和被下载的次数，表明观众的主动收看行为，是电视媒体网络影响力的最高指标。最后，三大指标的加权平均之和即为最终媒体网络影响力指标。“报告以排行榜形式出现，核心内容提出了网络影响力的概念，希望利用网络影响力这一新的指标，完善现有的电视评价体系，建立我国新兴的电视评价体系。”

李岭涛认为，网络影响力这一新的评价指标的建立，可以在电视领域建立一种带有一定强制性的导向机制，鼓励或压迫电视媒体积极向网络扩张自己的阵地。无可否认，互联网已经成为当下中国最具影响力的新媒体，它对电视造成的影响和冲击难以言表。比如说，电视剧《士兵突击》之所以成为2007年中国电视荧屏极为重要的电视事件，很大程度上借助了百度贴吧、天涯论坛等网络手段来进行“议程设置”，在这个流行帅哥靓妹的时代，这部“三无”（没有美女、没有爱情、没有明星）产品却可借助网络征服电视观众。可以说，如果没有网络也就没有《士兵突击》的火爆。一斑窥豹，电视与网络的联姻和共赢已经成是一个趋势。

在这种背景下，《中国电视网络影响力报告（2008）》基于网络这一全球最大的媒介平台，以网络影响力作为评估的全新标准，推选出了2007年度中国最具网络影响力的十大省级卫视频道、电视事件、省级卫视栏目、CCTV栏目，共计120万字，由社会科学文献出版社出版发行。中国传媒大学的长江学者胡智锋教授认为，《报告》是代表中国电视理论全面创新的报告，是中国乃至世界首次从网 络角度对电视进行研究的报告，是中国首次以MBA案例方式全景展示电视发展的报告。

在颁布仪式上，随着主持人鲁健的宣读、会场大屏幕上也赫然打出了令人盼望已久的榜单：《快乐男声》、《赢在中国》、《感动中国》、《加油！好男儿》、《红楼梦中人》、《春暖2007》、《倾国倾城：最值得向世界介绍的中国名城》、《2007年度中国经济年度人物》、《我的长征》、《香港回归十周年》当选为“2007年度中国最具网络影响力的十大电视事件”；《士兵突击》、《快乐男声》、《加油！好男儿》、《红楼梦中人》、《舞动奇迹》、《奋斗》、《金婚》、《我型我秀》、《快乐大本营》、《群星耀东方》当选为“2007年度中国最具网络影响力的十大省级卫视栏目”；北京卫视、湖南卫视、旅游卫视、东方卫视、河南卫视、安徽卫视、河北卫视、云南卫视、广西卫视、广东卫视当选为“2007年度中国最具网络影响力的十大省级卫视频道”；《百家讲坛》、《同一首歌》、《艺术人生》、《动物世界》、《对 话》、《新闻调查》、《探索·发现》、《走近科学》、《非常6+1》、《大家看法》当选为“2007年度中国最具网络影响力的央视十大栏目”。

从这个网络影响力排行榜可以看出，高收视率不一定代表影响力大。中央电视台的《新闻联播》收视率很高，但没有入围最具网络影响力的央视十大栏目。在省级卫视的排名中，按照收视率和收视份额湖南卫视是坐头把交椅的，但北京卫视却凭借着人文、奥运节目的优势拔得头筹，湖南卫视屈居第二。收视率排名较为靠后的旅游卫视却凭借着旅游节目的独特优势赢得了网友的青睐，高居第三。当前电视观众与网民呈现一定的分化趋势，即网民看电视越来越少。但不容忽视的是，尽管不少网民可能不直接看电视，但他们却可以通过网络来影响人们对某个电视媒体节目的看法和行为。网络影响力的提出能够弥补当前以收视率为主要指标的电视评价体系的先天性不足。

“榜单揭晓的结果让人既有一些意料之中，又有一些意料之外，既给人一些惊喜，又给人一些感动。它让我们看到了我国媒介产业中一些有趣的图景。”胡智锋教授说：“湖南卫视、东方卫视和北京卫视成为本届论坛的大赢家，这让我们看到的省级卫视的张力，它们已经形成了一股不可小视的力量，努力打造自身的特色优势，试与央视平分秋色的态势已经形成，这对我国其他省级卫视电视栏目，电视频道的创新与发展提供了极大的动力。”

传媒经济学家、中国传媒大学周鸿铎教授也认为，《中国电视网络影响力报告（2008）》的出版有巨大的价值，“网络影响力的提出非常及时、新颖和有力度，这是一个连接电视与网络、体现传统媒体与新媒体融合趋势的全新的评价指标。”

清华大学陆地教授指出：“由于在网络中没有时间的强制性限制，没有频道的强制性选择，观众对某一电视节目的喜爱与憎恨可以最大程度地得到释放，这是一种发自内心的主动性的自我选择，而非被动性的强制观看。因此，一档电视节目在网络中的受欢迎才是真正的被喜爱，电视节目的网络影响力才是真正持久的社会影响力。”

更多业内人士认为，互联网已经成为当下中国最具影响力的新型媒体，而电视栏目、电视频道，媒介事件的网络影响力很多程度上代表和反映着它的真实社会影响力，透过网络影响力这一个全新的评估体系，以网络传播效果作为评估电视栏目、电视频道和电视媒介事件影响力的全新标准来对电视内容及其机构进行评估，不仅是对现有的以收视率为主要指标的电视评价体系的一次革命性补充和完善，更是一次理论上的创新。

人民日报：电视网络影响力报告出炉《新闻联播》未进十强

发布日期：2008 年 6 月 23 日

链接：http：//media. people. com. cn/GB/40606/7412064. html

日前，由中国广播电视协会、中国传媒大学和中央民族大学三家权威机构历时一年推出的《中国电视网络影响力报告（2008）》出炉，让大家感到特别意外的是，这次上榜的央视十大栏目中居然没有收视率高居榜首的《新闻联播》。而在最具网络影响力的十大省级卫视频道中，湖南卫视居然排在了北京卫视之后，位居次席。

央视《新闻联播》的收视率一直是国内电视节目中的 NO. 1，既然长期以来都有这么高的收视率，为何在央视节目的网络影响力排位上，《新闻联播》连前十名都没有进入呢？对此，中国广播电视协会相关人士接受记者采访时解释道，网络影响力主要包括三个方面：知名度、关注度和网络收视度，三大指标的平均值决定着最终的网络影响力排名。而这次评选时，《新闻联播》最后的指标排名确实没有进入前十名，这是一个公正的结果。

记者了解到，知名度是选取网络中主要搜索引擎搜索结果的平均分作为最终得分；关注度指标指的是某一电视媒体在网络各大论坛中被讨论的量，被讨论次数越多表明媒体越受关注，但是《新闻联播》在网络论坛很少被热论；网络收视度指的是电视媒体生产的内容在网络中被收看、被下载的次数，表明观众的主动收看行为，而此项中，《新闻联播》经常不及一些很普通的电视剧。因此，有着超强收视率的《新闻联播》

没有进前十名，完全在情理之中。

影响力报告出炉之后，很多专家认为，以收视率指标为主的评价已不能适应现状，存在着很大的局限性和不足。网络影响力指标的诞生在一定程度上解决了电视“唯收视率论”所带来的表面性和片面性等各种问题，为当前中国电视评价体系的尴尬现状找到了出口。

新浪网：影响力报告出炉《百家讲坛》挤走《新闻联播》
发布日期：2008年6月22日
链接：http：//ent. sina. com. cn/v/m/2008－06－22/00502070153. shtml

网络影响力带动收视率　网络彰显实力

众所周知，我国的电视节目一直以来就习惯于拿“收视率”说事儿，节目的好坏与存亡很大程度上是由“收视率”来决定的。“唯收视率论”给中国电视人带来了太多的压力与无奈，多年来许多电视人一直奔着的“高收视率”真是让人欢喜让人忧，电视媒体发展的现实一直都希望能够找到新的更加科学全面的评价指标。《中国电视网络影响力报告（2008）》正是中国乃至世界首次从网络角度对电视进行研究的一次探索。“网络影响力指标”的诞生在一定程度上解决了电视“唯收视率论”所带来的表面性的片面性等各种问题，可以说它为当前我国电视评价体系的尴尬现状找到了一个出口。

湖南卫视　东方卫视　北京卫视三足鼎立　电视剧带动收视

“榜单揭晓的结果让人既有一些意料之中，又有一些意料之外，既给人一些惊喜，又给人一些感动。它让我们看到了我国媒介产业中一些有趣的图景”。中国传媒大学著名的长江学者胡智锋说：“湖南卫视、东方卫视和北京卫视成为本届论坛的大赢家，这让我们看到的省级卫视的张力，它们已经形成了一股不可小视的力量，努力打造自身的特色优势，试与央视平分秋色的态势已经形成，这对我国其他省级卫视电视栏目，电视频道的创新与发展提供了极大的动力。”

互联网已经成为当下中国最具影响力的新型媒体，而电视栏目、电视频道，媒介事件的网络影响力很多程度上代表和反映着它的真实社会影响力，透过网络影响力这一个全新的评估体系，以网络传播效果作为评估电视栏目、电视频道和电视媒介事件影响力的全新标准来对电视内容及其机构进行评估，不仅是对收视率这一单一指标体系的一次颠覆，更是一次理论上的创新。

中国网："网络影响力"能挽救低俗的中国电视？

发布日期：2008 年 6 月 24 日

链接：http：//www. china. com. cn/culture/txt/2008 –06/24/content_15876520. htm

《中国电视网络影响力报告（2008）》日前在北京发布。由中国广播电视协会等三家机构组成的联合调查小组，为评价中国电视的影响力提出了"网络影响力"这一新的评价指标，打破了原来拿"收视率"当标准的陈规。据悉，网络影响力主要包括三个方面：知名度、关注度和网络收视度指标，三大指标的平均之和为最终的媒体网络影响力指标(中国新闻网 2008 年 6 月 22 日)。

无可讳言，在当下中国，电视节目的生死存亡，电视优劣质量的评价标准，很大程度上是由"收视率"的高低来决定。一个电视台，如果其收视率高，就会有高回报，包括广告收入和员工的奖金、福利等，在收视率的指挥棒下，荧屏上正进行着一场场畸形的比赛，看谁更低俗，这些都已成不争事实。而与此同时，又是"高高在上"的收视率，被越来越多的观众，炮轰为电视低俗之风或节目质量、品位下降的元凶而饱受批判。

君不见，为追求收视率，吸引观众眼球，电视制作的一些低俗的手法层出不穷：求刺激、曝隐私、揭内幕；黄段子、色情露点、暧昧嗲媚；全民选秀、翻拍成风，戏说历史……粗制滥造，没有内涵的低俗电视可谓举不胜举，而这些都无不说明了，当下中国电视产品良莠不齐、杂乱无章的生态。根本原因其实很简单，倘若中国电视的评价体系不健全，收视率的至尊地位不下降，电视低俗之风就难以从根本上得到抑制。

这容易让人想起央视名嘴崔永元曾经说过的一番话：如果我们的电视台都是公共电视台的话，那我们的电视台就是全世界最脏的公共电视台；如果我们的电视台都是商业电视台的话，那我们的电视台就是全世界最差的商业电视台，又不好看，又挣不着钱。正是“片面追求收视率”失衡之歪风，令中国电视业低俗化畸形发展，伤痕累累。

既然以收视率指标为主的评价，已不能适应现在的社会现状，而且存在着很大的局限性和不足，那么，打破陈规重新界定电视评价标准就势在必行。而毋庸置疑，随着当今网络的快速发展，互联网已经成为中国最具影响力的新媒体，它对电视造成的影响和冲击不可轻视。正是源于此，中国电视新标准评价体系引入网络影响力新指标应运而生。诚如专家所言，网络影响力指标的诞生，在一定程度解决了电视“唯收视率论”所带来的表面性和片面性等各种问题，为当前中国电视评价体系的尴尬现状找到了出口。

总之，要想挽救低俗化的中国电视，要从根本上解决中国电视业既存的问题，关键在于我们能否及时地建立一种积极的、科学合理的评价体系。窃以为，中国电视评价新标准出台，能引入网络影响力新指标是一种能顺应时代发展需求，是直面电视劣质痼疾并寻求疗治的创新举措。而接下来的工作，就是要尽快公开细化操作办法，使变革起到立竿见影的实效，这才是推进中国电视业健康发展的治本之策。

《中国电视网络影响力报告(2009)》委员会

荣誉主席

张振华　中国广播电视协会副会长、中国国际广播电台原台长

主　　席

黄　勇　国家广播电影电视总局副总编辑、发展研究中心主任

李存厚　中华全国新闻工作者协会书记处书记、高级编辑

王敬松　中国广播电视协会原秘书长

丁俊杰　中国传媒大学副校长

马文喜　中央民族大学副校长

孙正一　中华全国新闻工作者协会国内部主任

副 主 席

赵德全　中国广播电视协会秘书长助理、评奖办公室主任

周鸿铎　中国传媒大学传媒经济研究所所长、教授

胡智锋　中国传媒大学教授、《现代传播》主编

李希光　清华大学新闻与传播学院副院长、教授

尹　鸿　清华大学新闻与传播学院副院长、教授

李怀亮　中国传媒大学媒体管理学院院长、教授

白　薇　中央民族大学文学与新闻传播学院院长、教授

欧阳宏生　四川大学新闻传播研究所所长、教授

陈富清　《中国广播电视学刊》编辑部主任

朱继东　新华网总编室主任

文良成　千龙新闻网品牌推广总监

孙东哲　《网络传播》主编

苏　娟　《中华新闻报》副总编辑

郝勇峰　《中国广播影视》总经理

秘 书 长

李岭涛　中国广播影视大奖评委、全国“十佳”广播电视理论人才、中国传媒大学传媒经济研究所研究员、中央民族大学兼职教授、四川大学新闻传播研究所研究员

执行秘书长

李德刚　北京师范大学硕士生导师、教育学院传媒与教育研究所所长助理，德国科隆大学访问学者、清华大学影视传播研究中心特邀研究员、中国电视网络影响力课题组执行组长、博士

副秘书长

程　文　中国传媒大学博士

肖振波　中传海富传媒文化中心主任、MBA

《中国电视网络影响力报告（2009）》媒体顾问

胡智锋　《现代传播》主编

陈富清　《中国广播电视学刊》编辑部主任

朱继东　新华网总编室主任

文良成　千龙新闻网品牌推广总监

孙东哲　《网络传播》主编

苏　娟　《中华新闻报》副总编辑

郝勇峰　《中国广播影视》总经理

汪曙光　《中国新经济》杂志社常务副社长

《中国电视网络影响力报告（2009）》课题组

组　长

李岭涛　中国广播影视大奖评委、全国“十佳”广播电视理论人才、中国传媒大学传媒经济研究所研究员、中央民族大学兼职教授、四川大学新闻传播研究所研究员

执行组长

李德刚　北京师范大学硕士生导师、教育学院传媒与教育研究所所长助理，德国科隆大学访问学者、清华大学影视传播研究中心特邀研究员、博士

副组长

李素艳　中国传媒大学媒体管理学院讲师、硕士

肖振波　中传海富传媒文化中心主任、MBA

周　敏　北京师范大学新闻传播研究所讲师、清华大学博士

程　文　中国传媒大学博士

张学勤　中央民族大学讲师、中国传媒大学传媒经济研究所项目总监

陈　鹏　中国传媒大学博士

梁君健　清华大学新闻与传播学院博士

于　晗　中国传媒大学媒体管理学院讲师、硕士
陶　冶　浙江传媒学院讲师、中国传媒大学博士
王熠婷　清华大学影视传播研究中心特邀研究员
霍志静　清华大学影视传播研究中心特邀研究员
周建新　中国传媒大学媒体管理学院硕士

成　　员

雷建军　清华大学副教授
焦瑞青　清华大学新闻与传播学院硕士
肖弦奕　中国传媒大学博士
薛文婷　北京体育大学博士
王　菲　中国人民大学博士
薛　华　中国传媒大学博士
王文杰　中国传媒大学博士
刘长迎　中国传媒大学媒体管理学院讲师、清华大学 MBA

本书主编、作者简介

李德刚　北京师范大学硕士生导师、德国科隆大学访问学者、清华大学影视传播研究中心特邀研究员、中国电视网络影响力课题组执行组长、博士。主持国家社科基金课题《中德比较视野中的我国广电制度变革研究》等多个科研项目，出版《中国电视网络影响力报告(2008)》（共4册）、《媒介COO》（译著）、《媒介分析技巧》（译著）等多部著作，发表学术论文20多篇。担任中央电视台、中国教育电视台、北京电视台等多家栏目策划、顾问。

李岭涛　全国“十佳”广播电视理论人才，传媒经济杯·学院奖——传媒经济理论创新奖（被业界誉为“传媒理论先锋”）获得者。先后担任国家广电总局《中国广电蓝皮书（2007）》课题组成员、《中国电视省级地面频道四小龙》课题组执行组长，现为中国广播影视大奖评委、《中国电视网络影响力报告》课题组长、中央民族大学兼职教授、中国传媒大学传媒经济研究所研究员、四川大学新闻传播研究所研究员。累计发表论文60多篇，编著和撰写专著10余部，合计发表、出版作品300多万字，在多个领域形成了自己的研究体系。

程　文　传媒经济学博士，留英归国人员，美国纳斯达克上市公司高级经理。一直从事跨文化、跨地域市场营销和品牌管理工作，特别是国际品牌在中国市场的上市与推广。服务的国际品牌主要涉及通信、快速消费品以及互联网公司。主要研究领域是：①市场营销与品牌管理在传媒资本运营中的应用与价值；②传媒商业管理模式与新技术推动的传媒产业发展。参与编著、翻译著作多部，发表研究报告、论文包括《3G与新传播时代》、《品牌全球化与奥运营销本土化》、《中国电视网络影响力报告（2008）》、《中国传媒经济英才》、《传媒市场营销》等。

图书在版编目（CIP）数据

TOP-10 中国最具网络影响力的十大电视人物/李德刚等编著. —北京：中国广播电视出版社，2009.6
（中国电视网络影响力报告. 2009/李岭涛，李德刚，程文主编）
ISBN 978-7-5043-5842-4

Ⅰ.T… Ⅱ.李 Ⅲ.电视工作—新闻工作者—人物研究—中国 Ⅳ.K825.42

中国版本图书馆 CIP 数据核字（2009）第 091870 号

TOP10　中国最具网络影响力的十大电视人物
李德刚　李岭涛 等　编著

责任编辑　高子如
封面设计　丁　琳
版式设计　张智勇
责任校对　虹雨文字工作室　张莲芳

出版发行　中国广播电视出版社
电　　话　010-86093580　010-86093583
社　　址　北京市西城区真武庙二条9号
邮　　编　100045
网　　址　www.crtp.com.cn
电子信箱　crtp8@sina.com

经　　销　全国各地新华书店
印　　刷　涿州市京南印刷厂

开　　本　740毫米×1000毫米　1/16
字　　数　214(千)字
印　　张　15.25
插　　页　4(面)
版　　次　2009年6月第1版　2009年6月第1次印刷

书　　号　ISBN 978-7-5043-5842-4
定　　价　46.00元